古代歷史文化研究輯刊

四編

王明蓀 主編

第 9 冊

北魏皇位繼承不穩定性之研究

蔡金仁 著

國家圖書館出版品預行編目資料

北魏皇位繼承不穩定性之研究／蔡金仁 著 — 初版 — 台北縣
永和市：花木蘭文化出版社，2010〔民99〕
目 6+256 面：19×26 公分
（古代歷史文化研究輯刊 四編；第 9 冊）
ISBN：978-986-254-229-3（精裝）
1. 皇帝制度　2. 北朝史
573.511　　　　　　　　　　　　　　　　99012829

ISBN - 978-986-254-229-3

9 789862 542293

古代歷史文化研究輯刊
四 編 第 九 冊　　　　　　ISBN：978-986-254-229-3

北魏皇位繼承不穩定性之研究

作　　者　蔡金仁
主　　編　王明蓀
總 編 輯　杜潔祥
印　　刷　普羅文化出版廣告事業
出　　版　花木蘭文化出版社
發 行 所　花木蘭文化出版社
發 行 人　高小娟
聯絡地址　台北縣永和市中正路五九五號七樓之三
　　　　　電話：02-2923-1455／傳真：02-2923-1452
電子信箱　sut81518@ms59.hinet.net
初　　版　2010 年 9 月
定　　價　四編 35 冊（精裝）新台幣 55,000 元

北魏皇位繼承不穩定性之研究

蔡金仁　著

作者簡介

蔡金仁，台灣省苗栗縣人，民國 59 年出生於嘉義，不久後遷居台中，在台中市完成小學、國中、高中教育，之後於台北完成所有高等教育，在台灣這塊土地北、中、南三個區域皆曾長時期居住過，台北、台中各居住十五年，現定居高雄市，任教於樹人醫護管理專科學校通識教育中心。淡江大學中國文學系學士、淡江大學國際事務與戰略研究所碩士、中國文化大學史學研究所博士。

提　　要

　　皇位繼承一向是研究歷代政治鬥爭焦點，因專制王朝最高領導者是皇帝，為了爭奪此一至尊地位，不論是漢民族所建的中原王朝，或少數民族（非漢族）所建的征服王朝與滲透王朝，皇位繼承均不穩定。漢民族所建的王朝一般採嫡長子繼承制，少數民族所建之征服王朝與滲透王朝，其皇位繼承從原本在塞外所採用的推選制，在統治中國後逐漸漢化受漢民族的嫡長子制影響，皇位繼承在推選制、嫡長子制二種思維中激盪，易代之間常生動亂，經常處於不穩定狀態。

　　北魏乃中國最早統一北方與南朝漢民族政權對立的少數民族王朝，故選定北魏為研究對象，同時也是因北魏宮廷存在一種特殊繼承文化，在漢民族及其他少數民族王朝亦頗為罕見。此特殊繼承文化即道武帝所訂定之「子貴母死」制，在皇位繼承人確定後，便殺害其生母，目的為防止母后干政。終北魏一朝，「子貴母死」不僅影響皇位繼承，更成為政治鬥爭工具。

　　本書基本架構除緒論、結論外，內文共分五章，一、二章首先將漢民族與北亞游牧民族的不同繼承方式加以闡述比較，並將游牧民族進入中原後繼承制的變化做一分析，探討其變動之因。其次考察拓跋氏在部落聯盟時期，從神元帝力微至道武帝之君位繼承，歸納出影響此時期君位繼承之因素與力量。接著將「子貴母死」之制訂與執行，及其對皇位繼承的影響做一檢討。

　　三、四兩章則對北魏王朝之皇位繼承做一徹底研究，從明元帝繼位至孝明帝止，分析每位皇帝繼位之過程，探討影響其繼位之力量為何？第五章歸納得出影響北魏皇位繼承之因素與力量，分成皇太后、拓跋宗室、代人貴族、官僚系統、宦官五部分詳加考察，綜合得出各種因素與力量在北魏皇位繼承過程中發揮之影響與效果。

　　隨著時空政治環境的差異，政治勢力會有所改變，各時期影響皇位繼承力量亦不同，但仍然有其脈絡可循，從歷史的考察研究中瞭解造成北魏皇位繼承不穩定之各項因素與力量，必能對北魏的皇位繼承有一全盤且詳盡的瞭解。同時，北魏皇位繼承不穩定事實的具體呈現，能提供研究少數民族王朝皇位繼承的新取向，希望對日後研究少數民族政權皇位繼承的部分能有所貢獻。

目次

緒　論

一、研究動機與研究目的

　　皇帝在中國封建王朝的權力結構中乃最高領導者，是統治全中國的最高
權力人物，也是所有權力來源，中國皇帝制度乃秦始皇滅六國統一天下後所
推行。〔註1〕歷代王朝皆將皇位繼承視爲國之大事，穩定與否關乎王朝興衰成
敗，故研究封建王朝政治權力的爭奪，皇位繼承問題即成爲政治中之焦點。

　　中國自秦始皇滅六國後首度形成大一統局面，迄至滿清末代皇帝宣統帝
遜位止，共約二千一百餘年。其間封建王朝分成兩大型態：一爲典型漢人所
建的王朝；一爲少數民族建立之王朝，即由非漢族的族群，大部分是北亞游
牧民族，征服中國的一部或全部而建立的國家，分爲征服王朝（Dynasties of
Conquest）與滲透王朝（Dynasties of Infiltration）。〔註2〕征服王朝與滲透王朝，

〔註1〕 參見白鋼主編、孟祥才著，《中國政治制度通史》（北京：人民出版社，1996
　　　 年12月），第三卷秦漢，第二章皇帝制度，頁40～45。

〔註2〕 魏復古（Karl A. Wittfogel）稱西元前221年至西元後1911年的中國史爲中華
　　　 帝制時期，分成典型中國朝代和征服與滲透王朝二大類型及十個時期：一、
　　　 典型中國朝代：（一）秦漢（前221～220）、（二）分崩離析時期之漢族王朝（220
　　　 ～581）、（三）隋唐（581～907）、（四）宋（960～1279）、（五）明（1368～
　　　 1644）；二、北方異族所建之征服與滲透王朝：（一）拓跋魏（386～556）、（二）
　　　 遼（契丹，907～1125）、（三）金（女眞，1115～1234）、（四）元（蒙古，1206
　　　 ～1368）、（五）清（滿洲，1616～1912）。這十個時期各有其歷史背景，各有
　　　 其特殊問題，但其中有五個主要朝代顯示了特出的社會文化型態。參見魏復
　　　 古著，蘇國良、江志宏譯，〈中國遼代社會史（907～1125）總述〉，收於鄭欽
　　　 仁、李明仁編譯，《征服王朝論文集》（台北：稻鄉出版社，2002年8月），頁

統治者與被統治者爲二個完全不同之民族，統治者爲相對於漢民族之少數民族，被統治者絕大多數爲漢人。這些少數民族所建之征服王朝與滲透王朝，在統治中國後逐漸漢化，其皇位繼承是維持原本在塞外所採用的推選制？亦或採用漢民族的嫡長子繼承制？探索兩個完全不同文化背景的繼承制度交互影響時，其皇位繼承會發生什麼樣的變化？此變化會對皇位繼承產生什麼影響？此爲本書研究的主要目的。

在眾多征服王朝與滲透王朝中，限於篇幅無法對每個王朝的皇位繼承做完整徹底之分析研究，故本書選定北魏爲研究對象。因北魏乃最早統一中國華北地區的少數民族王朝，在中國歷史上占有特殊之地位。北魏對中國社會歷史的發展影響極大，其皇位繼承從部落時期之弱肉強食舊習，至進入封建王朝後受漢民族嫡長子繼承制影響，皇位繼承呈現不穩定狀態；加上長久以來，北魏宮廷存在一種特殊文化，乃道武帝規定之家法「子貴母死」制，〔註3〕即皇位繼承人確定後，便殺害其親生母親，目的在防止母后干政。道武帝訂下此制後，對皇位繼承有正面幫助，還是更加紛亂不已？宣武帝未依祖制行「子貴母死」，倖免於難之靈太后，一步步將北魏推向衰亡之路，故「子貴母死」制在皇位繼承中扮演的角色，亦是本書需要釐清之問題。

二、研究方法

本研究就內容之性質而言包括兩大部分：一是對北魏皇位繼承有關歷史背景之整理與描述，爲基本史料之搜集、考證與運用問題，爲本研究之依據與基礎；另一則是對北魏皇位繼承不穩定性之析論與檢討，乃本研究之核心。

（一）史料之蒐集、考證方面

史料之蒐集，以原始（直接）史料爲主。與北魏拓跋氏相關之各朝代史料，均以使用當代正史與文獻內容爲原則。若原始（直接）史料不存在，或其對某一事件之記述過於簡略時，始採《資治通鑑》等轉手史料，或引用前輩學者研究所見。

同一事件在不同史料中會有相異之記載，故在研究過程中，需不斷對同源與異源史料進行比較分析，還原歷史眞相。若發現各項史料所載差異甚大，

50～51。

〔註3〕「子貴母死」一詞乃趙翼首先提出，並對此制做了詳細評論。參見氏著《陔餘叢考》（台北：新文豐出版公司，1975年11月）卷16，頁27～28。

需先詳細論證以確定事實，再分析解釋其記載差異之因，如此方能求其眞。此外，在同一史料中，常見對某事之記載，紀傳相異，史官雖諱之於本紀，卻散見於相關人物列傳中，故需對有關紀傳詳細比較分析，釐清事實。《資治通鑑》爲極具價値之轉手史料，司馬光考證詳細，編年敘事完整，與正史對照能收參較異同、互相徵驗之效。南北朝時期南北相互對立，南朝、北朝史書因立場所限，行文時常有意無意貶抑對方，如《魏書》將劉宋、南齊、南梁列爲〈島夷傳〉；《宋書》列北魏爲〈索虜傳〉、《南齊書》則列爲〈魏虜傳〉，在各自立場有所堅持下，南朝與北朝戰爭雙方記載常有出入，大抵皆誇勝諱敗，《資治通鑑》立場嚴謹客觀，此時即爲相當重要之參考資料。

　　「鮮卑石室」〔註4〕的發現也爲拓跋氏的研究帶來許多新史料，此即所謂「地下史料」，和史書所代表的「紙上史料」相比，乃爲異源史料。紙上、地下史料相參證，可印證亦可否定「紙上史料」。此外，漢魏墓誌碑銘之出土與整理，提供本研究參考依據相當高之史料，如趙萬里《漢魏南北朝墓誌集釋》；趙超《漢魏南北朝墓誌彙編》等，這一系列相當重要之墓誌銘文整理與撰編，對於研究北魏人物生平、言行、及其政治作爲，乃是不可或缺之參考史料。另外，諸多考古遺址、地下陵墓的發掘，其史料呈現意義之分析與整理，也是本研究值得參考的重要史料。這些文獻大都集中於《考古》與《文物》之期刊上。

（二）在歸納法運用方面

　　本研究之方法，主要使用於同時期或不同時期皇位繼承之同質性和特殊性歸納上。如：拓跋氏在部落聯盟及北魏王朝時之皇位繼承，分別歸納出兩個時期皇位繼承之特質與形式，及影響皇位繼承之因素。

（三）在比較法運用方面

　　除了對史料的考證與運用外，筆者亦以比較方法，用於拓跋氏對不同時期與皇位繼承有關之相同類型事物對照研究上，藉以進一步暸解其歷史價値現象或意義，並分析、探討某些決策，得出其差異性。例如：比較拓跋氏在部落聯盟與北魏王朝時期，其皇位繼承方式之不同，分析兩種時期影響皇位

〔註4〕關於鮮卑石室的發現與研究，可參見米文平〈鮮卑石室的發現與初步研究〉，刊於《文物》1981年第2期，1981年2月；〈鮮卑石室所關諸地理問題〉，《民族研究》1982年第4期，1982年7月；《鮮卑石室尋訪記》（濟南：山東書報出版社，1997年12月）。

繼承因素為何？及各項因素之強弱。

（四）在綜合法運用方面

綜合方法之積極意義，在於由博覽而通觀，亦即將前述對皇位繼承史料、事理之歸納、比較所得，藉綜合而發揮之，以達創造新見之目的。本研究中，即是透過此一過程之分析、比較、歸納，綜合得出結論。在分析、比較、歸納過程中，綜合而得出影響北魏皇位繼承不穩定之因素，並於末章將各項因素詳加析論。

三、研究基本架構

本研究基本架構除緒論、結論外，內文共分五章，各章之下再分節，緒論與結論不分節。

「緒論」，乃本研究問題考察討論之開始。以「研究動機與研究目的」闡明研究旨趣；「研究方法」闡述本書進行研究之方法；「研究基本架構」說明本書章節之安排；「研究成果回顧」則將以往學者專家與本研究相關之研究成果，做一整理與說明；「研究範圍與研究限制」乃將本研究之範圍做一限定，並將本研究進行中遇到之困難與限制做一解釋；為使本文寫作格式、註解、稱謂等能一致，避免出現前後不一情形，特於「凡例」中予以說明訂定，期使本書格式能統一，寫作更臻完美。

第一章先論漢民族與北亞游牧民族的繼承方式，闡述漢民族嫡長子繼承制及皇帝制度建立之源由，析論漢民族中原王朝歷代皇位繼承不穩定現象，接著將游牧民族採取的推選制，以及進入中原後繼承制的變化，做一分析比較。第二章將拓跋氏部落聯盟時期，從神元帝力微至道武帝之君位繼承做一分析整理，考察影響此時期皇位繼承之因素與力量；接著將「子貴母死」之制訂與執行，及其對皇位繼承的影響做一檢討。三、四兩章則對北魏王朝之皇位繼承做一徹底研究，從明元帝繼位至孝明帝止，分析每位皇帝繼位之過程，探討影響其繼位之力量為何？第五章為詳細分析、比較、研究前述兩章後，歸納得出影響北魏皇位繼承之因素與力量，從而導致皇位繼承不穩之現象，故將各種因素與力量分成皇太后、拓跋宗室、代人貴族、官僚系統、宦官等五部分詳加考察，綜合而得出各種因素與力量在北魏皇位繼承過程中發揮之影響與效果。

結論則是綜合上述各章節之分析、歸納，瞭解造成北魏皇位繼承不穩定之各項因素與力量，從歷史的考察研究中得到驗證，提供研究少數民族王朝皇位繼承的新取向，對日後研究少數民族政權皇位繼承的部分能有所貢獻。

四、研究成果回顧

國內對皇位繼承問題做相關研究者，有朱堅章的《歷代篡弒之研究》，他搜集歷史上所發生過的篡弒案，共二百六十一案，以量化的統計方式，分析遭篡弒的君主何以不能保持權力？及篡弒者在獲取權力過程中運用的方式。朱堅章將統計結果以大量圖表呈現，對研究歷代皇位繼承頗有助益，藉由圖表可清楚瞭解歷代皇位繼承順利與否的比例。研究歷史事件雖可用量化統計方式，以數字清楚呈現研究結果，但每個皇位繼承都是一個獨立個案，介入皇位繼承的力量也不同，加上每個朝代政治情勢、制度也不一樣，將每個朝代一視同仁以數字分析的方式呈現，無法呈現每一朝代皇位繼承不同的樣貌，但是對於歷代篡弒會有整體性的瞭解。朱堅章對歷代篡弒並未完整的探究，若要細究每個朝代的篡弒，必須對每個朝代做獨立之研究。筆者專注於北魏一朝的皇位繼承，不同於量化統計方式，希望藉由歷史研究方式，清楚呈現北魏皇位繼承之脈絡，進而探討皇位繼承不穩定原因。而篡弒並非正常的皇位繼承方式，但朱堅章對北魏的統計案例，可做為本研究重要參考依據。

至於對北魏一朝皇位繼承做專門研究者，首推王吉林〈北魏繼承制度與宮闈鬥爭之綜合研究〉，他首先將中國繼承制度做一說明，君主繼承人的選擇有傳賢與立長兩種方式，自周代起即確定君位的繼承大體上以父死子繼為正統。接著將北魏從道武帝建國起至孝明帝止，期間八位皇帝的繼承過程，遭逢的政變與介入皇位繼承的勢力，分別加以分析研究。另外也對「立嗣而殺其母」此特殊制度建立後對北魏皇位繼承之影響，有深入的剖析與探討。王吉林此篇專著論證嚴謹，對筆者觀念啟發與研究架構的擬定助益頗大，尤其文中提出在北魏君主廢立過程中，經常可見具「侍中」與「領軍將軍」官職之人，以及太后本人及其勢力對皇位繼承的干預，促使筆者在第五章「影響皇位繼承不穩定因素之分析」中，將皇太后、侍中、領軍將軍各列為一節擴大討論，分析三者對皇位繼承之影響。

國外學者 Andrew Eisenberg 對南北朝的皇位繼承紛爭有獨特的研究論點，他在〈Retired Emperorship Medieval China: The Northern Wei〉一文中認

為，皇位繼承方式有所謂的水平繼承法與垂直繼承法，一般而言，垂直繼承法引起的紛爭較少；而水平繼承法容易引起暴力的爭奪，他也提出統計數字佐證南北朝因水平繼承引發多次內鬥，不同的是，南朝多是皇帝親兄弟參與政變，遭致的殺戮也最慘，而北朝參與皇位繼承紛爭的，則是皇帝堂叔伯居多，因親叔伯常在第一線政變中被殺光，較遠的堂叔伯反而存活下來成為皇帝的威脅。Andrew Eisenberg 做出統計，北魏宗室在後期存活率逐漸提高，代表宗室涉入皇位繼承減緩，而太上皇制度的出現，一部分原因，也是現任皇帝怕自己兒子繼位後，權力基礎不穩，故先禪位太子，自己居太上皇之位，藉以抗拒宗室叔伯對皇位的覬覦。另外，Andrew Eisenberg 也認為，在家父長制之下的繼承方式，宗室成為繼承政爭中最重要因素，因為在家父長制下，他們均是同父、同祖父所生，這些叔伯即具資格挑戰皇位，成為皇位繼承不穩定因素之一。Andrew Eisenberg 特別突出宗室在皇位繼承中的角色與重要性，事實上，宗室存活率的提高不能只用統計數字來看，早期宗室死亡原因，有些是病死或戰死，不全然是因政變而亡，這些必須分別看待，不能全以統計方式呈現。而影響皇位繼承的因素，宗室只是其中之一，像官僚體系、繼承制度健全與否、兵權及行政權的掌控等，均有極大影響。筆者受 Andrew Eisenberg 觀念的啟發，對宗室特別深入探究，因此在探討影響北魏皇位繼承不穩定的因素中，專節剖析宗室對皇位繼承的影響。

有關皇位繼承專論的文章不多，一般對皇位繼承概論性的討論文章，都附於皇權研究的專著之中，如孟祥才的《中國政治制度通史》，第三卷第二章論及皇帝制度；徐連達、朱子彥合著之《中國皇帝制度》，第四章討論「皇位繼承」；沈任遠的《歷代政治制度要略》，論及皇帝與太上皇之關係；朱誠如主編的《中國皇帝制度》，第三章論述〈皇嗣〉問題；曾金聲的《中國秦漢政治制度史》第二篇皇帝與皇室，談到皇帝的位號及其繼承；周良霄的《皇帝與皇權》，則將「繼位」與「分封」合為第八章。

至於拓跋氏的繼承問題，探討部落聯盟時期的有孫同勛《拓跋氏的漢化》、李明仁〈拓跋氏早期的婚姻制度〉、田餘慶《拓跋史探》等略有述及；北魏初道武、明元、太武三朝對長子繼承制確立之研究，李憑的《北魏平城時代》論證詳細，但強調拓跋氏傳統繼承制是採兄終弟及的方式；又王濬生的〈關於拓跋氏繼統制的幾個問題〉，則認為拓跋氏是採長子繼統制為原則，兄終弟及制是長子繼統制的一種補充。拓跋氏在部落聯盟時期，母族、妻族

外家部落勢力對皇位繼承介入甚深，故道武帝即位後，開始致力解散、離散部落，消除外家部落對拓跋氏皇位繼承的影響，日人松永雅生〈北魏太祖之離散諸部〉、古賀昭岑〈關於北魏的部落解散〉及川本芳昭〈北魏太祖的部落解散與高祖的部落解散〉等文，專論北魏建國初期對部落之打破與解散。至於康樂《從西郊到南郊——國家祭典與北魏政治》；毛漢光〈北魏東魏北齊之核心集團與核心區〉、〈中古核心區核心集團之轉移〉；逯耀東《從平城到洛陽》等論著則論中古時期以平城爲核心之拓跋鮮卑統治階層，逐漸轉移至以關隴爲核心之宇文鮮卑統治階層的過程。

　　關於拓跋氏早期歷史傳說時期、部落聯盟時期有關其君位繼承研究之論著，因史料缺乏故著作較少。在拓跋氏起源、興起及發展方面，有林旅芝的《鮮卑史》；馬長壽的《烏桓與鮮卑》；唐長孺的《拓跋國家的建立及其封建化》；米文平的《鮮卑源流及其族名初探》；王吉林的〈元魏建國前的拓跋氏〉；白鳥庫吉〈東胡民族考〉；志田不動麿的《代王世系批判》；船木勝馬的《古代遊牧騎馬民の國——草原から中原へ》，均對拓跋氏之起源、興起、發展，作了概略的敘述。

　　關於拓跋氏部落聯盟體系的形成、逐漸往南移動的地理現象，到建立北魏帝國的過程，則有王仲犖的《魏晉南北朝史》；杜士鐸的《北魏史》等書詳細記述北魏史之全貌。而張金龍的《北魏政治史》、張儐生的《魏晉南北朝政治史》則著眼於政治問題之論述。另姚薇元的《北朝胡姓考》專就北朝游牧部落氏族作研究，對瞭解所謂代人貴族的形成頗有助益。

　　至於拓跋氏從部落聯盟躍進北魏帝國，其統治中心集團的形成、歷史發展上的影響。田村實造的《中國歷史上の民族移動期》；谷川道雄的《隋唐帝國形成史論》；河地重造的〈北魏王朝の成立とその性格について〉，均已指出拓跋氏由部落型態發展爲國家之過程與內容。在形成國家後，北魏王朝的官僚體系與政治制度，有鄭欽仁的《北魏官僚機構研究》與其續編，探討北魏胡漢文化衝激下的官僚體系。嚴耀中的《北魏前期政治制度》；陳戍國的《魏晉南北朝禮制研究》等書，介紹了北魏前期政治制度及社會的特點。

　　以北魏二位臨朝執政太后爲個案研究者，鄭欽仁〈北魏中給事（中）稿——兼論北魏中葉文明太后的時代〉；康樂〈北魏文明太后及其時代〉上下兩篇；何茲全〈北魏文明太后〉；景有泉編著之《馮太后傳》等，上述專論都對文明太后的性格特性、當時政治局勢與社會背景、及其執政本身作一全面性的探

究，可供探討獻文帝與孝文帝繼位時的參考。與文明太后相較，以靈太后爲個案研究之專論較少。僅 Jennifer Holmgren 的〈Empress Dowager Ling of the Northern Wei and the Tʼo－Pa Sinicization Question〉而已。另，蔡幸娟博士論文《北朝女主政治與內廷職官制度研究》，論述文明太后、靈太后部分，強調她們的權力運作機能以及統治形式，但對於兩位太后臨朝執政下的皇位繼承，文明太后時之獻文帝至孝文帝；靈太后時之孝明帝，雖有詳述皇位繼承之過程，卻沒有太多的分析與討論。

五、研究範圍與研究限制

本研究所稱之北魏，乃指道武帝於登國元年（西元 386 年）即代王位重建代國，至孝昌四年（西元 528 元）孝明帝崩逝止，之後北魏大權旁落權臣，皇帝廢立操於尒朱氏、高氏、宇文氏之手，北魏名存實亡，皇位繼承已非拓跋氏所能掌控。

《魏書》記載拓跋氏在傳說時代之繼承，僅有某帝崩、立之簡略記載，限於史料缺漏，無法加以考察分析。而欲研究北魏皇位繼承之不穩定，需先瞭解拓跋氏在部落聯盟時期，其繼承方式爲何？故研究範圍往上延伸至拓跋氏部落聯盟時代始。部落聯盟自神元帝力微開始，但部落聯盟時期史書記載缺佚簡略，故歷代部落聯盟君長之繼承，無法做全面性分析研究，此爲研究拓跋氏部落聯盟時期君位繼承遭遇之限制。

能影響皇位繼承的因素，首推政治勢力，而政治勢力的分合是人爲主觀因素所造成，不僅如此，其瞬息多變更是特色。在此情形下要具體而明確的掌握各種政治勢力，如宗室、外戚、朝臣、漢人等政治勢力與內廷之間，甚至和太后彼此之間的政治分合並不容易，此爲對本研究之一大挑戰。

有關北魏史料文獻，歷來即頗爲欠缺，唯一之正史乃魏收之《魏書》，但魏收品德微有瑕疵，《魏書》中隱諱之處頗多，且部分記載稀疏闕漏，後人以《北史》等其他史書補上，自然無法還原《魏書》全貌。而李延壽之《北史》，有相當大部分與《魏書》重疊，可供參酌之地下史料如鮮卑石室等太少。此外，相關人物之墓誌銘資料更是嚴重不足，這些也構成了研究北魏皇位繼承制度發展演變問題之一大障礙。如是之故，欲勾勒出拓跋氏皇位繼承不穩定之全貌，可謂無法盡如人意。

史籍中每每闕漏北方游牧民族進入中原前的社會描述與記載，拓跋氏亦

是如此。游牧民族文化通常尚未達到創建文字的地步，故有關游牧民族之史料，幾乎完全來自漢文史籍，缺乏異源史料可供參驗，此乃本研究感到不足之處。游牧民族逐水草而居，成為沒有歷史記錄的民族，即令發生許多事，但因失載後人也就不得而知，此誠為游牧民族歷史一大憾事。吾人現今所見之游牧民族歷史，幾乎皆經由漢文史書記載而流傳，但漢人記載游牧民族事蹟，常採漢族本位心態，兼之受複雜民族感情因素影響，難免損及歷史的原貌。故在運用漢人所載游牧民族史料時，需持客觀立場，避免偏離價值中立原則而不自知，這是本研究過程中需特別謹慎小心之處。

綜合言之，儘管有上述研究限制與困難，本研究仍會在上述研究動機與目的之下，竭盡所能克服困難，按照既定章節的安排，逐一進行各項問題的研究與考察，並盼能順利達成預期之研究目標，將學術研究成果貢獻於社會。

六、預期研究成果

本研究對上述一系列章節安排，有何預期目標與期待？事實上，隨著時空政治環境的差異，政治勢力會有所改變，各時期影響皇位繼承力量亦不同，但是仍然有其脈絡可循。身為皇帝側近之內廷職官，不論其位號與品秩高低，始終是最容易掌握實際權力的一群，而掌握宮廷禁衛軍之將領，歷來均是左右宮廷政變成敗的重要力量，北魏皇位繼承之關鍵時刻亦然。至於外戚、權臣、宗室等政治力量，隨各朝政治勢力變遷其勢力亦起伏不定，表現在影響皇位繼承力道上則有強弱不等的差別。雖然，探討北魏皇位繼承不穩定性之研究牽涉範圍甚廣，同時政治勢力變化中之人為因素也相當複雜，然而，經由上述本研究的章節安排與研究方法之運用，勢必能對北魏皇位繼承的形成與發展有一全盤且詳盡的瞭解與掌握。同時，這般北魏皇位繼承不穩定事實的具體呈現，將會是研究征服王朝與滲透王朝皇位繼承的的一個彌補與充實。

七、凡　例

（一）本書所引廿五史諸書，均指中華書局點校本，若引用其他版本，將另予註明。

（二）《資治通鑑》書中簡稱《通鑑》，亦用中華書局點校本。出處註某卷、某紀，且註明某年某月，頁若干。

（三）凡所徵引之論著：〈　〉，表示論文；《　》則指專書與期刊。

（四）皇帝名號統一以謚號稱記，而引文中出現之皇帝廟號，皆附註謚號。

（五）紀年以北魏諸帝年號爲主，附記西元紀年。

（六）本書採隨頁註，以每章爲一單元。引文亦以每章爲單元，首次出現則註出版地、出版社及出版年份。

（七）書中中古時期地名後之（　）內，註記今名。地名今釋，概以參考譚其驤《中國歷史地圖集》爲主，《中國歷史地名大辭典》爲輔，除特殊、少見地名外，一般性地名，不再註其出處。對尙須考證之中古時期地名，則以參考《水經注》、《讀史方輿紀要》、《唐代交通圖考》等歷史地理資料及考古史料爲主，並註其出處。

（八）篇末所附「參考文獻」，除本研究曾引用者外。其他史料或論著，部分雖未於書中引用，但或藉與其他資料對照參考，或擷取其觀念看法，亦收錄於參考文獻中。

第一章　漢民族與游牧民族之繼承

　　中國大陸因幅原廣大，加上地形複雜和特異的氣候因素，形成兩種截然不同的民族與生活形態，一為南方地區從事農耕的農業民族；另一為北方草原地區從事牲畜放牧的游牧民族。由於這兩種不同的經濟形態，發展出兩種截然不同的文化，形成了以南方的漢民族和北方的游牧民族為主軸的一興一廢、一弛一張為中心的歷史發展。〔註1〕

　　北方的游牧民族和南方農業民族，在兩種不同的文化、社會、生活形態影響下，他們產生最高領導人的方式，即繼承方式會有很大的不同。漢民族領袖，自秦始皇以來稱皇帝，普遍採嫡長子繼承制；至於北方游牧民族的領袖，稱為單于或可汗，一般多採推選方式。

　　拓跋氏為北方游牧民族，自然承襲游牧社會推選方式，然而在拓跋氏吸收漢文化過程中，逐漸受到漢民族繼承方式影響。建立北魏王朝後，二種繼承方式相互激盪，使北魏皇位繼承經常處於不穩定狀態，因此欲探討拓跋氏之皇位繼承，需先剖析漢民族及游牧民族差異甚大的繼承方式。

第一節　漢民族之繼承

一、漢民族的嫡長子繼承制

　　漢民族嫡長子繼承制並非突然出現，而是有其演變過程，這必須從商朝的

〔註1〕 日本學者白鳥庫吉認為東洋史是以漢民族的南方和北方的北狄為樞軸的一興一廢、一弛一張為中心。見氏著〈東洋史の南北對立〉，收於氏著，《白鳥庫吉全集》第8卷（東京：岩波書店，1970年10月），頁69。

王位繼承談起。據多位學者研究結果，一般認為商朝的繼承方式，是採兄終弟及且無嫡庶之分，〔註2〕列位兄弟皆有繼位資格，自兄以下依序傳弟，傳至末弟無弟可傳時，然後傳子，至於應傳末弟之子或諸位先兄之子，無一定規則，但多數是傳末弟之子，故每當王位繼承時，常引起堂兄弟爭位造成王室大亂。其中張蔭麟特別注意到殷商最後四次王位繼承，都是父子相承，所以他推測商人已經注意到兄終弟及制容易引起奪位紛爭的缺點，而以父子相承制改革兄終弟及制。〔註3〕另外，王國維對殷商王位繼承做了統計，他認為殷商之王位繼承，以兄終弟及為主，父死子繼為輔，無弟然後傳子。從成湯至紂王三十君中，以弟繼兄者，有十四位；而以子繼父者，多為弟之子而非兄之子。〔註4〕

　　殷商繼承以兄終弟及為主，但是在最末四代已有父子相承出現，至於傳子之制成為定制，成為君主繼承根本準繩，則始於周朝，王國維認為：〔註5〕

> 舍弟傳子之法，實自周始，當武王之崩，天下未定，國賴長君。周公既相武王克殷勝紂，勛勞最高，以德以長，以歷代之制，則繼武王而自立，固其所矣。而周公乃立成王而己攝之，後又反政焉，攝政者，所以濟變也，立成王者，所以居正也。自是以後，子繼之法遂為百王不易之制矣。

周公捨殷商傳弟之舊法，而代之以父子相承，最大的原因是是為了息爭。殷商兄終弟及自周一變為父死子繼，若先王非僅一子時，在傳子之法確立後，諸子之中，誰有資格來繼承？若無法則，自會重蹈殷商兄弟爭位的情況，於是諸子間有了嫡庶之分，限定由嫡長子繼承。嫡長子僅有一位，故能平息諸子對王位之覬覦，王國維云：〔註6〕

> 然所謂「立子以貴不以長，立嫡以長不以賢者」，乃傳子法之精髓。當時雖未必有此語，固已用此意矣。蓋天下之大利莫如定，其大害莫如爭，任天者定，任人者爭，定之以天，……而定為立子立嫡之法，以利天下後世。而此制實自周公定之，是周人改制之最大者，

〔註2〕 參見錢穆，《國史大綱》上冊（台北：國立編譯館，1983年11月），頁18；呂思勉，《讀史札記》（台北：木鐸出版社，1983年9月），頁135～137；王國維，〈殷周制度論〉，收在氏著，《觀堂集林》（石家莊：河北教育出版社，2002年1月），頁289。

〔註3〕 參見張蔭麟，《中國上古史綱》（台北：里仁書局，1982年9月），頁29。

〔註4〕 王國維，〈殷周制度論〉，前揭書，頁289。

〔註5〕 王國維，〈殷周制度論〉，前揭書，頁290。

〔註6〕 王國維，〈殷周制度論〉，前揭書，頁291。

　　　可由殷制比較得之，有周一代禮制，大抵由是出也。

由此可知中國的皇位繼承，由殷商時代的兄終弟及，逐漸演變爲父死子繼。至周代進一步確立諸子中唯嫡長子具繼承資格。

　　嫡長子繼承制逐漸形成一套宗法制度，宗族中分爲大宗、小宗，皇帝的嫡長子爲大宗，其餘諸子則爲小宗。諸弟在親屬關係上是嫡長子的兄弟；在國家體制上則是不容僭越的君臣之別。嫡長子繼承是宗法制度的核心，皇位繼承人首推正后所生長子，如長子早卒，則以其子繼任皇位，無子乃由嫡次子依序繼承，只有在正后無子的情況下，庶出長子才有繼承皇位的機會。若皇帝無子，則依照親疏遠近，於皇室中選立繼承者。制訂這套嫡長子繼承法的目的，無非表明皇位是上天安排的，君主之位早已注定爲嫡長子，用以杜絕其餘諸子對皇位的非分之想，也不容許有任何的篡奪行動，否則就是國法與宗法所不容的亂臣賊子，藉以穩定皇位繼承秩序，而這套嫡長子繼承遂成爲中原王朝百世不移的繼承準則。

二、「皇帝」名號與皇帝專制之出現

　　「皇帝」名號與皇帝專制之建立，皆始於秦始皇。〔註7〕古代部族領導人稱爲君，若干部族共主稱爲「王」，王是最高稱號，所以殷商、西周最高領導人都稱王，王代表最尊之稱號，「尊至於王而止矣，……天下歸往謂之王。」〔註8〕至春秋、戰國時代，禮崩樂壞封建制度解體，諸侯勢力逐漸興起凌駕周王室之上。春秋末期吳、楚等國君已稱王，戰國時期各諸侯幾乎全數稱王，破壞了王爲周天子之專稱，王的至尊性大爲降低，王的稱號已無法滿足各諸侯國要求，因王之稱號乃表示諸侯國在其國內的統治權威，若其統治力量及於國外，需有一稱號高於王之上，於是「帝」的概念應運而生，帝有聖人君主之意，於是秦昭襄王自稱西帝、齊湣王稱東帝；〔註9〕之後又有所謂的三帝：秦之西帝、趙之

〔註7〕　關於皇帝名號出現與皇帝制度建立，可參見白鋼主編、孟祥才著，《中國政治制度通史》（北京：人民出版社，1996年12月），第三卷秦漢，第二章皇帝制度，頁40～45；沈任遠著，《歷代政治制度要略》（台北：洪範書店有限公司，1988年3月），〈皇帝與太上皇〉，頁1～23；曾金聲著，《中國秦漢政治制度史》（台北：啓業書局，1969年3月），第二篇皇帝與皇室，第一章皇帝的位號與職權，頁31～37。

〔註8〕　參見呂思勉，〈皇帝說探源〉，收在氏著，《讀史札記》，頁202～203。

〔註9〕　參見劉向集錄，《戰國策》（台北：里仁出版社，1982年1月）卷12〈齊策五〉，頁424。

中帝與燕之北帝，〔註10〕結果齊爲燕所敗，乃撤去帝號，秦也隨之撤去。〔註11〕

秦始皇統一天下，王的稱號已無法滿足秦始皇之地位，爲了彰顯他的不世功業，他令丞相王綰、御史大夫馮劫、廷尉李斯等與博士議尊號，《史記‧秦始皇本紀》載：〔註12〕

> （王綰、馮劫、李斯）等皆曰：「昔者五帝地方千里，其外侯服夷服諸侯或朝或否，天子不能制。今陛下興義兵，誅殘賊，平定天下，海內爲郡縣，法令由一統，自上古以來未嘗有，五帝所不及。臣等謹與博士議曰：『古有天皇，有地皇，有泰皇，泰皇最貴。』臣等昧死上尊號，王爲『泰皇』。命爲『制』，令爲『詔』，天子自稱曰『朕』。」王曰：「去『泰』，著『皇』，采上古『帝』位號，號曰『皇帝』。他如議。」

據上所載，秦始皇採用「皇帝」稱號是可以理解的，秦王已不只是秦一國之君，而是全天下共主，爲了凸顯秦始皇的豐功偉業，王的稱號已無法顯現秦始皇的不世功績，故必須有一高於王之稱號。秦始皇爲展現皇帝君臨天下的權威，採行中央集權，將全國分成三十六郡，郡之下又分成若干縣，郡與縣的地方長官皆由中央派遣行政官員直接統治，這些行政官員去留由中央決定，而非周代的封建制度，亦即廢除諸侯及卿大夫對地方之「邑」的世襲領有制度，於是君主直接管理人民的統治方式於焉出現，如此從名號及其實質上均加強了秦始皇皇帝之威權。〔註13〕

秦王朝覆滅後，秦始皇創建的皇帝制度並未曇花一現走入歷史，漢高祖劉邦統一天下建立漢朝，他對皇帝制度並未百分百接受。首先，在皇帝稱號部分，對於天子仍以皇帝稱號稱之，並未走回周代天子稱王的道路。其次，在秦代中央集權和周代分封諸侯之間，劉邦認爲各有利弊，所以二者並行，分封不少諸侯王，這些諸侯在地方實力強大，漢廷中央有時往往無法控制，此時雖具皇帝稱號，但未能直接統治所有人民與土地。之後在漢初諸帝屬行中央集權且逐步收回地方諸侯權力下，持續加強皇帝威權，使皇帝可直接統治人民、掌控土地，至漢武帝時已回復至秦始皇時名號、實質雙具之皇帝制度。故中國皇帝制度可

〔註10〕 參見《戰國策》卷 29〈燕策一〉，頁 1068。
〔註11〕 參見呂思勉，〈皇帝說探源〉，頁 202。
〔註12〕 《史記》卷 6〈秦始皇本紀〉，頁 235～236。
〔註13〕 西嶋定生〈中國古代統一國家的特質──皇帝統治之出現〉，收於杜正勝編，《中國上古史論文選集》下冊（台北：華世出版社，1979 年 11 月），頁 734。

以說創始於秦始皇，漢朝奠定基礎並持續發展，此後直至中國最後一個封建王朝清朝，皇帝專制成爲中國政治制度主軸。

第二節　漢民族皇位繼承的不穩定

自秦始皇確立皇帝名號，並以皇帝制度作爲中央集權專制的政治體制，到滿清末帝宣統帝退位止，共約二千一百三十餘年，其間多數時間是統一王朝，亦有局促一隅的割據政權，其領導人也稱帝。中國封建社會曾經出現過多少皇帝？由於計算標準不同，會有不同的數字。浦薛鳳統計有一百八十位皇帝；〔註14〕若包括大小分合五十三朝代則有三百四十八位皇帝；〔註15〕韋慶遠則認爲有二百八十餘位。〔註16〕這些皇帝掌權時間各有不同，但是皇帝掌握封建社會最高統治權，擁有最崇高地位，人間一切權力榮寵集於一身，此位置自然引起諸多具實力者之覬覦，故取得皇帝大位，或由誰嗣位爲帝，遂成爲兩千多年來，封建王朝權力爭奪最劇烈的一面。

一、歷代繼承均不穩定

從皇帝稱號正式出現起，皇位繼承鬥爭即不斷發生，宗法制度受到衝擊，皇子們因爭位而不顧血緣之親互相殺戮，外廷、內朝各種政治勢力也紛紛捲入，一連串的政變、喋血、陰謀都是因爭奪皇位而起。秦始皇建立皇帝制度，然其死後，丞相李斯和宦官趙高卻以僞詔逼令應繼位之長子扶蘇自殺，改立較易控制之次子胡亥；漢高祖劉邦雖已立嫡長子劉盈爲太子，卻屢次想廢劉盈太子之位，改立戚夫人所生的趙王如意。劉邦死後，呂后不僅殺戚夫人及其子如意，更殺害自己嫡孫少帝劉恭；漢武帝原立嫡長子劉據爲太子，卻遭人誣陷發生巫蠱之禍，劉據被迫自殺；隋文帝已立嫡長子楊勇爲太子，卻遭次子楊廣迷惑廢楊勇改立楊廣，楊廣爲奪帝位不惜弒父殺兄；唐太宗李世民不但殺其兄太子李建成，及附於李建成的弟弟李元吉，更將兩人諸子一併誅除殆盡；宋太祖趙匡

〔註14〕　參見浦薛鳳，〈皇位繼承與危機禍亂 —— 由五因素著眼之分析統計與歸納〉，收於氏著《政治文集》（台北：台灣商務印書館，1981 年 8 月），頁 189～193。

〔註15〕　參見浦薛鳳，〈三百四十八位帝皇 —— 歷代皇位繼承之統計分析研究〉，收於氏著《政治文集》，頁 194～200。

〔註16〕　韋慶遠著，〈論封建皇權和皇位繼承問題〉，收在氏著，《明清史辨析》（北京：中國社會科學出版社，1989 年 7 月），頁 337。

胤是否為其弟趙光義所殺,「燭影搖紅」已成千古疑案;宋高宗為保住自己帝位,拒絕迎回被金所擄的徽、欽二帝;明太祖朱元璋死後,皇太孫朱允炆繼位,卻遭其叔朱棣率軍攻陷南京搶奪皇位;明英宗因土木之變遭瓦剌俘虜,其弟朱祁鈺被擁立為帝,是為景泰帝,景泰帝隨即將英宗子朱見深太子之位廢去,改立自己兒子朱見濟為太子。英宗回國後,景泰帝將其嚴密監控於南宮之內,其後英宗趁景泰帝病重之際,興兵復辟奪回帝位,再立朱見深為太子。由上述大量史實來看,漢民族王朝雖用嫡長子繼承制,但皇位繼承仍呈現不穩定狀態,許多朝代均有奪位情況發生。

二、嫡長子制之缺憾

　　皇位繼承法用血緣嫡長子繼承制,其本身亦有嚴重缺憾。因為法定只有嫡長子才有繼承資格,而他們自幼生長於宮闈之中,習於奢華享受,對百姓民生休戚一無所知,對如何治理國家管理政務亦不知如何入手,要他們擔任封建專制集所有權力於一身的皇帝,相當不易,一旦嫡長子昏愚平庸,即容易引起其餘皇室之人爭奪皇位。

　　嫡長子法定為皇位繼承人,名之為儲君、嗣君、東宮、皇儲,只要一出生是嫡是長,便是唯一可登大寶之人,因此不論其昏愚聰敏、暴戾仁慈,或是身體病弱,只要不被廢黜,仍然佔有皇位繼承資格。且由於嫡長子以候補天子自居,多不求上進,喜宴樂嬉戲,更企盼早日登基為帝,視久居皇位之父皇為寇仇,加上左右侍臣慫恿,許多宮廷慘劇因而發生。

　　漢民族嫡長子繼承制其實是一把利害兼具的雙面刃,原本是希望藉由嫡長子為唯一皇位繼承人,有助於皇位繼承時平順,保持政局穩定,不會因皇位繼承人不確定而引起爭奪,但這種作用是有限的,它不時受到皇族內部對繼承權的挑戰,但是中國歷代以來,卻也未找出其他較妥善的繼承方式。事實上,皇位繼承紛爭是因追求權力而起,封建皇帝集大權於一身,追求權力是人類普遍的趨向,一旦大權在握,非至死不會釋放權力,於是流血衝突因而發生。而在漢民族血親世襲制下,爭奪皇位者,彼此都有血緣關係,父子、兄弟、堂兄弟、叔姪等,不但不會因相互有血緣之親而免於爭奪,反而更加殘酷,司馬光有言:「雖同產至親,不能無相傾奪。」〔註17〕誠為至言。

〔註17〕《通鑑》卷180〈隋紀四〉,文帝仁壽四年,頁5614。

　　浦薛鳳研究中國歷代皇位繼承，用統計方式將三百四十八位帝王一視同仁加以分析，事實上，每一次皇位繼承，都是一個獨立事件，其背景、經過、結果，牽涉到各種政治勢力的介入，用量化統計方式，其結果往往會有些遺憾，但其統計數字，也可對中國皇位繼承之不穩定做一參考。茲舉兩點如下：（一）以漢人統一朝代而言，自秦、漢、晉、隋、唐、宋、明七個朝代，其英明果斷之開國君主，無一能圓滿解決繼承問題。〔註18〕（二）三百四十八位君主其帝位之由來，其中以皇太子繼位者一百四十七名，剛好佔一半，其餘一半有些是暴力奪取或權臣擇立、大臣擁戴、太后指定等因素。〔註19〕歷朝創業垂統之君王皆屬英明有爲之士，連他們都無法順利解決皇位繼承問題，凸顯了皇位繼承問題之複雜與困難。若皇位繼承順利，皇太子繼位比例似乎應達四分之三或五分之四，現皇太子繼位者僅二分之一，可爲皇位繼承不穩定之重要參考。

第三節　游牧民族的繼承方式

　　中原漢民族領導人採嫡長子繼承制，至於中國北方游牧民族的繼承方式，由於種族、風俗、生活方式之不同，其最高領導人繼承方式，是否與漢民族一樣？亦或有其他方式，此爲值得探究之問題。中國北方游牧民族依日本學者田村實造對北亞游牧民族歷史的區分方式，可分成古代游牧國家時期和中古時期的征服王朝時代。〔註20〕這些北方游牧民族領導人的繼承方式，與漢民族迥然不同，一般都是採推選制度。茲先以未進入中原建立政權的匈奴、突厥做說明。

一、匈奴單于的繼承

　　爲患秦、漢時期最烈的北方游牧民族匈奴，其最高領導人稱「單于」，〔註21〕單于是全匈奴最大權力之象徵，單于王位之繼承人選，先決條件爲

〔註18〕參見浦薛鳳〈皇位繼承與危機禍亂 —— 由五因素著眼之分析統計與歸納〉，前揭書，頁190。
〔註19〕參見浦薛鳳〈三百四十八位帝皇 —— 歷代皇位繼承之統計分析研究〉，前揭書，頁195。
〔註20〕參見田村實造著、李明仁譯，〈中國征服王朝 —— 總括〉，收於鄭欽仁、李明仁編譯，《征服王朝論文集》，頁73～75。
〔註21〕關於匈奴「單于」王號，可參見方壯猷著，〈匈奴王號考〉，見《燕京學報》第8期，1930年12月，頁1417～1418。

「攣鞮氏族」的男系子孫，其繼承法則有所謂的「四角六角」：〔註22〕

其大臣貴者左賢王、次左谷蠡王、次右賢王、次右谷蠡王，謂之四角；次左右日逐王（左右大將）、次左右溫禺鞮王（左右大都尉）、次左右斬將王（左右大當戶），是爲六角，皆單于子弟次第當爲單于者也。

這十個王定額不變，且必須爲攣鞮氏直系後裔，「四角六角」可視爲匈奴的繼承順序，一般而言，單于繼位人選，原則上自四角選擇的機會優於六角。另據《史記》所載：「匈奴謂賢曰『屠耆』，故常以太子爲左屠耆王（左賢王）。」〔註23〕以太子爲左屠耆王，可認爲是「擇賢而立」之法則，故早期匈奴採賢者繼承之制，沒有絕對的繼位順序，不會發生如中原王朝「沖齡登基」的情形。

匈奴單于的產生，需由族長大會通過和承認，族長大會每年正月、五月、九月固定召開三次，全匈奴族長皆須參加，若遇重大國事，如發動戰爭、單于位懸缺需遞補，隨時可召開臨時族長大會，〔註24〕在召開族長大會討論單于人選時，各氏族長皆可表示意見。〔註25〕匈奴並非每個氏族都可成爲單于，單于人選必須爲攣鞮氏後裔，此爲先決條件，一般而言，成爲單于有幾項條件，姚大中整理出三項，〔註26〕第一：繼承人聲望、領導能力和對同姓、異姓諸王之影響力。第二：前代單于個人意志。第三：繼承人生母出身，需爲呼衍氏等幾個攣鞮氏族的特定姻族，非此不在考慮之列。〔註27〕

由上述第一點看出游牧民族具偶像崇拜特質，故其領導人需有一定聲望及出類拔萃之能力才足以服眾。至於前代單于的個人意志，並非絕對重要，單于人選的決定，繫於族長會議，族長會議對單于的繼位有其權威性與絕對性，可否決前任單于之意志。另外由第三點可看出，匈奴非常重視母系血統，單于的外家部落影響力甚大，單于人選生母的出身氏族，有關鍵性影響。在匈奴社會中，單于之妻無所謂的正嫡之分，凡匈奴妻子一律稱爲「閼氏」，閼氏出身之氏族，對其子地位高低有極深之影響，若閼氏出身於呼衍氏、須卜氏、蘭氏、喬氏等所謂的貴種，其子才有成爲單于的可能，其餘氏族所生之子，則絕無可能繼任單于，因此出身四大氏族的閼氏，不僅對軍國大事有發

〔註22〕《後漢書》卷89〈南匈奴傳〉，頁2944。
〔註23〕《史記》卷110〈匈奴傳〉，頁2890。
〔註24〕參見姚大中，《古代北西中國》（台北：三民書局，1981年5月），頁80～81。
〔註25〕參見劉學銚著，《匈奴史論》（台北：南天書局，1987年10月），頁58～59。
〔註26〕姚大中，《古代北西中國》，頁81。
〔註27〕參見姚大中，《古代北西中國》，頁80～81。

言權，甚至對單于繼承有舉足輕重之作用，故匈奴游牧帝國可說是攣鞮氏族和幾個特定姻族的聯合統治。

隨著匈奴不斷南侵中原和漢民族接觸日深後，匈奴單于繼承方式出現了部分變化。由頭曼單于、冒頓單于、老上單于、軍臣單于，是父子相承的情形，自軍臣單于傳位其弟後，父子、兄弟繼承相雜，又因匈奴諸王爭奪單于位，彼此交戰不休，國力大衰，為了穩定紛亂的政局，國賴長君，於是採用兄終弟及的繼承方式。至東漢時，部分單于欲推動父子相承制，然國力已衰，許多部落紛紛降漢，不久分裂成南匈奴、北匈奴。匈奴勢衰時，為爭奪單于王位，部分匈奴諸王甚至引進漢朝勢力為其外援，使匈奴繼承脫離了早期既有方式與準則，漢朝勢力介入的結果，導致其後單于王位之繼承都得視漢廷態度而定，〔註28〕甚至曾發生單于被漢朝管理匈奴將領逼令自殺，可見匈奴中衰之後已喪失了早期族長會議推選單于之情形。

二、突厥可汗的繼承

突厥的最高領導人稱「可汗」，在突厥諸部族中，僅有「阿史那氏族」出身者，方可出任可汗。猶如匈奴的攣鞮氏族和蒙古的黃金氏族一樣。另外，阿史那氏族的姻親氏族為「阿史德氏族」，長期與可汗氏族「阿史那氏族」通婚，故「阿史德氏族」在突厥的地位，和匈奴的姻親氏族呼衍氏、須卜氏、蘭氏、喬氏一樣，均具崇高之地位。初期突厥由可汗氏族和其姻親氏族組成所謂的「貴族氏族群」，阿史那氏族掌握可汗繼承權，姻親氏族則扮演拱衛王室的功能。

突厥可汗的繼承方式採世襲制，據《隋書‧突厥傳》載：〔註29〕

> （逸可汗）病且卒，捨其子攝圖，立其弟俟斗（斤），稱為木杆可汗。……木杆在位二十年，卒。復捨其子大邏便，而立其弟，是為佗鉢可汗。……我突厥，自木杆可汗以來，多以弟代兄，以庶奪嫡，失先祖之法。

《隋書‧西突厥傳》亦載：

> 射匱者，都六之子，達頭之孫，世為可汗。〔註30〕

〔註28〕參見李明仁著，〈兩漢匈奴繼承制初探〉，見《嘉義農專學報》第51期，1997年4月，頁149。
〔註29〕《隋書》卷84〈突厥傳〉，頁1864。
〔註30〕《隋書》卷84〈西突厥傳〉，頁1878。

突厥可汗初時繼承之法，傳子、傳弟交雜，之後突厥分裂為東突厥、西突厥兩部，東突厥傳弟多於傳子，傳弟八次、傳子三次，並雜有傳姪三次。西突厥亦如東突厥採世襲制，但傳子、傳弟、傳姪、傳從兄弟、傳從父皆有，似乎較無繼承準則可循，且常因爭奪可汗位發生動亂。林恩顯曾將突厥之繼承列一統計表：〔註31〕

表一：突厥汗位繼承法統計表

	傳子	傳弟	傳姪	傳從兄弟	傳從父	其他
東突厥	3	8	3	1		4
西突厥	1	2	1	1	3	4
備　註	本統計東突厥部分係包括分裂前突厥第一代可汗伊利可汗土門（西元552年）開始，至第十六代白眉可汗止。西突厥則以分裂後稱汗第一代達頭可汗始，至第十三代沙缽羅可汗賀魯止。					

　　要成為突厥可汗，需具備「聖」、「俗」兩種特質。俗世特質是指需具備賢明、勇敢、威猛等與一般領導人無異的人格特質；至於聖，則是需具備某種宗教性質的聖的特色，這種宗教性質的聖，在游牧民族頗為常見。其領導人藉由受命於天的觀念領導部眾，部眾必須擁戴服從，否則會遭天譴。而突厥可汗的權威亦是採君權神授觀念，其權力來自於上天的賦予，這似乎與北亞原始信仰薩滿有關，〔註32〕因可汗繼位儀式有很深的宗教色彩，史載：〔註33〕

　　　　其主初立，近侍重臣等輿之以氈，隨日轉九回。每一回，臣下皆拜。
　　　　拜訖，乃扶令乘馬，以帛絞其頸，使纏不至絕，然後釋而急問之曰：
　　　　「你能作幾年可汗？」其主神情昏亂，不能詳定多少。臣下等隨其
　　　　所言，以驗修短之數。

可汗的繼位儀式類似薩滿的敘任式，新可汗藉繼位儀式，取得薩滿賦予其統治的神聖性與合法性，此乃可汗須具備聖之特質，能具備聖、俗兩種特質，始能成為突厥之可汗。

　　綜合上述，突厥繼承方式亦同於大草原習俗，需出身阿史那族之貴種並得族人擁戴，故繼承無明確準則，以實力及族人擁戴為要點，游牧民族幾均如此！

〔註31〕林恩顯，《突厥研究》（台北：台灣商務印書館，1988年4月），頁84。
〔註32〕參見裴友任，《突厥汗國政治組織之社會基礎研究》（國立政治大學邊政研究所碩士論文，1982年6月），頁160。
〔註33〕《周書》卷50〈突厥傳〉，頁909。

三、契丹君主之繼承

　　游牧民族在進入中原前，原本就有一套最高領導人的繼承制度，進入中原建立征服王朝（Dynasties of Conquest）或滲透王朝（Dynasties of Infiltration）和漢民族接觸逐漸漢化後，受到漢民族嫡長子繼承制影響，其原有之繼承制遂發生變化，茲以契丹、女眞、蒙古爲例，說明他們進入中原受漢制影響後，其領導人繼承方式變化情形。

　　契丹人在建立遼朝之前，原有一套推選最高領導人的傳統習慣，陳述認爲《遼史》中的柴冊儀，就是選汗大會的遺跡。契丹的各部大人稱夷離菫，乃是世選，較各部大人高一級的八部大人，亦即契丹最高領導人大可汗，也是世選。契丹各部大人的選汗大會，類似匈奴的族長大會、蒙古的庫利爾台會議。〔註34〕至於契丹部落領袖，不會如匈奴、突厥一樣限定某一氏族，所以契丹部落最高領導人就曾由大賀氏、遙輦氏再轉爲世里氏的阿保機擔任。這些被推舉的領導人，必須符合某些條件與資格。第一、需具備候選資格，即必須爲夷離菫（部落首領）。第二、需有過人智慧與優越的武力，能獲得各部首領的擁戴。第三、候選人需經過前任可汗的指定或同意。〔註35〕此三項條件當以獲得各部首領的擁戴最爲重要，前任可汗的指定需建立在各部首領的同意上，能夠符合這些條件的，才能安坐其位。

　　各部大人有「三年一代」聚會習慣，各部大人固定約三年聚會一次，商討部族間重大事務，如祭祀、發動戰爭，或遇天災人禍等。若所推之八部大人無法解決契丹所遭遇之問題時，則往往另推他人。

　　契丹族的君位繼承，隨著時間演變及和漢人接觸往來後，繼承方式也發生不同變化。尤其在建立征服王朝後統治大批漢人，漢民族的繼承制對契丹的君位繼承產生重大影響。自遼朝建立後，其君位繼承演變可分四階段：〔註36〕

〔註34〕參見陳述，〈論契丹之選汗大會與帝位繼承〉，收在《史學集刊》，第5期，1947年12月。

〔註35〕參見姚從吾，〈契丹君位繼承問題的分析〉，收在氏著《東北史論叢》上冊（台北：正中書局，1970年5月）頁252～253。另楊志玖認爲耶律阿保機之即位，乃接受前任可汗的遺命，且《遼史》中，並無「三年一代」的記載，所以「八部選汗」與「三年一代」只是中原流行的傳聞，見氏著，〈阿保機即位考辨〉，收在《中央研究院歷史語言研究所集刊》17本，1948年4月。

〔註36〕四個階段說參見姚從吾著，〈契丹君位繼承問題的分析〉，頁270～271。另魏復古認爲遼景宗才是遼朝長子繼承法確立的時候，參見魏復古，前揭文，頁44～45。

（一）遼太祖耶律阿保機時期，仍是契丹原有世選可汗之推舉制度。

（二）遼太宗耶律德光之繼位，乃耶律德光受推舉繼承其父遼太祖君位，代表契丹選汗制度維持正常運作。

（三）自遼太宗時起契丹勢力逐漸深入中原地區，取得燕雲之地後漢化漸深，也改變了原來之推舉制，故自遼世宗起，經穆宗、景宗的繼位，乃契丹君位繼承由世選推戴轉為長子世襲制之過渡時期，亦為契丹君位內爭最激烈的時期。

（四）契丹君位繼承制度的轉變，從遼聖宗起正式轉成父子相承的立長制，聖宗、興宗、道宗、昭懷太子、天祚帝均為長子繼位。

契丹的君位繼承，在遼太宗之前仍採部落時期傳統契丹的推選制，直到征服王朝建立後，遼王朝欲效法中原王朝的長子繼承制，可惜並未成功，之後至遼聖宗時期，父子相承的繼承制度才大致確立，世選演變為立長，昔日草原時期選汗大會競選可汗的熱烈場面已不復見，長子繼承成為契丹君位繼承根本法則。

四、女眞（金）君主之繼承

建國前的女眞族乃各自獨立的部落，彼此互不統屬，這些部落皆以部為氏，每個部都是由同一姓氏的成員及其家屬組成。在氏族中，以孛堇或勃極烈（勃極烈為孛堇之轉音）為酋首。孛堇的產生過程，據《三朝北盟會編》載：「自推雄豪酋長，小者千戶，大者數千戶。」〔註37〕可見孛堇為推舉制。至十二世紀初，以完顏部為首的部落聯盟逐漸形成，都孛堇為部落聯盟領導人，其產生也是經由各部落推選：〔註38〕

> 眾推景祖（烏古迺）為諸部長（都孛堇），白山、耶悔、統門、耶懶、
> 土骨論五國皆從服。

孛堇和都孛堇是眾推，說明是由選舉產生。而女眞族也有討論重大事項的集會：〔註39〕

> 國有大事，適野環坐，畫灰而議。自卑者始議，議畢即漫滅之，人
> 不聞聲，其密如此。將行軍，大會而飲，使人獻策，主帥聽而擇焉。

〔註37〕 徐夢莘，《三朝北盟會編》（台北：文海出版社，1962年9月）卷3，頁2。

〔註38〕《金史》卷67〈石顯傳〉，頁1573。

〔註39〕《三朝北盟會編》卷3，頁7。

其合者即為將，任其事。師還，又大會，問有功高下，賞之以金若
干，舉以示眾。或以為薄，復增之。

會議沒有一定的尊卑序列，部落成員皆可暢所欲言表達意見，不會有上下扞
隔或閉塞情況發生，此與蒙古族庫利爾台類似。

　　由上述推舉部落領導人及召開部落大會的記載情況來看，女真的君位繼
承似乎是選舉制，但是繼位人選是否有資格限制，抑或限定於某個部落或家
族，需進一步探究。女真族在以完顏部為核心的部落聯盟強大以後，都孛菫
一職由完顏部所世襲，景祖烏古迺之前，據《金史》所載是父子相承：〔註40〕

圖一：女真自始祖函普至景祖烏古迺君位傳承圖

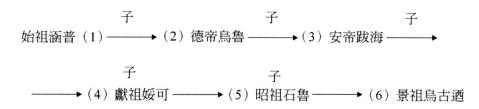

景祖烏古迺之後遂轉為兄終弟及，如下圖：〔註41〕

圖二：完顏氏君位繼承圖

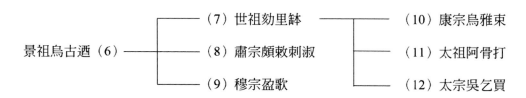

《金史》所載始祖函普至景祖烏古迺是父子相承，景祖烏古迺至太宗吳乞買乃
兄弟相承，不論是父子相承或兄弟相承，這些繼承順序均是金王朝建立後對先
祖的追封，是否真如《金史》所言為父子、兄弟關係，頗待商榷。但是女真族
在完顏部強大後，即確定了部落聯盟首長在完顏部內的世選制度，陶晉生認為
女真人的繼承制，此後是兄終弟及。〔註42〕而張博泉認為兄終弟及制，從景祖

〔註40〕《金史》卷1〈世紀〉，頁2～4。
〔註41〕此圖繪自陶晉生《女真史論》（台北：稻鄉出版社，2003年11月），完顏氏君
　　　　位繼承表，頁32。
〔註42〕參見陶晉生《女真史論》，頁32。

烏古迺前出現的父子世爲君長，與金政權建立後的父子世襲制之間，兄終弟及總是以父死子繼作爲補充形式，部落聯盟自景祖烏古迺後，已由完顏部的一個家族中兄弟相傳，即同父兄弟依次傳完後，再重新傳給兄長之子。〔註43〕

　　金太祖完顏阿骨打滅遼建立金王朝，但其生前並未指定任何繼承人，故金太祖死後，女眞宗室貴族和百官擁立金太祖之弟完顏吳乞買繼承皇位，是爲金太宗。金太宗爲使皇位繼承順利，於是預先指定其弟完顏斜也爲皇位繼承人，不料完顏斜也早逝，宗室貴族和百官又建議以金太祖之孫完顏亶爲皇儲，之後完顏亶順利繼位爲金熙宗。〔註44〕

　　金熙宗即位後，女眞漢化漸深，仿效中原王朝設立皇太子，於皇統二年（西元1142年）立完顏濟安爲皇太子，在此之前女眞族均立「諳班勃極烈」（高貴官之意）爲繼承人，金熙宗在指定皇位繼承人上可謂女眞創舉，不但以漢制皇太子之名取代諳班勃極烈，而且捨其弟完顏常勝而立其子，結果在金熙宗被弒之後，皇位卻由金熙宗庶子海陵王完顏亮所得，徹底破壞女眞的繼承制。此後金朝歷代皇位繼承均紛亂不已，宗室貴族爲繼承問題互相爭鬥，使統治集團實力不斷內耗，不僅削弱女眞族的統治力量，也間接導致金朝的敗亡。

五、蒙古君主之繼承

　　蒙古出現於漢文史籍，是在西元八世紀唐代中葉，蒙兀（蒙古）爲室韋之一部，其領導人產生方式據《新唐書》載：〔註45〕

　　　其國無君長，惟大酋，皆號「莫賀咄」，攝篾其部而附于突厥，……

　　　酋帥死，以子弟繼，無則推豪傑立之。

不過此時首領只是所謂的氏族長而已，至於蒙古族何時才有汗稱？依《元史》所載始於成吉思汗六世祖海都，〔註46〕海都受推舉爲部落聯盟領導人因而稱

〔註43〕　參見張博泉《金史論稿》（長春：吉林文史出版社，1986年7月），頁102。

〔註44〕　參見鄭昌淦著，〈世襲制的起源、演變及其影響〉，收在《文史知識》第8期，1984年8月，頁17。但唐長孺認爲金初有一個嚴格的皇位繼承制，其繼承原則是「嫡子繼承、兄弟相及」，但到金熙宗時此制被破壞，見氏著，〈金初皇位繼承制度及其破壞〉，收在氏著，《山居存稿》（北京：中華書局，1989年7月），頁478～480。

〔註45〕　《新唐書》卷219〈室韋傳〉，頁6176。

〔註46〕　參見《元史》卷1〈太祖紀一〉，頁3。

汗。蒙古產生部落聯盟共主式之領袖後，其汗位繼承法則為推戴制，新可汗需有前任可汗之指名或遺命，前任可汗可指名二名，〔註 47〕被指名者，不一定為前任可汗之子，可以是其子，或其他具備一定聲望、能力之傑出統帥，再經庫利爾台推戴通過。庫利爾台會議乃王公宗親大會，唯有通過各部落氏族認可，才能成為新任可汗，故蒙古族君位繼承是庫利爾台推選制。

成吉思汗建國後，可汗繼承方式仍依循原有之庫利爾台推戴制，汗位繼承人之條件有：（一）限成吉思汗後裔，需具黃金氏族血統。（二）前任可汗之遺命。（三）經庫利爾台推選大會通過。在成吉思汗大蒙古國時期，各項制度粗具規模，故選汗程序較部落聯盟時更為完備，而和部落聯盟時不同者有二：首先是可汗繼承者需為黃金氏族成員，如同匈奴、突厥的最高領導人，開始被單一氏族所壟斷；其次，參與庫利爾台推舉會議的成員，為蒙古王公勳貴等上層階層。除此二點，推舉制度在原則和精神上，和早期之傳統習慣並無多大不同。

成吉思汗過世前，立有遺詔，以第三子窩闊台接汗位，但仍然要經「諸王百官大會」，即庫利爾台推選會議的通過，才能取得繼承汗位的合法性。而窩闊台過世前，也有遺詔，由皇孫實勒門接汗位，不料庫利爾台推選會議並未通過，反而改推窩闊台長子貴由即汗位。〔註 48〕貴由死後，庫利爾台推選會議推選拖雷長子蒙哥繼承汗位。蒙哥死後，汗位繼承問題產生紛爭，貴族內部出現兩派，一派擁護阿里不哥在和林即位；另一派擁護忽必烈在大都即位，結果爆發皇位之爭，雖然忽必烈最後獲勝，成為蒙古族最高領導者，但也種下了分裂因子，開啟日後蒙古汗位的爭奪戰。〔註 49〕蕭啓慶對汗位繼承方式就認為，蒙古大汗雖然限定由黃金氏族產生，但汗位繼承人缺乏明確規定，在黃金氏族內父死子繼、兄終弟及、叔姪相承均有可能，新汗選位需經前汗提名及庫利爾台宗親大會通過，導致各系宗支爭奪汗位及操縱選舉。〔註 50〕

元世祖忽必烈即位後，蒙古政治重心南移，元世祖受漢制影響漸深，在繼承問題上，於至元十年（西元 1273 年）立嫡長子眞金為皇太子，表面上元世祖似乎採中原王朝的嫡長子繼承制，但事實上元世祖仍受蒙古傳統舊法的

〔註 47〕 參見周良霄、顧菊英著，《元史》（上海：上海人民出版社，2003 年 4 月），頁 72～73。

〔註 48〕 韋慶遠著，〈論封建皇權和皇位繼承問題〉，收在氏著，《明清史辨析》（北京：中國社會科學出版社，1989 年 7 月），頁 350～351。

〔註 49〕 鄭昌淦著，〈世襲制的起源、演變及其影響〉，前揭書，頁 17～18。

〔註 50〕 蕭啓慶著，《蒙元史新研》（台北：允晨文化實業有限公司，1994 年 9 月），頁 20。

影響，據《元史·裕宗眞金傳》載：〔註51〕

> 咨爾皇太子眞金，仰維太祖皇帝遺訓，嫡子中有克嗣服繼統者，豫
> 選定之。……朕（元世祖）上遵祖宗宏規，下協昆弟僉同之議，乃
> 從燕邸，即立爾爲皇太子。

元世祖雖然是以漢制立嫡長子眞金爲皇位繼承人，但詔文中「上遵祖宗宏規」、「下協昆弟僉同之議」，是依照成吉思汗指定窩闊台爲繼承人的傳統法則，將立皇儲當作前任可汗指定之汗位繼承人。周良霄指出，繼承之法不過庫利爾台制度，稍依中國思想而加以潤色者耳，故自蒙古進入中原後，實際上遵行的是蒙古舊制，嫡長制度始終未確立。〔註52〕

蒙古在元朝時期雖有立皇太子之事，但其精神仍是同於以往前任可汗之指定慣例，而且在王公貴戚的想法，也是將立皇太子，視同可汗對繼承人的提名。而可汗指定繼承人並非一定要其子，他人亦可，故元武宗以其弟（後來之元仁宗）爲皇太子，並相約兄終弟及、叔姪相承，此時之皇位繼承，先帝指定佔了重要因素，因元朝乃封建王朝，皇帝掌握最高權力，故先帝指定即可繼位，經庫利爾台推戴雖精神仍存在，但已喪失其實質意義，這也造成元朝皇室政變頻繁，篡弒不斷。以往經可汗指定後，仍須庫利爾台通過，能獲得王公勳貴普遍支持，汗位自然較穩，進入元朝後，缺少王公勳貴實質擁戴，權力基礎不穩，容易引起旁人競奪皇位。

庫利爾台選汗實質權力喪失，但其精神仍保留於元朝皇帝即位大典中。在皇帝即位過程的儀式中，如貴族集會、擁戴君主登位的蒙古式特殊禮儀、宴享和賞賜，宣讀成吉思汗札撒等，新皇帝利用這種「左右部畢至」的大典，伸張其政治權威與合乎祖訓的正統性。〔註53〕另外，繼承者需有黃金氏族血統同樣未變，只不過成吉思汗子孫各支脈，無緣成爲元朝皇帝，皇帝寶座自元世祖後，即由元世祖一系所獨佔。

中國北方的遊牧民族，匈奴、突厥各族群在君位繼承上，大致是採用各部落大人互相推選的方式。但在推選制演進的過程中，隨著少數幾個統治家族實力的增強，長期壟斷君位，受推選者的範圍也就越來越窄化，亦即受推

〔註51〕《元史》卷115〈裕宗眞金傳〉，頁2889。

〔註52〕周良霄，〈蒙古選汗儀制與元朝皇位繼承問題〉，元史研究會編，《元史論叢》第3輯（北京：中華書局，1986年1月），頁45。

〔註53〕參見蕭功秦，〈論元代皇位繼承問題——對一種舊傳統在新的歷史條件下的蛻變的考察〉，收於《元史及北方民族史研究集刊》第7期，1983年4月，頁36。

選者的範圍，就只限定在某個統治氏群的手中，而這個氏族通常擁有強大實力，如匈奴就限定在攣鞮氏的男系子孫之中，突厥則以阿史那氏的男系子孫才有被選舉權。

部分北方游牧民族南侵中原建立征服王朝政權，當他們尚未步入中原仍為游牧形態時，皆採用推選方式選出自己的部落領袖。但當他們征服中國的一部或全部，建立起漢式的封建王朝政權後，其君位的繼承方式就出現了兩難問題，是要採用漢制預立繼承人；或依以往部落的推選方式。女真和蒙古就比較傾向原有的推選制，但有時雜有預立太子的情形，因而造成奪位之爭兄弟相殘，導致內部紛亂削弱統治力量。契丹一開始受部落舊習影響，還有推選制的遺風，到了遼聖宗以後則改採漢制，確立了長子繼承制。

第四節　五胡十六國的繼承方式

五胡十六國政權乃北魏王朝先驅，西晉滅亡後，匈奴、鮮卑、羯、氐、羌等五胡分別在北方建立政權，混亂局面最後由北魏統一。欲探究北魏皇位繼承不穩定之因，需先瞭解五胡政權領導人的繼承方式，是否與漢民族不同，以及五胡政權的繼承方式是否對其後的北魏有所影響。茲以五胡十六國中的前趙、後趙、前燕為例做說明。

一、前趙的繼承

前趙乃匈奴劉淵所建，初稱漢。劉淵祖父於扶羅，乃南匈奴單于。父豹，為左賢王。劉淵在晉武帝時為北部都尉，八王之亂時為北單于，趁八王亂後西晉勢衰時自立，匈奴貴族共推為大單于，晉懷帝永嘉二年（西元 308 年）稱帝，建都平陽（山西臨汾西北）。〔註 54〕

劉淵建立政權後，由於他是匈奴人，漢人成為被統治者，劉淵對胡漢採取分治方式進行統治。置左、右司隸治理漢人，對胡族的統治則設立大單于，胡族不單指匈奴，還包括鮮卑、羯、氐、羌等種族。〔註 55〕因匈奴為統治者，

〔註 54〕 參見《晉書》卷 101〈劉元海載記〉，頁 2651；《魏書》卷 95〈匈奴劉聰傳〉，頁 2043～2045。另，《晉書》為唐房玄齡等撰，劉淵犯唐高祖李淵名諱，故稱其字，參見《晉書》卷 101〈劉元海載記〉，頁 2644。

〔註 55〕 參見王仲犖，《魏晉南北朝史》上（臺北：漢京文化事業公司，1992 年 9 月），頁 237～239。

故地位最高，加上軍事力量幾乎全來自胡族，尤以匈奴爲最，因此誰任大單于，等於掌握政權最高的軍事力量，對政治、皇位繼承有莫大影響。

晉懷帝永嘉四年（西元 310 年）劉淵病卒，太子劉和立，不料劉和之弟、劉淵四子劉聰發動政變，殺劉和自立。按理劉和既登大位應掌握所有權力，劉聰爲何能篡奪皇位，關鍵在於劉淵以劉「聰爲大司馬、大單于，並錄尚書事，置單于臺於平陽西。」〔註 56〕大單于的權力極大，相當於國之副主，加上兵力幾乎全掌握在劉聰手中，遂能輕易發動政變篡位。晉元帝建武二年（西元 318 年）劉聰病死，太子劉粲雖順利即位，但不久卻爲匈奴貴族靳準所弒，《魏書・匈奴劉聰傳》載：〔註 57〕

> （劉）粲荒耽酒色，游讌後庭，軍國之事一決於（靳）準。……（靳準）下使甲士執粲，數而殺之。劉氏男女無少長皆斬于東市。

劉聰族弟劉曜，時鎮長安位至相國，立即率軍平亂，亂平後自立爲帝並遷都長安改國號爲趙。〔註 58〕劉曜的前趙勢力頗盛，一度爲北方最大勢力，不過劉曜最後仍敗於石勒之手，不久爲其所殺，從劉淵起建立的劉氏政權自此滅絕。

從劉淵、劉和、劉聰、劉粲、劉曜等人的繼承來看，毫無規則所循且變亂相尋。究其原因在於繼位者無法掌握所有權力，如劉和、劉粲，就容易遭掌權者劉聰、靳準等人的篡奪。故劉氏政權的繼承，完全是實力取向，力強者勝成爲此時皇位繼承之法則。

二、後趙的繼承

後趙乃羯胡石勒所建，石勒字世龍，其先匈奴別部，散居於上黨武鄉（山西榆社縣北）羯室，因號羯胡。〔註 59〕石勒滅劉曜後不久，於晉成帝咸和五年（西元 330 年）稱大趙天王，同年改稱皇帝。石勒稱帝後雖立第二子石弘〔註 60〕爲太子，但皇位繼承仍蹈前趙覆轍。

〔註 56〕《晉書》卷 101〈劉元海載記〉，頁 2652。參見《魏書》卷 95〈匈奴劉聰傳〉，頁 2045。

〔註 57〕《晉書》卷 102〈劉聰載記〉，頁 2678～2679。參見《魏書》卷 95〈匈奴劉聰傳〉，頁 2046。

〔註 58〕劉曜的趙史稱前趙，以別於石勒之後趙。

〔註 59〕參見《晉書》卷 104〈石勒載記上〉，頁 2707；《魏書》卷 95〈羯胡石勒傳〉，頁 2047。

〔註 60〕石弘名犯獻文帝拓跋弘廟諱，故《魏書》稱大雅。參見《魏書》卷 95〈羯胡石勒傳〉，頁 2050。

　　後趙和匈奴劉氏政權一樣採用胡漢分治政策，大單于一職位高權重。石勒死後太子石弘繼位，但石勒之姪石虎，自為丞相、魏王、大單于總攝朝政。石虎不僅為大單于，更掌握後趙所有政治權力，乃廢石弘，尋殺之，自立為大趙天王，晉穆帝永和五年（西元 349 年）改稱皇帝。

　　石虎稱帝後立長子石邃為太子，似乎皇位繼承人已就位，其實不然，後趙宮廷不久即發生父子相殘慘劇。石虎殘暴統治，連太子石邃亦遭其杖捶，石邃懷恨在心，欲殺石虎，反被石虎所殺。石邃死後皇位繼承人懸空，石虎依次立次子石宣為太子。〔註 61〕石虎記取經驗教訓，未賦予太子石宣過多權力，命石宣與其弟石韜日省尚書奏事，兩人逐漸產生衝突，石宣命人殺石韜並欲弒石虎，不料事情敗露，石宣遭石虎所殺。

　　石虎殺太子石宣後，並未再有立太子記載，故石虎死後，諸子爭立，少子石世勝出，不久即為冉閔所殺，冉閔為石虎養孫，乃奉石世兄石遵為主。石遵立一百八十三日，又為其兄石鑒所殺，石鑒雖得立，旋為冉閔所殺，後趙亡。〔註 62〕

　　後趙從石勒、石弘、石虎的繼位過程中，宮廷殺戮及政變頻傳，石虎發動政變殺石弘奪位，而石虎雖得大位，但其二位太子石邃、石宣，均先後欲弒石虎，石虎感受威脅，為保權力乃先下手為強殺了二人。而石虎之後的石世、石遵、石鑒，均經過流血而得位，可見後趙和匈奴劉氏一樣，皇位繼承無任何法則，完全以實力為原則，一旦有人掌握足夠權力後為爭皇位，雖是骨肉至親，父子、兄弟相殘亦不足惜。匈奴劉氏、後趙石氏雖與漢族相處甚久，但弱肉強食的暴力奪位，似乎未受漢民族繼承制太多的影響。

三、前燕的繼承

　　前燕慕容氏乃鮮卑族一支，政權建立始於慕容廆。慕容廆本出昌黎，西晉覆亡後自稱大單于，於遼河流域建立政權。他死後三子慕容皝嗣位，晉成帝咸康三年（西元 337 年）自稱燕王。慕容廆死後之繼承者並非長子，乃是三子慕容皝，游牧民族本來就沒有嚴格的長子繼承制，一般而言，是看何人具有領導者特質，及具有足夠威望與權力，故游牧民族不必然由長子繼位，

〔註61〕參見《晉書》卷106〈石季龍載記上〉，頁 2767；《魏書》卷 95〈羯胡石勒傳〉，頁 2052。石虎名犯唐太祖李虎廟諱，故《晉書》以其字季龍稱焉，參見《晉書》卷 106〈石季龍載記上〉，頁 2761。
〔註62〕參見《晉書》卷 107〈石季龍載記下〉，頁 2792～2793；《魏書》卷 95〈羯胡石勒傳〉，頁 2053～2054。

這點由前趙、後趙、前燕均有明顯的反應。

　　慕容皝繼位後，立二子慕容儁爲世子。晉穆帝永和四年（西元 348 年）穆容皝卒，慕容儁順利即位，並受晉廷冊封，爲使持節中外大都督、大將軍、大單于、燕王。不過，慕容儁在晉穆帝永和八年（西元 352 年）滅冉閔後稱帝，不願再屈居東晉之下。慕容儁稱帝後已爲皇位繼承預作規劃，仿漢制立太子，以三子慕容暐爲太子。慕容儁病卒後，太子慕容暐繼位，雖然皇位繼承順利，但前燕國祚卻中斷，除了前燕統治集團逐漸腐敗外，前秦苻堅的崛起亦是一大因素，苻堅統一北方消滅北方各政權，前燕亦不例外。

　　前燕的繼承與匈奴劉氏、羯人石氏政權相比，似乎來的平順，從慕容廆、慕容皝、慕容儁、慕容暐，皇位相承之際沒有引起政變與不安，「廆死，子元眞〔註 63〕代立。……元眞，死，子儁統任。……儁死，子暐統任。」〔註 64〕前燕繼承順利的一大原因，在於鮮卑慕容氏漢化較深，且不採前趙、後趙的胡漢分治政策，故鮮卑族和漢民族間衝突少，民族間相處平和，政治相對穩定，對皇位繼承自然有所助益。此外，因前燕未採胡漢分治政策，也避免任胡族專責機構者掌握權力，進而挑戰皇位的情況發生。

　　前燕繼承順利，關鍵因素乃領導人在世時已預立繼承人。慕容廆爲遼東公時，已立慕容皝爲世子；〔註 65〕慕容皝繼位燕王，以二子慕容儁爲世子；〔註 66〕慕容儁稱帝後，立慕容暐爲太子，不料慕容暐先卒，慕容儁復立次子慕容暐爲太子。〔註 67〕其實慕容皝繼位後，其統治權威亦曾遭受挑戰，史載：〔註 68〕

　　　　皝庶兄建威（慕容）翰驍武有雄才，素爲皝所忌，母弟征虜（慕容）
　　　　仁、廣武（慕容）昭並有寵於廆，皝亦不平之。及廆卒，並懼不自容。
　　　　至此，翰出奔段遼，仁勸昭舉兵廢皝。皝殺昭，遣使按檢仁之虛實。
就慕容翰懼慕容皝出奔段遼，及慕容皝殺慕容昭，並遣使按檢慕容仁之虛實來看，慕容皝能擊敗對其有威脅性之兄弟，可見繼位後能掌握權力，不似前、

〔註63〕慕容皝字元眞，因其犯恭宗拓跋晃廟諱，故《魏書》稱慕容元眞。參見《魏書》卷 95〈徒何慕容廆傳〉，頁 2060。

〔註64〕《魏書》卷 95〈徒何慕容廆傳〉，頁 2060～2061。另參見《晉書》卷 109〈慕容皝載記〉，頁 2815；卷 110〈慕容儁載記〉，頁 2831；卷 111〈慕容暐載記〉，頁 2847。

〔註65〕參見《晉書》卷 109〈慕容皝載記〉，頁 2815。

〔註66〕參見《晉書》卷 110〈慕容儁載記〉，頁 2831。

〔註67〕參見《晉書》卷 110〈慕容儁載記〉，頁 2837。

〔註68〕參見《晉書》卷 109〈慕容皝載記〉，頁 2815。

後趙儲君繼位後大權旁落，皇位容易遭人所奪。

　　前趙、後趙、前燕等諸政權，其建立者匈奴、羯、鮮卑慕容等少數民族，雖然在建國前已與漢民族相處不算短時間，但漢民族嫡長子繼承制仍未影響這些少數民族，他們的繼承制仍有游牧民族的影子。以前、後趙而言，繼承之際變亂屢生，掌權力者篡奪皇位，此乃游牧民族力強者居之的寫照。另外，前燕的繼承雖較平順，但繼任者是次子、三子，皆非長子，游牧民族長子未必有繼承的特殊地位，諸子繼承地位平等於此表露無遺。鮮卑拓跋氏亦是游牧民族，故力強者居之、諸子繼承地位平等這二項游牧民族繼承特質，也對後來北魏的皇位繼承產生一定程度影響。

第二章　部落聯盟時期之君位繼承

第一節　神元帝至昭成帝之君位繼承

一、拓跋氏傳說時代之繼承

鮮卑拓跋氏祖先據《魏書·序記》所載乃黃帝子孫：〔註1〕

> 昔黃帝有子二十五人，或內列諸華，或外分荒服，昌意少子，受封
> 北土，國有大鮮卑山，因以為號。……其裔始均，入仕堯世，……
> 帝舜嘉之。命為田祖。

道武帝建立北魏後，追封拓跋氏歷代先祖，以神元帝力微為其始祖。拓跋氏
從神元帝力微起，史書記載較多，至於神元帝力微之前的傳說時代，史籍上
缺乏記載。〔註2〕傳說時代的繼承，因未與中原接觸，故史書記載甚為簡略，
只有拓跋君長崩、立之記載：〔註3〕

> 至成皇帝諱毛立。聰明武略，遠近所推，統國三十六，大姓九十九，
> 威振北方，莫不率服。崩。
> 節皇帝諱貸立，崩。
> 莊皇帝諱觀立，崩。

〔註1〕　《魏書》卷1〈序記〉，頁1。
〔註2〕　日本學者田村實造將拓跋部歷史以拓跋力微為界限，拓跋力微以前稱之為開
　　　　國的傳說時代，之後為拓跋氏的歷史黎明期。見氏著，《中國史上の民族移動
　　　　期》（東京：創文社，1985年3月），頁179。
〔註3〕　《魏書》卷1〈序記〉，頁1～2。

明皇帝諱樓立，崩。

安皇帝諱越立，崩。

宣皇帝諱推寅立。南遷大澤，方千餘里，厥土昏冥沮洳。謀更南徙，
未行而崩。

景皇帝諱利立，崩。

元皇帝諱俟立，崩。

和皇帝諱肆立，崩。

定皇帝諱機立，崩。

僖皇帝諱蓋立，崩。

威皇帝諱儈立，崩。

獻皇帝諱隣立。時有神人言於國曰：「此土荒遐，未足以建都邑，宜
復徙居。」帝時年衰老，乃以位授子。

對拓跋君長事蹟記載較詳細者，只有第一位成皇帝毛威震北方情形，以及第
六位宣皇帝推寅和第十三位獻皇帝隣，詳細記載拓跋部的遷徙。至於君位繼
承，僅有某帝立、某帝崩之簡略記載，並無世系傳承之說法，限於史料記載
簡略，無法得知君位繼承方式，可以推測此時期拓跋部大概是實施部落大人
時代的推薦制。不過從第十三位獻皇帝隣「乃以位授子。」已開始記錄繼任
者與前任君長關係，故從獻皇帝隣之後的君位傳承，父子、兄弟間的關係記
載就比較清楚。

二、部落聯盟之建立

拓跋氏部落聯盟時期從神元帝力微始，至昭成帝什翼犍被前秦所滅，其
君位傳承如圖三：

圖三：拓跋氏部落聯盟時期君位世系（數字為部落聯盟君位繼承次序）

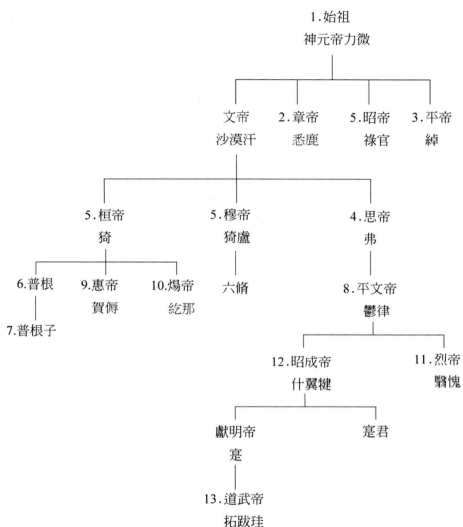

拓跋部在部落聯盟時尚未具國家組織，乃一游牧民族的部落型態，其君長並未具有皇帝般的權威與權力，許多權力分散在各部落酋首手中。拓跋力微的誕生具有神話色彩，其父聖武帝詰汾與天女合，生下拓跋力微：「故時人謠曰：『詰汾皇帝無婦家，力微皇帝無舅家。』」〔註4〕帝王神話般附會的誕生，在中外各民族追敘其先祖時，是屢見不鮮的。而各民族發展的過程中，先民知

───────────────

〔註4〕《魏書》卷1〈序記〉，頁3。

其母而不知其父，在民族起源的階段頗為常見。大陸學者田餘慶認為：「不重在種族來源或應期承運，而重在其先王無婦家、無舅家的事實方面。這似乎暗示詰汾、力微與其婦家、舅家有過某種爭端，他們有意隱去婦家、舅家的關係，因而婦家、舅家無聞。」〔註5〕

　　拓跋力微的即位，是承繼自父親聖武帝詰汾，此時長子特殊地位的觀念已經出現，但父死子繼、兄終弟及的繼承方式仍交互進行，父死子繼還不是普遍認同的傳承秩序。拓跋力微並非長子，他另有一兄長拓跋匹孤，〔註6〕拓跋部在聖武帝詰汾末年時，內部發生動亂分裂，故聖武帝詰汾長子拓跋匹孤率所屬遠走河西發展，即為後人所稱之禿髮部，禿髮即拓跋之聲轉，二部系出同源。聖武帝詰汾次子、拓跋匹孤之弟拓跋力微留在原地，依沒鹿回部，接續拓跋部正統，以次子身份承繼君位。北魏王朝建立後，追封拓跋力微為神元帝。

　　神元帝力微在拓跋氏的發展上具關鍵地位，主因在於他建立以拓跋氏為核心的部落聯盟。神元帝力微初時力量微弱，只是一位部落大人，後來受西邊部落侵擾，只好依附沒鹿回部，並娶沒鹿回部大人竇賓之女，竇賓並准神元帝力微率所部北居常川。〔註7〕拓跋部和沒鹿回部建立婚姻關係後，兩部聯合實力在部落聯盟中最強，不過神元帝力微及拓跋部仍需受沒鹿回部節制。其後竇賓死，沒鹿回部頓失領導中心，給了神元帝力微脫離沒鹿回部控制之機會。神元帝力微趁沒鹿回部權力繼承不穩之際，先殺其妻竇氏，再殺竇賓之子。神元帝力微為了振興拓跋部，不惜殺其妻、舅，爭奪部落聯盟共主地位，〔註8〕《魏書·神元皇后竇氏傳》載：〔註9〕

> 神元皇后竇氏，沒鹿回部大人賓之女也。賓臨終，誠其二子速侯、回題，令善事（神元）帝。及賓卒，速侯等欲因帝會喪為變，語頗漏泄，

〔註5〕 田餘慶，《拓跋史探》（北京：三聯書店，2003年3月），頁16。
〔註6〕 《元和姓纂》卷6〈源氏〉、《新唐書》卷75上〈宰相世系表〉源氏、《魏書》卷99〈禿髮烏孤傳〉、《晉書》卷126〈禿髮烏孤載記〉，都提到聖武帝詰汾長子拓跋匹孤。
〔註7〕 參見《魏書》卷1〈序記〉，頁3。
〔註8〕 孫同勛認為此事件是共主地位之爭，見氏著《拓跋氏的漢化》（台北：台大文史哲叢刊之一，1962年12月），頁12。李明仁認為是部落間的兼併戰爭，見氏著〈拓跋氏早期的婚姻制度〉，收於《嘉義技術學院學報》第53期，1997年8月，頁134。
〔註9〕 《魏書》卷13〈皇后·神元皇后竇氏傳〉，頁322。

> 帝聞之，知其終不奉順，乃先圖之。於是伏勇士於宮中，晨起以配刀
> 殺后，馳使告速侯等，言后暴崩。速侯等驚走來赴，因執而殺之。

兼併沒鹿回部後，拓跋部成為部落聯盟最強之部落。神元帝力微在神元帝三十九年（西元 258 年）建立了以拓跋部為核心的部落聯盟，並開始和中原地區展開交流，拓跋部和中原之關係遂逐漸密切。〔註10〕

三、沙漠汗事件

神元帝力微長子沙漠汗於神元帝四十二年（西元 261 年），因拓跋部與曹魏採和親政策，遂至洛陽出為質子。六年後（西元 267 年）沙漠汗歸國，之後就常往來拓跋部與西晉間，因久與漢民族接觸，沙漠汗感染華風逐漸漢化，身上已褪去拓跋氏草原文化氣息。按理漢化的沙漠汗，應能對拓跋部的漢化產生積極影響，不料卻在神元帝五十八年（西元 277 年）出使西晉回國時引發政變，沙漠汗遭諸部大人殺害，《魏書‧序記》載：〔註11〕

> 五十八年（西元277年），方遣帝（沙漠汗）。始祖（神元帝力微）聞
> 帝歸，大悅，使諸部大人詣陰館迎之。酒酣，帝仰視飛鳥，謂諸大人
> 曰：「我為汝曹取之。」援彈飛丸，應弦而落。時國俗無彈，眾咸大
> 驚，乃相謂曰：「太子風彩被服，同於南夏，兼奇術絕世，若繼國統，
> 變易舊俗，吾等必不得志，不若在國諸子，習本淳樸。」咸以為然。
> 且離間素行，乃謀危害，並先馳還。始祖問曰：「我子既歷他國，進
> 德何如？」皆對曰：「太子才藝非常，引空弓而落飛鳥，是似得晉人
> 異法怪術，亂國害民之兆，惟願察之。」自帝在晉之後，諸子愛寵日
> 進，始祖年踰期頤，頗有所惑，聞諸大人之語，意乃有疑。因曰：「不
> 可容者，便當除之。」於是諸大人乃馳詣塞南，矯害帝。

諸部大人殺害沙漠汗主要原因，乃害怕漢化的沙漠汗繼承部落聯盟君位後，會揚棄草原文化並逐漸推動漢化，屆時這些深具草原文化氣息的諸部大人將被屏除政治權力外。另外，神元帝力微因和沙漠汗長期隔離，父子感情逐漸疏遠，其餘諸子又在神元帝力微前爭寵，使神元帝力微對沙漠汗的信任大打折扣，諸部大人遂有挑撥離間進讒殺掉沙漠汗的機會。

沙漠汗之死事實上亦有外部力量的介入，西晉征北將軍衛瓘因沙漠汗「為

〔註10〕參見《魏書》卷 1〈序記〉，頁 4。
〔註11〕《魏書》卷 1〈序記〉，頁 4～5。

人雄異」具領袖氣質，若回國繼承部落聯盟君位「恐為後患」，〔註12〕拓跋部勢強對西晉並無好處，故衛瓘不僅延遲沙漠汗返國時間，更採離間政策，離間烏丸和拓跋部之關係，《晉書‧衛瓘傳》載：〔註13〕

> （衛瓘）除征北大將軍、都督幽州諸軍事、幽州刺史、護烏桓校尉。
> 至鎮，表立平州，後兼督之。于時幽并東有務桓、西有力微，並為
> 邊害。瓘離間二虜，遂致嫌隙，於是務桓降而力微以憂死。

由於衛瓘離間政策的成功，加上沙漠汗日漸漢化，引起諸部大人憂心，內外因素聚合在一起，導致沙漠汗被殺之結果。

四、諸部離散至猗盧一統

沙漠汗被殺之後，同年（西元 277 年）神元帝力微亦崩。部落聯盟君位由神元帝力微的兩個兒子拓跋悉鹿和拓跋綽接續繼承，接著由沙漠汗的少子拓跋弗繼位，拓跋弗在位僅一年即崩，君位傳給其叔拓跋祿官（神元帝力微之子、沙漠汗之弟）。觀察此三次君位繼承，拓跋部在部落時期並無立太子之制，沙漠汗雖為長子，並未具有當然的繼承權，故部落聯盟君位繼承呈現高度不穩定，有兄弟相傳及再傳兄之子等繼承方式，無任何章法可言。日本學者田村實造認為這是諸部大人意圖排斥沙漠汗而擁戴神元帝力微的其他諸子，拓跋部此時君長之君位，是由諸部族從某一特定氏族的推選而轉移到世襲制的過渡期，但是其推戴的範圍，被限定於神元帝力微的諸子之間，結果這是「同一氏族的世襲制」，同時吾人也可看出此時的繼承雖是在同一氏族中選擇繼承人，但現任君長的意志和諸部大人的意志不符合時，諸部大人的影響力，似乎是超越現任君長。

神元帝力微之後的君位，是由神元帝力微諸子和沙漠汗之子互相繼承，所以當拓跋弗崩後，因為君位繼承的不穩定和無任何規律可遵循，君位競爭更加激烈，若內鬥繼續下去，拓跋部勢力將更加衰落，為了平衡君位之爭，遂由神元帝力微之子拓跋祿官和沙漠汗與封氏所生的兩子，將拓跋部分為三部分別治理：〔註14〕

> 帝（昭帝祿官）自以一部居東，在上谷北，濡源之西，東接宇文部；

〔註12〕 參見《魏書》卷 1〈序記〉，頁 4。
〔註13〕 《晉書》卷 36〈衛瓘傳〉，頁 1057。
〔註14〕 《魏書》卷 1〈序記〉，頁 5～6。

　　以文帝之長子桓皇帝諱猗㐌統一部，居代郡之參合陂北；以桓帝之
　　弟穆皇帝諱猗盧統一部，居定襄之盛樂故境。

昭帝祿官將拓跋部分爲三部，自己統治非拓跋部核心區的東部，並和鮮卑另
一勢力強大的宇文部聯姻，以加強彼此關係。在拓跋部分裂爲三部至昭帝祿
官崩逝的十三年間（西元 294～307 年），《魏書・序記》對昭帝祿官的記載不
多，最多者乃居代郡之參合陂北方的桓帝猗㐌事蹟。由此可知昭帝祿官的實
力在三部裏並非最強，他將拓跋部一分爲三，是迫於己身實力不強，不得不
承認沙漠汗子孫勢力的政治現實，並非類似匈奴冒頓單于和鮮卑檀石槐擁有
強大實力，分國爲三而自己總其成之情形。〔註 15〕

　　昭帝祿官十一年（西元 305 年），桓帝猗㐌崩；十三年（西元 307 年），
昭帝祿官崩，穆帝猗盧總攝三部以爲一統，拓跋部分立問題至此得到解決，
此後拓跋部的君位全歸於沙漠汗一脈。

五、六脩事件

　　穆帝猗盧結束拓跋部分立局面，政權統一國力漸強，並和西晉採合作態
度。此時西晉正逢五胡亂華，其中匈奴劉氏勢力最強，西晉對位於匈奴後方
的拓跋部極力籠絡，希望拓跋部能牽制匈奴劉氏力量。晉懷帝永嘉四年（西
元 310 年），穆帝猗盧受西晉代公封號，並取得陘北馬邑、陰館、樓煩、繁畤、
崞五縣，與西晉合作共同對抗匈奴劉氏。晉愍帝建興三年（西元 315 年），晉

〔註 15〕關於昭帝祿官分國爲三部的問題，大致分成兩派的看法。一派以爲拓跋部的
　　　　實力可能更爲強大了，毛漢光以爲拓跋部此時建立起核心的組織比起檀石槐
　　　　時代三個鬆懈的部落同盟更爲進步，見氏著〈北魏東魏北齊之核心集團與核
　　　　心區〉，收在氏著《中國中古政治史論》（台北：聯經出版事業有限公司，1991
　　　　年 4 月），頁 30～42。雷家驥則以爲昭帝祿官之時，國力強大，直追檀石槐
　　　　之規模，見氏著〈慕容燕的漢化適應與統治〉，收於《東吳歷史學報》第 1 期，
　　　　1995 年 4 月，頁 17。另一派則認爲昭帝祿官分國爲三部，是一種政權分裂的
　　　　情形，日本學者田村實造以爲北亞部族間，原本就有將領土分統爲東、中、
　　　　西三部之風習，如古代匈奴的盛世或鮮卑族極盛時期的檀石槐時代都可看到，
　　　　而祿官時期諸部族的結合非常鬆散，所謂三分統治，應該可以視爲分裂對立
　　　　的情形，見氏著《中國史上の民族移動期》，頁 179。王吉林亦認爲昭帝祿官
　　　　分治三部，與匈奴冒頓、鮮卑檀石槐的三部分治是不同的，因冒頓、檀石槐
　　　　是將統治區域分成三部，全歸自己統治，而昭帝祿官卻只治理三部其中的一
　　　　部，見氏著〈元魏建國前的拓跋氏〉，收於《史學彙刊》第 8 期，1977 年 8
　　　　月，頁 74～75。筆者認爲後者看法較正確，昭帝祿官限於己身實力，分國爲
　　　　三部是不得已的，所以後來才有和宇文部聯姻之行爲。

廷進封穆帝猗盧爲代王，不料他卻在隔年（西元 316 年）爲其長子拓跋六脩所殺，《魏書·六脩傳》載：〔註16〕

> 初穆帝（猗盧）少子比延有寵，欲以爲後。六脩出居新平城，而黜其母。……後六脩來朝，穆帝又命拜比延，六脩不從。穆帝乃坐比延於己所乘步輦，使人導從出遊。六脩望見，以爲穆帝，謁伏路左，及至，乃是比延，慚怒而去。召之，不還。穆帝怒，率眾伐之。帝軍不利，六脩殺比延。帝改服微行民間，有賤婦人識帝，遂暴崩。普根先守于外，聞難，率眾來赴。攻六脩，滅之。

穆帝猗盧生前並未指定繼承人，晚年有意立少子拓跋比延爲嗣君，卻引起長子拓跋六脩不滿，造成父子兵戎相見。此外，六脩事件也牽涉到拓跋部的路線之爭，《魏書·衛雄傳》載：〔註17〕

> 六脩之逆，國內大亂，新舊猜嫌，迭相誅戮。（衛）雄、（姬）澹並爲群情所附，謀欲南歸，言於眾曰：「聞諸舊人忌新人悍戰，欲盡殺之，吾等不早爲計，恐無種矣。」晉人及烏丸驚懼，皆曰：「死生隨二將軍。」於是雄、澹與劉琨任子遵率烏丸、晉人數萬眾而叛。（劉）琨聞之大悅，率數百騎馳如平城撫納之。」

日本學者田村實造認爲六脩之亂的原因約有兩端：一爲繼承因素，一爲守舊派和開明派之爭。〔註18〕守舊派和開明派這種新舊之爭，是因穆帝猗盧以中原王朝專制皇帝方式行使其權力和氏族貴族的權力相矛盾所引起，可視爲拓跋部本身的政治權力爭奪，先以君位的繼承權之爭做導火線，再進入第二階段的新舊路線之爭，但無論那種說法，吾人均可將六脩之亂的主因，歸結於北亞游牧民族的繼承方式所導致。拓跋氏自獻帝隣以來，君位繼承雖已出現世襲制，但並不穩固，而且不似中原王朝的父子相承世襲制，其君位繼承雖然在同一拓跋氏族之間，但有父子相承、兄弟相傳、姪叔相繼，尤其當拓跋部落聯盟君長權力呈現不穩時，貴族、諸部大人對君位繼承人選影響極大，

〔註16〕《魏書》卷 14〈神元平文諸帝子孫·六脩傳〉，頁 348。

〔註17〕《魏書》卷 23〈衛操附雄傳〉，頁 602～603。

〔註18〕日本學者田村實造認爲六脩之亂的原因有二：其一是穆帝猗盧寵愛少子拓跋比延，欲立爲繼承人，造成拓跋六脩不服所引起。其二是拓跋政權的路線之爭，當時拓跋部落聯盟內部分爲兩派，一派是以穆帝猗盧爲主的守舊派，以北部盛樂爲中心；另一派是以拓跋六脩爲主的開明派，以南部平城爲中心。見氏著，《中國史上の民族移動期》，頁 200～202。

如前述的沙漠汗事件和六脩事件，各部落都發揮相當大的影響力。〔註19〕

　　穆帝猗盧和拓跋六脩父子交戰，結果穆帝猗盧失利遭拓跋六脩所弒，部落聯盟陷入動亂，幸賴桓帝猗㐌之子拓跋普根出兵平定紛亂，殺拓跋六脩並取得部落聯盟君位，不料月餘即卒，雖然拓跋普根之子得立，不久亦亡，政權隨即轉移至沙漠汗和蘭妃所生思帝弗之子拓跋鬱律〔註20〕手中。此後二十餘年間的部落聯盟君位，遂在沙漠汗的封后和蘭妃二位后妃子孫中流轉。〔註21〕封后即沙漠汗皇后封氏，生桓帝猗㐌及穆帝猗盧；〔註22〕蘭妃乃沙漠汗次妃蘭氏，生有二子，長子藍，早卒，次子即思帝弗。〔註23〕

六、祁后為子爭奪君位

　　平文帝鬱律乃一雄才大略之拓跋君王，史書稱其「資質雄壯，甚有威略。」〔註24〕即位後積極向外拓展疆土，「西兼烏孫故地，東吞勿吉以西，控弦上馬將有百萬。」〔註25〕經過平文帝鬱律的一番經營，部落聯盟勢力大增，加上中原正是五胡亂華最激烈的時刻，晉愍帝被劉曜所害，中原無主，平文帝鬱律欲把握此良機出兵中原。詎料就在平文帝鬱律積極練兵講武之際，卻因內部的奪權鬥爭，遭桓帝后祁氏發動政變殺害，「桓帝后以（平文）帝得眾心，恐不利於己子，害帝，遂崩，大人死者數十人。」〔註26〕

　　祁后育有三子，長曰拓跋普根、次為惠帝賀傉、再次為煬帝紇那。〔註27〕祁后害死平文帝鬱律後，遂以己子拓跋賀傉繼位，拓跋君位再回到封后一系

〔註19〕參見唐長孺著，〈拓跋國家的建立及其封建化〉，收在氏著，《魏晉南北朝史論叢》（石家莊：河北教育出版社，2002年1月），頁185～197。
〔註20〕平文帝鬱律爲思帝弗之子：「平文皇帝諱鬱律立，思帝之子也。」《魏書》卷1〈序紀〉，頁9。但百衲本記爲惠帝賀傉之子：「平文皇帝諱鬱律立，惠帝之子也。」百衲本二十四史《魏書》紀一（台北：台灣商務印書館，1988年1月），頁23。
〔註21〕唐長孺認爲穆帝猗盧被殺之後，拓跋部這個新興的國家瓦解，回復到部落聯盟時代，諸部大人們恢復了過去選擇聯盟領袖的權利，君位繼承非常混亂不穩定，見氏著，〈拓跋國家的建立及其封建化〉，收在氏著，《魏晉南北朝史論叢》，頁201。
〔註22〕參見《魏書》卷13〈皇后·文帝皇后封氏傳〉，頁322。
〔註23〕參見《魏書》卷13〈皇后·次妃蘭氏傳〉，頁322。
〔註24〕《魏書》卷1〈序紀〉，頁9。
〔註25〕《魏書》卷1〈序紀〉，頁9。
〔註26〕《魏書》卷1〈序紀〉，頁10。
〔註27〕參見《魏書》卷13〈皇后·桓帝皇后祁氏傳〉，頁322。

子孫手中。拓跋賀傉雖即位爲部落聯盟君長，但祁后擅權攬政頗爲強勢，惠帝賀傉未親政事形同傀儡。祁后過世後，惠帝賀傉終得親政，然而部落聯盟卻出現分裂，「帝（惠帝賀傉）始臨朝，以諸部人情未悉款順，乃築城於東木根山，徙都之。」〔註 28〕由此引文觀之，惠帝賀傉權力基礎並不穩，未得到各部落認同，甚至將都城遷往東木根山（山西大同北），可知其權力已旁落，因此當惠帝賀傉過世，其弟煬帝紇那即位後，拓跋部實力更爲衰落。

　　拓跋部落聯盟在煬帝紇那時，處於內外交迫窘境，外有石趙之攻擊，如煬帝三年（西元 327 年）石虎率軍攻拓跋部，「三年（西元 327 元），石勒遣石虎率騎五千來寇邊郡，帝禦之於句注陘北，不利，遷於大寧。」〔註 29〕內有領導中心未能鞏固，導致部落聯盟分裂。其中平文帝鬱律長子拓跋翳槐率領部分拓跋部民依附其母舅賀蘭部賀蘭藹頭處，〔註 30〕與煬帝紇那相抗。煬帝紇那對拓跋翳槐無必勝之把握，遂聯合宇文部共擊賀蘭部，卻反遭賀蘭部擊潰。賀蘭部既敗煬帝紇那，遂聯合諸部大人共立拓跋翳槐，〔註 31〕煬帝紇那不得已乃投靠宇文部。此時部落聯盟一分爲二，一爲賀蘭部支持之烈帝翳槐；另一爲宇文部支持之煬帝紇那。烈帝翳槐即位後對石趙採友善外交政策，結好石勒並以其弟拓跋什翼犍爲質於趙。烈帝翳槐鞏固權力方式是先減緩外部壓力，再集中全力對付煬帝紇那。不料烈帝七年（西元 335 年），烈帝翳槐和其舅賀蘭藹頭發生紛爭，烈帝翳槐殺賀蘭藹頭，造成賀蘭部對烈帝翳槐不滿，雙方關係緊張。煬帝紇那見有機可趁，欲奪回部落聯盟領導權，乃聯合宇文部攻打烈帝翳槐，烈帝翳槐不敵只得投奔石虎，煬帝紇那遂被諸部大人推戴爲聯盟領袖，重登部落聯盟君位，〔註 32〕但紛爭尚未結束。二年後（西元 337 年）烈帝翳槐在石虎武力支持下，大敗煬帝紇那且攻下大寧，煬帝紇那再度流亡改投靠慕容部，烈帝翳槐重掌拓跋政權，部落聯盟君位又回到沙漠汗與蘭妃一系的子孫手中，迄至北魏亡。

〔註 28〕 《魏書》卷 1〈序紀〉，頁 10。
〔註 29〕 《魏書》卷 1〈序紀〉，頁 10。
〔註 30〕 《魏書》卷 1〈序紀〉：「烈帝居於舅賀蘭部。」頁 10。《魏書》並未說明是妻舅或母舅，據李明仁考證應爲母舅，見氏著，〈拓跋氏早期婚姻政策〉，前揭書，頁 142。
〔註 31〕 《魏書》卷 1〈序紀〉，頁 10～11。
〔註 32〕 《魏書》卷 1〈序紀〉，頁 11。

七、拓跋什翼犍繼位

　　烈帝翳槐復位一年即崩，因在位期間極短，未及鞏固權力，拓跋部繼承危機再現。烈帝翳槐遺囑指定平文帝鬱律次子拓跋什翼犍爲君位繼承人，但是拓跋什翼犍當時爲質於後趙，人不在部落聯盟內，諸部大人對君位繼承人選出現不同意見，欲否決烈帝翳槐欽定之繼承人，《魏書・高涼王孤傳》載：〔註33〕

> 高涼王孤，平文皇帝之第四子也。多才藝，有志略。烈帝之前元年，國有內難，昭成（拓跋什翼犍）如襄國。後烈帝臨崩，顧命，迎昭成立之，社稷可安。及崩，群臣咸以新有大故，內外未安，昭成在南，來未可果，比至之間，恐生變詐，宜立長君以鎮眾望。次弟屈，剛猛多變，不如孤之寬和柔順，於是大人梁蓋等殺屈，共推孤。孤曰：「吾兄居長，自應繼位，我安可越次而處大業。」乃自詣鄴奉迎，請身留爲質。石虎義而從之。昭帝即位，乃分國半部與之。

拓跋什翼犍之所以得位，首先是烈帝翳槐遺旨欽點，賦予其接任部落聯盟君位的合法地位；其次爲其弟拓跋孤堅持上有兄長，不應越次而立；但是最重要的是諸部大人的態度，他們先反對拓跋什翼犍繼位，之後爲了防止性情「剛猛多變」的平文帝鬱律三子拓跋屈即位，竟然將他殺害，預備擁立「寬和柔順」的四子拓跋孤，幸諸部大人最後同意拓跋孤的主張，拓跋什翼犍才得以順利繼位。另外從「石虎義而從之」來看，拓跋什翼犍在後趙任質子，與後趙維持不錯關係，而石虎欲擴展勢力，也需結好國際盟友，故助拓跋什翼犍回國任部落聯盟君長，藉以維持雙方良好關係。

八、代國之滅亡

　　昭成帝什翼犍即位後，雖年僅十九歲，但英明有大志，對內致力於拓跋政權穩定，加強部落聯盟向心力，使拓跋部實力漸強。昭成帝建國十四年（西元351年），中原地區動盪不安，後趙政權內亂激烈，昭成帝什翼犍見機不可失，有「親率六軍，廓定四海。」〔註34〕之志，但因諸部大人反對，遂不可行。由於昭成帝什翼犍繼承君位是獲得諸部大人同意，因此昭成帝什翼犍必須顧慮他們的意見，可見部落聯盟時諸部大人權力仍強，不僅可干涉君位繼承，還可否決聯盟領袖的對外政策，君主權仍受到一定的制約。

〔註33〕　《魏書》卷14〈神元平文諸帝子孫・高涼王孤傳〉，頁349。
〔註34〕　《魏書》卷1〈序紀〉，頁13。

　　拓跋部雖在昭成帝什翼犍的治理下日漸興盛，但前秦苻堅實力亦逐漸增強，開始進攻北方各割據政權，拓跋部與前秦衝突遂不可免，東晉孝武帝太元元年（西元 376 年）十二月，苻堅派兵滅了代國，史載：〔註35〕

　　　　（昭成帝什翼犍）三十九年（西元 376 年），苻堅遣其大司馬苻洛率
　　　　眾二十萬及朱彤、張蚝、鄧羌等諸道來寇，侵逼南境。冬十一月，
　　　　白部、獨孤部禦之，敗績。南部大人劉庫仁走雲中。（昭成）帝復遣
　　　　庫仁率騎十萬逆戰於石子嶺，王師不利。帝時不豫，群臣莫可任者，
　　　　乃率國人避於陰山之北。高車雜種盡叛，四面寇鈔，不得芻牧。復
　　　　度漠南。堅軍稍退，乃還。十二月，至雲中，旬有二日，帝崩，時
　　　　年五十七。

昭成帝什翼犍敗於前秦大軍遂逃往陰山之北，不久崩逝。《魏書・序紀》並未載明昭成帝什翼犍死因，僅用「帝崩」二字含糊帶過，〔註36〕但《魏書・寔君傳》則認爲遭其子拓跋寔君所弒：〔註37〕

　　　　初，昭成以弟孤讓國，乃以半部授孤。孤卒，子斤失職懷怨，欲伺
　　　　隙爲亂。是時，獻明皇帝及秦明王翰皆先終，太祖（道武帝拓跋珪）
　　　　年六歲，昭成不豫，慕容后子閼婆等雖長，而國統未定。斤因是説
　　　　寔君曰：「帝將立慕容所生，而懼汝爲變，欲先殺汝，是以頃日以來，
　　　　諸子戎服，夜持兵仗，遶汝廬舍，伺便將發，吾愍而相告。」時苻
　　　　洛等軍猶在君子津，夜常警備，諸皇子挾仗徬徨廬舍之間。寔君視
　　　　察，以斤言爲信，乃率其屬盡害諸皇子，昭成亦暴崩。其夜，諸皇
　　　　子婦及宮人奔告苻洛軍，堅將李柔、張蚝勒兵內逼，部眾離散。苻
　　　　堅聞之，召燕鳳問其故，以狀對。堅曰：「天下之惡一也。」乃執寔

〔註35〕《魏書》卷 1〈序紀〉，頁 16。
〔註36〕昭成帝什翼犍死因，史料有兩種記載：一種是認爲他殺，昭成帝什翼犍爲其
　　　　庶長子拓跋寔君所弒，北朝史書《魏書》、《北史》採此説；另一種是認爲昭
　　　　成帝什翼犍被俘虜至長安後才過世，南朝史書《晉書・苻堅載記》、《宋書・
　　　　索虜傳》、《南齊書・魏虜傳》採此説，另《資治通鑑》亦採此説，見《通鑑》
　　　　卷 104，〈晉紀二十六〉，孝武帝太元元年，頁 3279。至於大陸學者李憑則認
　　　　爲是道武帝母賀氏以道武帝名義縛昭成帝什翼犍向前秦投降，「在代國滅亡
　　　　後，道武帝的經歷應該是：先隨昭成帝什翼犍等遷到長安，又從長安以『執
　　　　父不孝』之罪遷到蜀地。」見氏著，《北魏平城時代》（北京：社會科學文獻
　　　　出版社，2000 年 1 月），頁 25、141～149。
〔註37〕《魏書》卷 15〈昭成子孫・寔君傳〉，頁 369。

　　　君及斤，轘之於長安西市。

部落聯盟瓦解主要是受到前秦軍事力量攻擊，但因內部拓跋寔君的政變，削弱了拓跋部團結對外之力量。拓跋斤因失職之故懷恨昭成帝什翼犍，便趁前秦入侵，拓跋部戰敗、人心浮動之際，加上昭成帝什翼犍重病，未指定部落聯盟君位繼承人，乃挑撥昭成帝什翼犍庶長子拓跋寔君發動政變，殺害昭成帝什翼犍和諸皇子，部落聯盟大亂，前秦軍輕而易舉消滅代國。

九、影響部落聯盟君位繼承因素之分析

　　　北亞游牧民族領導人的產生是採推舉制，受推舉人並不受限於各種部族，只要獲得其餘酋首或長老推戴，即可擔任部落領袖。而拓跋氏在部落聯盟時期，政治權力逐漸集中在拓跋氏族手中，所以受推舉者的身份，都是屬於拓跋氏的男系子孫，其他部族就喪失了受推舉權利，部落聯盟君長成為拓跋氏的世襲制。部落聯盟君位繼承情形，除了神元帝力微傳位章帝悉鹿是父子相傳外，很難找出其繼承模式，〔註 38〕因無繼承方式、原則可循，故在君位傳承間，容易發生流血衝突，如表二所示：

表二：部落聯盟君位傳承流血衝突表

部落聯盟君長	流血衝突事件	出處：《魏書》
神元帝力微	諸部大人不願神元帝力微子沙漠汗繼承君位，遂殺之。	卷 1〈序記〉，頁 4～5。
穆帝猗盧	穆帝猗盧欲以少子拓跋比延為後，長子拓跋六脩不服，雙方爆發衝突，穆帝猗盧、拓跋比延遭拓跋六脩所殺。	卷 14〈神元平文諸帝子孫・六脩傳〉，頁 348。
拓跋普根	拓跋普根出兵殺拓跋六脩，取得部落聯盟君位。	卷 1〈序記〉，頁 9。
平文帝鬱律	平文帝鬱律深得眾心，祁后（桓帝后）懼其不利於己子，遂殺之。	卷 1〈序記〉，頁 10。

〔註38〕孫同勛對拓跋氏此時期傳承方式有過統計，父傳子一次、叔傳姪四次、姪傳叔一次、兄傳弟五次。看似兄弟共權，又不全然，也不能說是兄終弟及。「此因拓跋氏的繼承方式本無定制，而是由部落大人於君主本系中選擇擁立，此由大人梁蓋等擁立拓跋孤可知，這種選舉法在野蠻民族中原極普遍，拓跋氏當亦採用此制。」見氏著，《拓跋氏的漢化》，頁 25。另大陸學者韓國磐認為拓跋氏此時君位繼承是以兄終弟及制為主，此種說法有待商榷。見氏著，《北朝經濟試探》（上海：上海人民出版社，1958 年 5 月），頁 3～5。

煬帝紇那	煬帝紇那、烈帝翳槐為爭君位，各引賀蘭部、宇文部勢力攻伐不休。	卷1〈序記〉，頁10～11。
烈帝翳槐	烈帝翳槐崩，諸部大人欲推拓跋孤繼位，乃殺其兄拓跋屈。	卷14〈神元平文諸帝子孫·高涼王孤傳〉，頁349。
昭成帝什翼犍	昭成帝什翼犍庶長子拓跋寔君恐昭成帝什翼犍傳位慕容后所生皇子，遂發動政變，殺害昭成帝什翼犍和諸皇子。	卷15〈昭成子孫·寔君傳〉，頁369。

　　部落聯盟從神元帝力微至昭成帝什翼犍，共十四位部落聯盟君長，〔註39〕因繼承問題發生流血衝突的有七次之多，佔二分之一，可見部落聯盟時期君位繼承情形非常混亂，彼此競爭激烈，參與君位的爭奪者，援引各方勢力介入競逐，使君位繼承受到各種力量影響與制約。影響部落聯盟君位繼承的力量有部落聯盟君長的意志、諸部大人的支持、母后勢力或其外家力量、各部落勢力、國際力量、母后介入等，有些是關鍵性的主要力量；有些是次要的輔助力量，如下表：

表三：影響部落聯盟君位繼承因素分析表

因　　素	影　響　之　事　例
諸部大人操縱廢立	1.不欲沙漠汗繼承君位，殺之。 2.烈帝翳槐與煬帝紇那的紛爭中，均先後獲諸部大人支持始為部落聯盟君長。 3.烈帝翳槐崩，諸部大人否決其欽定繼承人拓跋什翼犍，並殺拓跋屈改推拓跋孤。
各部落勢力	1.部落聯盟分為昭帝祿官、桓帝猗㐌、穆帝猗盧三部，各有部落支持。 2.煬帝紇那聯合宇文部共擊烈帝翳槐與賀蘭部。
母后勢力或其外家力量	1.拓跋普根死，其母祁后立拓跋普根子。 2.祁后發動政變殺害平文帝鬱律，立己子惠帝賀傉。 3.烈帝翳槐依附其母舅賀蘭部，與煬帝紇那相抗。
國際力量	1.西晉征北將軍衛瓘離間政策成功，導致沙漠汗為諸部大人所殺。 2.烈帝翳槐得後趙支持，大敗煬帝紇那，再掌拓跋政權。 3.後趙義助拓跋什翼犍回國任部落聯盟君長。
部落聯盟君長的意志	1.穆帝猗盧欲以少子拓跋比延為後。 2.烈帝翳槐崩，遺囑指定平文帝鬱律次子拓跋什翼犍為君位繼承人。

由上表可知，諸部大人無疑是影響部落聯盟君位繼承最強的力量，他們擁有推舉領導人的權力，對不適任的部落聯盟君長還可否決，如煬帝紇那和烈帝

〔註39〕參見圖三：拓跋氏部落聯盟時期君位世系圖，本書頁35。

翳槐互爭君位時，就需看諸部大人的擁立與否。部分不被諸部大人接受的繼承人如沙漠汗和拓跋屈，甚至被諸部大人所殺。與此相對影響君位繼承最弱的力量，當屬部落聯盟君長的意志，聯盟君長並未有專制王朝皇帝般之權威與力量，且拓跋氏在部落聯盟時之君位繼承，未脫游牧部落習性，推舉制於此時仍佔重要地位，故當部落聯盟君長意志與諸部大人相左時，決定權乃操之於諸部大人手中。

　　部落聯盟是一個多部落的聚合體，若分裂成幾股勢力，這些勢力背後都有部份部落支持。昭帝祿官、桓帝猗㐌、穆帝猗盧分部落聯盟為三時，雖然史未明載，但這三股勢力背後應有許多部落支持。之後烈帝翳槐和煬帝紇那之爭〔註40〕也是一樣，賀蘭部支持烈帝翳槐、宇文部支持煬帝紇那。〔註41〕其中賀蘭部更是烈帝翳槐母系外家部落，烈帝翳槐得以即位，均賴其外家勢力。之後烈帝翳槐、賀蘭藹頭甥舅反目，烈帝翳槐殺了賀蘭藹頭，促使賀蘭部脫離部落聯盟，烈帝翳槐少了其外家部落的支持，間接導致烈帝翳槐的失位。至於母后對君位繼承的影響則更直接，如拓跋普根死，其母祁后立拓跋普根子；更發動政變殺害平文帝鬱律，擁立自己兒子拓跋賀傉。

　　上述所言皆是部落聯盟內部力量，外部國際力量的介入亦可見蹤跡。西晉征北將軍衛瓘為削弱拓跋部勢力，採離間政策，導致沙漠汗為諸部大人所殺。至於後趙，則助拓跋翳槐及拓跋什翼犍登上部落聯盟君位，而前秦則相反，一舉滅了代國，部落聯盟瓦解，昭成帝什翼犍更因此而卒。

　　綜上所述，拓跋氏在部落聯盟時期無任何繼承準則可循，故容易導致各種力量介入，事實上，此時還有一個重要的現象是嫡庶觀念不明。沙漠汗有封后、蘭妃後宮名號之區別，〔註42〕這是北魏建立後的追封，並非具有嚴格意義的后、妃身份。封后有二子，長子拓跋猗㐌、次子拓跋猗盧，蘭妃有一子拓跋弗。拓跋弗卻先封后二子得位，說明了后之子與妃之子，在繼承權利的身份上並無差異。自蘭妃之孫平文帝鬱律繼位後直至北魏建立，蘭妃此脈成為拓跋皇室大宗，昭成帝、道武帝皆出蘭妃此脈。嫡庶觀念、長幼之序未

〔註40〕康樂認為烈帝翳槐和煬帝紇那之爭，「外力的介入（尤其是石趙）固然不可忽視，聯盟的諸部大人與拓跋部落國人的向背，無疑是更具關鍵性的因素。」見氏著，《從西郊到南郊——國家祭典與北魏政治》（台北：稻禾出版社，1995年1月），頁26。

〔註41〕《魏書》卷1〈序記〉，頁10～11。

〔註42〕參見《魏書》卷13〈皇后・文帝皇后封氏〉，頁322。

能及早形成制度，君位繼承又毫無規則可循，故在君位傳承之際常引起流血衝突，力強者勝成爲得位的準則，完全是北亞游牧民族弱肉強食的寫照。

第二節　道武帝復興代國創建北魏

一、拓跋珪即代王位

　　道武帝拓跋珪於登國元年（西元 386 年）通過諸部大人的推薦登上君位，復興代國。拓跋珪雄才大略，勵精圖治苦心經營，終得創建北魏王朝，成爲開國太祖皇帝。其實道武帝登上君位的過程並不輕鬆，要探討道武帝登上君位過程，首先，需瞭解拓跋珪在代國滅亡後的遭遇。

　　昭成帝什翼犍於政變中遭其庶長子拓跋寔君所弒，部落聯盟立即陷入混亂，拓跋珪隨母親賀氏投奔母族娘家賀蘭部，受賀氏之兄，時爲賀蘭部酋首的賀訥保護。〔註43〕前秦滅代國後，苻堅接受燕鳳建議，將原拓跋部掌控之地域、部眾，以黃河爲界一分爲二，黃河以東由獨孤部劉庫仁統領，以西由鐵弗部劉衛辰統率，《魏書·燕鳳傳》載曰：〔註44〕

> 及昭成崩，太祖（拓跋珪）將遷長安。（燕）鳳以太祖幼弱，固請於苻堅曰：「代主初崩，臣子亡叛，遺孫沖幼，莫相輔立。其別部大人劉庫仁勇而有智，鐵弗衛辰狡猾多變，皆不可獨任。宜分諸部爲二，令此兩人統之。兩人素有深讎，其勢莫敢先發。此禦邊之良策。待其孫長，乃存而立之，是陛下施大惠於王國也。」堅從之。

從燕鳳對苻堅這段建言來看，苻堅似乎認定拓跋珪爲未來拓跋部領導人，「待其孫長，乃存而立之。」事實上，拓跋珪當時年僅六歲，〔註45〕苻堅既將拓跋舊地由獨孤部劉庫仁和鐵弗部劉衛辰統管，若要立拓跋珪爲部落聯盟領導人，也要待拓跋珪成年，時間只怕在十餘年後，這段時間內，獨孤、鐵弗兩部早已牢牢掌控拓跋故地，統治根深蒂固，不可能將權力交出，尤其是鐵弗部，和拓跋部衝突不斷，昭成帝什翼犍和劉衛辰常有征戰之事發生，《魏書·序紀》載：〔註46〕

〔註43〕參見《魏書》卷83上〈外戚·賀訥傳〉，頁1812。
〔註44〕《魏書》卷24〈燕鳳傳〉，頁610。
〔註45〕拓跋珪生於昭成帝建國三十四年（371）七月，苻堅滅代在建國三十九年（376）。參見《魏書》卷1〈序紀〉，頁15～16。
〔註46〕《魏書》卷1〈序紀〉，頁15～16。

　　（昭成帝建國）二十八年（西元 365 年）春正月，衛辰謀反，東渡河。

　　（昭成）帝討之，衛辰懼而遁走。……三十年（西元 367 年）冬十月，

　　帝征衛辰，……衛辰與宗族西走。……三十七年（西元 374 年）帝征

　　衛辰，衛辰南走。三十八年（西元 375 年）衛辰求援於苻堅。

劉衛辰面對昭成帝什翼犍的討伐，一向處於劣勢，甚至還求援苻堅，如今主
客情勢逆轉，鐵弗部好不容易統領拓跋故地，故絕不可能再奉拓跋珪爲主。
至於《魏書・燕鳳傳》將拓跋珪定位爲部落聯盟未來繼承人的記載，乃有意
提高拓跋珪之身分地位，爲其日後開創北魏王朝的正當性、合法性鋪路。

　　《魏書・燕鳳傳》的記載也引出一個問題，拓跋珪在代國遭前秦所滅後，
是否被苻堅徙至長安？目前有兩種說法。李憑認爲上述燕鳳對苻堅的建言，
其地點應在長安，當時昭成帝什翼犍和拓跋珪都被苻堅移往長安，李憑根據
《晉書・苻堅載記》、《宋書・索虜傳》、《南齊書・魏虜傳》分析，代國滅亡
後，昭成帝什翼犍和拓跋珪均被苻堅遷至長安，拓跋珪再因執父不孝罪名被
遷至蜀地，之後昭成帝什翼犍在長安過世，拓跋珪又回到長安。〔註 47〕張繼
昊則認爲拓跋珪未至長安，其云：「假如拓跋珪眞受到苻堅如此的重視，目之
爲拓跋政權未來的繼承人，會不將他遷徙秦都長安，既就近監管，又可加以
教化嗎？」〔註 48〕筆者亦認爲拓跋珪未到長安，此段史實《通鑑》亦有記載，
苻堅欲遷拓跋珪至長安，經燕鳳向苻堅建言，所言內容和《魏書・燕鳳傳》
完全相同，最後亦是「堅從之。」苻堅既然聽從燕鳳建議，就不可能將拓跋
珪遷往長安。另據《魏書・太祖紀》載：「（拓跋珪）年六歲，昭成崩。苻堅
遣將內侮，將遷帝（拓跋珪）於長安，既而獲免。」〔註 49〕「既而獲免」表
示拓跋珪未遭苻堅遷至長安。若依《晉書》、《宋書》、《南齊書》所載，拓跋
珪既在長安，何以南北史書皆不見拓跋珪在長安活動相關記載，故應以《魏
書》〈太祖紀〉〈燕鳳傳〉、《通鑑》所載爲是。

　　拓跋珪在前秦滅代國後的行止，應是先隨其母賀氏避難賀蘭部，之後苻
堅將拓跋故地劃歸獨孤、鐵弗二部統領，因黃河以東多爲拓跋部民，歸獨孤
部劉庫仁所管，拓跋珪在局勢安定後，離開賀蘭部轉投劉庫仁，與大部分拓

〔註 47〕　參見李憑，《北魏平城時代》，頁 17～32。

〔註 48〕　張繼昊，《從拓跋到北魏——北魏王朝創建歷史的考察》（台北：稻鄉出版社，
　　　　　2003 年 12 月），頁 240。

〔註 49〕　《魏書》卷 2〈太祖紀〉，頁 19。

跋部民一起。劉庫仁對拓跋珪頗爲照顧，劉庫仁死後，其弟劉眷繼掌獨孤部，對拓跋珪亦照顧有加，雙方維持良好關係。而劉庫仁子劉顯不甘大權盡爲劉眷所有，遂發動政變殺其叔劉眷奪權，劉顯並意圖對拓跋珪不利，拓跋珪乃逃離獨孤部，再次投靠賀蘭部。〔註 50〕此後拓跋珪在賀訥的保護下勢力逐漸增長，加上長孫嵩等代國舊臣加入，遂在賀訥支持下於登國元年（西元 386年）在牛川（山西大同西北）即代王位，復興代國。

二、對拓跋珪君位繼承權之挑戰

　　拓跋珪發展勢力登上君位的過程並不順利，期間受到幾次挑戰。在代國滅亡後，拓跋氏子孫分散各地，繼承君位憑藉的是實力與威望，拓跋氏在部落聯盟時期並未有任何繼承的準則，力強者勝成爲不變的道理。拓跋珪首先遭遇拓跋寔君之子的挑戰：〔註51〕

> 昭成末年，諸部乖亂，苻堅使劉庫仁攝國事，（長孫）嵩與元他等率領部眾歸之。劉顯之謀難也，嵩率舊人及鄉邑七百餘家叛顯走，將至五原。時寔君之子亦聚眾自立，嵩欲歸之。見於烏渥，稱逆父之子，勸嵩歸太祖。嵩未決，烏渥回其牛首，嵩俛偁從之。見太祖（拓跋珪）於三漢亭。

拓跋寔君爲昭成帝什翼犍庶長子，前文曾述及，前秦軍兵臨代國時，拓跋寔君爲爭奪部落聯盟君位，發動政變殺害昭成帝什翼犍及其諸子，苻堅對此大逆不道行爲亦感厭惡，因而轘於長安西市。長孫嵩乃原代國南部大人，亦是代人貴族領袖，也是北魏開國功臣，《魏書・長孫嵩傳》載：〔註52〕

> 自古天子立德，因生以賜姓，胙之土而命之氏，諸侯則以家與諡，官有世功，則有官族，邑亦如之。姓則表其所由生，氏則記族所由出，其大略然也。至於或自所居，或以國號，或用官爵，或用事物，雖緣時不同，俱其義矣。魏氏本居朔壤，地遠俗殊，賜姓命氏，其事不卜，亦如長勺、尾氏、終葵之屬也。初，安帝統國，諸部有九十九姓。至獻帝時，七分國人，使諸兄弟各攝領之，乃分其氏。自

〔註50〕　參見《魏書》卷2〈太祖紀〉，頁20；《通鑑》卷106〈晉紀二十八〉，孝武帝太元十年，頁3349～3350。
〔註51〕　《魏書》卷25〈長孫嵩傳〉，頁643。
〔註52〕　《魏書》卷113〈官氏志〉，頁3005～3006。

後兼并他國，各有本部，部中別族，爲内姓焉。年世稍久，互以改
易，興衰存滅，間有之矣，今舉其可知者。

獻帝以兄爲紇骨氏，後改爲胡氏。

次兄爲普氏，後改爲周氏。

次兄爲拓拔氏，後改爲長孫氏。

弟爲達奚氏，後改爲奚氏。

次弟爲伊婁氏，後改爲伊氏。

次弟爲丘敦氏，後改爲丘氏。

次弟爲侯氏，後改爲亥氏。

七族之興，自此始也。

又命叔父之胤曰乙旃氏，後改爲叔孫氏。

又命疏屬曰車焜氏，後改爲車氏。

凡與帝室爲十姓，百世不通婚。太和以前，國之喪葬祠禮，非十族
不得與也。高祖（孝文帝）革之，各以職司從事。

由此可知長孫嵩地位相當重要，等於拓跋宗室和代人貴族雙重領袖。他本欲
率眾投奔拓跋寔君之子，幸而在烏渥勸說下，若投奔「逆父之子」將自毀名
節，長孫嵩才轉念投歸拓跋珪。而拓跋珪得長孫嵩後，聲望、實力與拓跋寔
君之子立見消長。拓跋寔君之子首先背負其父弑昭成帝什翼犍惡名，名理已
先不正，加上長孫嵩投奔拓跋珪，拓跋寔君之子遂無法和拓跋珪競爭。

拓跋珪遭遇的第二項挑戰是其叔拓跋窟咄的爭位，據《魏書・窟咄傳》
載：〔註53〕

昭成子窟咄。昭成崩後，苻洛以其年長，逼徙長安。苻堅禮之，教
以書學。因亂隨慕容永東遷，永以爲新興太守。劉顯之敗，遣弟亢
埿等迎窟咄，遂逼（魏）南界，於是諸部騷動。太祖（拓跋珪）左
右于桓等謀應之，同謀人單烏干以告。太祖慮駭人心，沈吟未發。
後三日，桓以謀白其舅穆崇，崇又告之太祖。乃誅桓等五人，餘莫
題等七姓悉原不問。太祖慮內難。乃北踰陰山，幸賀蘭部。……賀
染干陰懷異端，乃爲窟咄來侵北部。人皆驚駭，莫有固志。於是，
北部大人叔孫普洛節及諸烏丸亡奔衛辰。

拓跋珪登代王位重建代國後，勢力逐漸增強，威脅到獨孤部劉顯，爲與拓跋

〔註53〕《魏書》卷15〈昭成子孫・窟咄傳〉，頁385。

珪相抗，劉顯乃派其弟劉亢埿，迎接時爲西燕慕容永新興太守的拓跋窟咄。
拓跋窟咄爲昭成帝什翼犍子，自然有一批拓跋部民跟隨，加上西燕及獨孤部
的支持，聲勢頗爲浩大，拓跋珪遭此嚴厲挑戰，情勢危殆，這是因許多代人
貴族和部落酋帥懷有二心。上述引文提及之于桓、單烏干、莫題等七姓，及
賀染干、叔孫普洛節、烏丸等人，他們爲何要叛拓跋珪而應拓跋窟咄呢？莫
題的看法可爲代表，《魏書・莫題傳》載：〔註54〕

> 登國初，劉顯遣弟亢埿等迎窟咄，寇南鄙。題時貳於太祖，遣箭於
> 窟咄，謂之曰：「三歲犢豈勝重載！」言窟咄長而太祖少也。

拓跋珪爲昭成帝什翼犍嫡孫，此爲他名分上之優勢，前段所述拓跋寔君之子
挑戰拓跋珪時，因拓跋寔君乃昭成帝什翼犍庶長子，故其子名分遜於拓跋珪。
拓跋部內嫡庶觀念雖已萌生，但嫡庶地位尚無嚴格的習慣法予以規定，宗法
性的繼承制度尚未形成，故拓跋君位實際上沒有法定的繼承人。拓跋珪即代
王位時年僅十五，年齡和聲望較之拓跋窟咄明顯居於劣勢。〔註55〕拓跋珪得
立乃基於賀蘭部之支持，如今拓跋窟咄得西燕、獨孤部支持，勢力強於拓跋
珪，無怪乎代人貴族和部落酋首會轉而擁護拓跋窟咄，即便賀蘭部酋首賀訥
之弟賀染干也配合拓跋窟咄攻打拓跋珪，拓跋珪當時情況非常危急，代王位
極有可能被拓跋窟咄取而代之。〔註56〕

拓跋窟咄能有如此大之聲勢，獲眾多支持，是否與其血統有關，即拓跋
窟咄乃慕容后之子，史載：〔註57〕

> 世子寔及弟翰早卒，寔子珪尚幼，慕容妃〔註58〕之子閼婆、壽鳩、
> 紇根、地干、力眞、窟咄皆長。

上述引文中之慕容后乃慕容皝之女：〔註59〕

> 昭成皇后慕容氏，（慕容）元眞〔註60〕之女也。初，（昭成）帝納元

〔註54〕《魏書》卷28〈莫題傳〉，頁683。
〔註55〕拓跋窟咄在《魏書》卷2〈太祖紀〉稱之爲「（道武）帝叔父」，頁21；《魏書》
　　　　卷15〈昭成子孫列傳・窟咄傳〉稱之爲「昭成子」，頁385；《通鑑》卷104
　　　　〈晉紀〉26，孝武帝太元元年，稱之爲「什翼犍子」，頁3280。
〔註56〕參見《魏書》卷2〈太祖紀〉，頁20。
〔註57〕《通鑑》卷104〈晉紀二十六〉，孝武帝太元元年，頁3278。
〔註58〕《通鑑》稱慕容氏爲妃，《魏書》稱慕容氏爲后。拓跋什翼犍之昭成帝，乃北
　　　　魏建國後尊諡，《魏書》既稱昭成帝什翼犍，故亦稱慕容氏爲后。事實上，拓
　　　　跋什翼犍當時身份爲代王，《通鑑》稱慕容氏爲妃較符合實際狀況。
〔註59〕《魏書》卷13〈皇后・昭成皇后慕容氏傳〉，頁323。

眞妹爲妃，未幾而崩。元眞復請繼好，遣大人長孫秩逆后，元眞送
于境上。后至，有寵，生獻明帝及秦明王。

昭成帝什翼犍於建國二年（西元 339 年）先納慕容皝之妹，二年（西元 341
年）後卒，史傳未有生子記載。〔註61〕昭成帝什翼犍接著於建國七年（西元
344 年）再納慕容皝之女，生下獻明帝寔與秦明王翰。但慕容后並非僅有此二
子，另據《魏書·寔君傳》載：〔註62〕

> 是時，獻明皇帝及秦明王翰皆先終，太祖（拓跋珪）年六歲，昭成
> 不豫，慕容后子閼婆等雖長，而國統未定。……（拓跋寔君）乃率
> 其屬盡害諸皇子，昭成亦暴崩。

昭成帝什翼犍與慕容后之子在《魏書》中確實有姓名可考者有三：拓跋寔、
拓跋翰、拓跋閼婆等，再從「慕容后子閼婆等雖長」此段史文而言，史籍行
文中有一「等字」，其顯現之涵意，代表非僅一子之成分居多，且以拓跋寔
君「乃率其屬盡害諸皇子」來看，當時拓跋寔、拓跋翰已卒，若慕容后僅餘拓
跋閼婆一子，何必書諸皇子，言諸皇子者，至少應有三人以上，但是否如《通
鑑》所載慕容后有八子呢？首先從慕容后在拓跋部活動記載來看，慕容后於
建國七年（西元 344 年）嫁昭成帝什翼犍，卒於建國二十三年（西元 360 年），
得知她在拓跋部約十六年，〔註63〕十六年間連生八子，雖謂甚爲勉強，但不
可否定其可能性，且二年生一子，時間上足可解釋；其次從《魏書·昭成子
孫列傳》記載昭成帝什翼犍諸子及其後裔序列來看，依次爲寔君、秦王翰、
壽鳩、紇根、地干、力眞、窟咄，〔註64〕符合《通鑑》慕容后諸子順序。但
是壽鳩、紇根、地干、力眞、窟咄在《魏書·昭成子孫列傳》中，清楚列爲
昭成帝什翼犍之子：

> 常山王遵，昭成子壽鳩子也。〔註65〕
> 陳留王虔，昭成子紇根子也。〔註66〕
> 毗陵王順，昭成子地干之子也。〔註67〕

〔註60〕慕容元眞即慕容皝，《魏書》避景穆帝拓跋晃諱，故以其字稱之。
〔註61〕《魏書》卷1〈序紀〉，頁12。
〔註62〕《魏書》卷15〈昭成子孫·寔君傳〉，頁369。
〔註63〕參見《魏書》卷1〈序紀〉，頁12～14。
〔註64〕參見《魏書》卷15〈昭成子孫列傳〉，頁369～386。
〔註65〕《魏書》卷15〈昭成子孫·常山王遵傳〉，頁374。
〔註66〕《魏書》卷15〈昭成子孫·陳留王虔傳〉，頁381。
〔註67〕《魏書》卷15〈昭成子孫·毗陵王順傳〉，頁383。

> 遼西公意烈，昭成子力眞之子也。〔註68〕
>
> 昭成子窟咄。〔註69〕

但是卻未列其母來由，若上述五人皆爲慕容后子，爲何《魏書》不書其母？拓跋寔君殺害慕容后諸皇子時，拓跋窟咄何以倖免，還被苻堅以其年長遷於長安，〔註70〕故《通鑑》雖明載慕容后有八子，但可確定的是拓跋寔、拓跋翰、拓跋闕婆，其餘五子根據現有史料無法正確判定，故拓跋窟咄雖以斷言是慕容后之子，不過可能性極大，張繼昊亦認爲「拓跋窟咄極有可能是什翼犍與慕容氏（慕容皝女）所生之子，也就是拓跋珪父親拓跋寔的母弟，較拓跋珪高上一輩。」〔註71〕

不論拓跋窟咄可能爲昭成帝什翼犍與慕容后嫡子身分，因此獲得許多支持；或是他並非慕容后所出，但拓跋珪終究勝出，關鍵因素是拓跋珪風雨飄搖之際，後燕慕容垂派兵相助。慕容垂何以願意用武力幫助拓跋珪鞏固拓跋部領導人地位，一個很重要原因，拓跋窟咄以本身拓跋部力量結合獨孤部、西燕等勢力，若滅拓跋珪後，拓跋部勢力將盡爲其所有，慕容垂不願見拓跋窟咄壯大，且後燕慕容垂和西燕慕容永，雙方雖同屬慕容氏，卻處於對抗狀態。前秦苻堅南征失敗後，原被前秦征服或消滅的各胡漢政權，紛紛展開復國行動，西燕慕容永和後燕慕容垂皆以復興燕國做號召，對於慕容廆而言，兩人族屬有親疏遠近差別。慕容垂爲前燕創建者慕容皝〔註72〕之子，慕容皝爲慕容廆之子，換言之，慕容垂乃慕容廆裔孫；而慕容永，其祖父慕容運，則爲慕容廆之弟，雙方族屬關係如下圖所示：

圖四：慕容垂與慕容永族屬關係圖

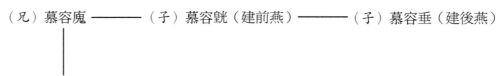

（兄）慕容廆 ——— （子）慕容皝（建前燕） ——— （子）慕容垂（建後燕）

（弟）慕容運 ——— （子）史未明載〔註73〕 ——— （子）慕容永（建西燕）

〔註68〕《魏書》卷15〈昭成子孫·遼西公意烈傳〉，頁383。

〔註69〕《魏書》卷15〈昭成子孫·窟咄傳〉，頁385。

〔註70〕參見《魏書》卷15〈昭成子孫·窟咄傳〉，頁385。

〔註71〕張繼昊，《從拓跋到北魏——北魏王朝創建歷史的考察》，頁242。

〔註72〕參見《魏書》卷95〈徒何慕容元眞傳〉，頁2060。

〔註73〕參見《魏書》卷95〈慕容暐傳〉，頁2063。

慕容垂不容許作爲宗室疏屬的慕容永「僭位舉號，惑民視聽。」〔註74〕遂扶助拓跋珪對抗拓跋窟咄，於是拓跋部分裂爲兩個集團對抗，一方爲拓跋窟咄、獨孤部、西燕；另一方爲拓跋珪、賀蘭部、後燕。結果是拓跋珪聯合後燕軍，大敗拓跋窟咄，拓跋窟咄投奔鐵弗劉衛辰，結果爲其所殺。〔註75〕拓跋珪接連面對拓跋寔君之子、拓跋窟咄對其身爲拓跋部領袖領的挑戰，最終均能獲得勝利，至此拓跋珪才眞正掌握拓跋部的領導權。

三、外家勢力對拓跋珪即位之影響

拓跋珪之母賀氏及其外家部落賀蘭部，對拓跋珪即代王並創建北魏王朝一直全力協助。昭成帝什翼犍崩後，拓跋部眾分散，賀氏曾攜拓跋珪兩度至賀蘭部依其兄賀訥保護，最後更在賀訥支持下登代王位，可見賀蘭部對拓跋珪之即位出力最大，其經過前文已述。至於賀氏，則在代國遭前秦所滅，拓跋部紛亂之際，賀氏發揮其膽識勇氣保護拓跋珪：〔註76〕

> 獻明皇后賀氏，父野干，東部大人。后少以容儀選入東宮，生太祖（拓跋珪）。符洛之内侮也，后與太祖及故臣吏避難北徙。俄而，高車奄來抄掠，后乘車與太祖避賊而南。中路失轄，后懼，仰天而告曰：「國家胤冑，豈止爾絕滅也！惟神靈扶助。」遂馳，輪正不傾，行百餘里，至七介山南而得免難。

此外，拓跋珪依獨孤部與賀蘭部時也曾遭遇危機，都是靠賀氏智識與勇氣化解，《魏書·獻明皇后賀氏傳》載：〔註77〕

> 後劉顯使人將害太祖（拓跋珪），帝姑爲顯弟亢泥妻，知之，密以告后（賀氏），梁眷亦來告難。后乃令太祖去之。后夜飲顯使醉。向晨，故驚廄中群馬，顯使起視馬。后泣而謂曰：「吾諸子始皆在此，今盡亡失。汝等誰殺之？」故顯不使急追。太祖得至賀蘭部，群情未甚歸附，后從弟外朝大人悅，舉部隨從，供奉盡禮。顯怒，將害后，后夜奔亢泥家，匿神車中三日，亢泥舉室請救，乃得免。會劉顯部亂，始得亡歸。

〔註74〕 《通鑑》卷108〈晉紀三十〉，孝武帝太元十八年，頁3411。
〔註75〕 參見《魏書》卷15〈昭成子孫·窟咄傳〉，頁385～386。
〔註76〕 《魏書》卷13〈皇后·獻明皇后賀氏傳〉，頁324。
〔註77〕 《魏書》卷13〈皇后·獻明皇后賀氏傳〉，頁324。

拓跋珪在賀氏保護下離開獨孤部至賀蘭部，在賀蘭部全力支持下，拓跋珪實力漸強且甚得人心，引發賀氏弟賀染干不滿：〔註78〕

> 後后（賀氏）弟染干忌太祖（拓跋珪）之得人心，舉兵圍逼行宮，
>
> 后出謂染干曰：「汝等今安所置我，而欲殺吾子也？」染干慚而去。

賀氏在拓跋珪幾次遭遇生命危機時，挺身而出一一化解，賀氏的聰明決斷，護佑了拓跋珪生命。賀染干忌拓跋珪不止此次，在諸部大人共議請賀訥兄弟推拓跋珪為主時，賀染干反對：「在我國中，何得爾也！」〔註79〕幸而在賀訥堅持下，與諸人勸進，拓跋珪終能登代王位開創北魏，賀蘭部對拓跋珪幫助之大由此可見一斑。

賀氏在拓跋部崩解之際攜拓跋珪依賀蘭部，除了為賀氏娘家部落外，當時賀蘭部實力甚強，有足夠能力保護拓跋珪，亦是另一重要考量。前秦瓦解拓跋部落聯盟後，苻堅將拓跋部領域分為二部，由鐵弗部劉衛辰與獨孤部劉庫仁分別治理，同時命賀訥總攝東部，《魏書・賀訥傳》載：〔註80〕

> （賀）訥總攝東部為大人，遷居大寧（察哈爾張垣），行其恩信，眾
>
> 多歸之，侔於（劉）庫仁。苻堅假訥鷹揚將軍。

可見賀訥力量與獨孤部劉庫仁相當。另外從苻堅封賀訥鷹揚將軍、劉庫仁封陵江將軍〔註81〕來看，這兩個將軍號依太和十七年（西元493年）職品令同列為第五品上，〔註82〕可見苻堅對賀蘭部與獨孤部一視同仁沒有高低之分，將賀訥與劉庫仁視為同等部落領袖，由此可知賀蘭部實力足可與當時統領拓跋故地的獨孤部、鐵弗部相比擬。

拓跋窟咄挑戰拓跋珪君位繼承權時，拓跋珪幾遭覆滅，幸而後燕慕容垂伸出援手，拓跋珪始轉危為安，並大敗拓跋窟咄。後燕慕容垂代表另一股外家勢力，拓跋珪父親拓跋寔，前文已述乃慕容后所生，慕容后為慕容皝之女，而慕容垂為慕容皝之子，故慕容垂為拓跋寔母舅、拓跋珪舅公，有了這層外家關係，慕容垂乃出兵助拓跋珪一臂之力，慕容垂與拓跋珪關係，如圖五：

〔註78〕 《魏書》卷13〈皇后・獻明皇后賀氏傳〉，頁324。

〔註79〕 《魏書》卷83上〈外戚・賀訥傳〉，頁1812。

〔註80〕 《魏書》卷83上〈外戚・賀訥傳〉，頁1812。

〔註81〕 參見《魏書》卷23〈劉庫仁傳〉，頁604。

〔註82〕 《魏書》卷113〈官氏志〉，頁2984～2985。

圖五：慕容垂與拓跋珪關係圖

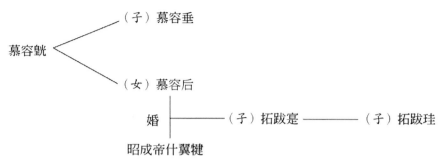

上述所言乃建立在拓跋窟咄非慕容后所出基礎上，相反地，若拓跋窟咄爲慕容后之子，與慕容垂關係更深，屬舅甥關係，比拓跋珪更親一層，如圖六所示：

圖六：拓跋窟咄爲慕容后子前提下，慕容垂與拓跋窟咄、拓跋珪關係圖

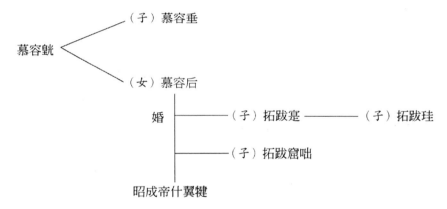

若拓跋窟咄爲慕容后子，那他就是慕容后當時僅存之子，因慕容后其餘七子皆卒。但爲何慕容垂棄拓跋窟咄而助拓跋珪，合理的解釋應是拓跋窟咄與西燕慕容永結合，慕容永對於慕容垂而言乃國之疏屬，雙方對立，加上慕容垂往後欲以拓跋部爲後燕政權附庸，拓跋窟咄年長不易控制，拓跋珪年齡較輕易於掌控，故出兵助拓跋珪。

四、影響拓跋珪即位因素之分析

　　拓跋珪能在代國崩解、諸部離散的情況下，逐步恢復實力復興代國，所憑藉者除過人的智慧與能力外，同時也受到諸多力量幫助，茲將其表列如下：

表四：影響拓跋珪即位因素分析表

因　素	內　　容
生母賀氏	發揮膽識，在顛沛流離時保護拓跋珪生命。
外家勢力	賀蘭部為賀氏外家部落，不僅對拓跋珪善加保護，更全力支持其繼任代王位。
代人貴族	長孫嵩等代人貴族投奔拓跋珪麾下。
諸部大人	拓跋珪在諸部大人擁護下即代王位。
國際勢力	拓跋窟咄挑戰拓跋珪繼承權時，後燕慕容垂出兵助拓跋珪。

在這些力量中，生母賀氏及其外家部落賀蘭部，可同列為外家勢力。北方游牧部落「專以婦持門戶」的傳統，賦予母親更大的責任與義務，尤其是當她們身為部落聯盟君長的丈夫突然崩逝，國家陷入危機之際，這些母親往往會挺身而出，不僅保護自己兒子，更協助其爭取部落領導權，賀氏即為一明顯之例。而賀氏娘家賀蘭部，實力不輸鐵弗部及獨孤部，賀氏能助拓跋珪爭取拓跋部領導權，並連續擊敗拓跋寔君之子、拓跋窟咄爭位的挑戰，倚仗的就是賀蘭部的支持，說賀蘭部對拓跋珪即代王位的幫助最大並不為過。

　　拓跋部領導人的產生，一直沒有準則可供依循，故當拓跋珪競逐領導人時，代人貴族事實上沒有特定支持對象，支持誰完全是看他本身實力而定。代國原南部大人長孫嵩，在代人貴族中擁有極高聲望，他本欲投靠拓跋寔君之子，後來考慮拓跋寔君背負弒昭成帝什翼犍惡名，加上拓跋珪有賀蘭部支持，勢力漸增，乃轉而投奔拓跋珪。拓跋珪得長孫嵩，對其餘代人貴族起了示範作用，代人貴族逐漸收攏至拓跋珪麾下。拓跋窟咄結合獨孤部、西燕等勢力挑戰拓跋珪繼承權時，初時聲勢浩大，許多代人貴族見狀紛紛叛離拓跋珪，認同拓跋珪之代人貴族愈來愈少，可知當時拓跋珪確實掌握多數代人貴族。直至長孫嵩決定效忠拓跋珪，眾多代人貴族又陸續歸附拓跋珪。另一方面也證明，拓跋珪並無任何特殊繼承地位，代人貴族對君位繼承人之認定，完全視其實力強弱而定。

　　在拓跋珪即代王位之前，拓跋部各部落處於裂解狀態，未有一中心力量統合各部落，拓跋珪的興起讓諸部落看到希望，因此將拓跋珪視為復興拓跋部之所繫，故諸部大人在登國元年（西元 386 年）擁戴拓跋珪即代王位。拓跋珪連敗拓跋寔君之子及拓跋窟咄對其繼承地位之挑戰後，又有賀蘭部全力

支持，拓跋珪已出現領袖聲勢，主、客觀情勢諸部大人皆無法反對，拓跋珪成為當時復興拓跋部希望之所繫，諸部大人自然全力支持。

後燕慕容垂對拓跋珪的支持，可視為國際力量與外家勢力，慕容垂與拓跋珪關係已如上述，拓跋珪之父拓跋寔，乃昭成帝什翼犍與慕容垂之妹慕容氏所生，慕容垂乃拓跋珪舅公，故慕容垂對拓跋珪而言屬外家勢力。另一方面，前秦崩解後，各部族紛紛獨立建國，北方成為多國林立局面，如西燕、後燕、後秦、西秦等。慕容垂建後燕政權，乃當時北方最大勢力，與拓跋部分屬不同政治實體，故後燕對拓跋珪而言屬國際勢力。

第三節　道武帝創「子貴母死」制

一、道武帝創「子貴母死」制背景

道武帝為防外家干政，在擇定皇位繼承人時先殺其母，此為「子貴母死」制，但此制並非一朝一夕突然出現，亦非道武帝殘忍好殺，一項措施或制度產生，必有其背景。道武帝創行此制目的有三：（一）因應北魏王朝創建後，擺脫部落聯盟紛雜無序的君位繼承。（二）鞏固父死子繼的皇位繼承制。（三）消除后妃干預政務，及其憑藉外家部落勢力介入拓跋部君位繼承。由此可知，道武帝行「子貴母死」實有其原因與背景，誠如田餘慶所言：「矯正拓跋部舊時長期延續的母強子立局面，卻是採行子貴母死這種殘酷措施的直接原因。」〔註83〕

拓跋部政務為何容易受外家部落干預，可從婚姻習俗與婦女地位觀察，雖然史未詳載拓跋氏婚姻習俗，但透過烏桓、鮮卑等相關記載觀察，仍可勾勒出輪廓加以瞭解，《後漢書・烏桓鮮卑傳》提及：〔註84〕

> 其性悍塞，怒則殺父兄，而終不害其母，以母有族類，父兄無相仇報故也。……其嫁娶則先略女通情，獲半歲百日，然後送牛馬羊畜，以為聘幣。婿隨妻還家，妻家無尊卑，旦旦拜之，而不拜其父母。為妻家僕役，一二年間，妻家乃後遣送女，居處財務一皆為辦。其俗妻後母，報寡嫂，死則歸其故夫。計謀從用婦人，為鬥戰之事乃自決之。

〔註83〕田餘慶，《拓跋史探》，頁14。
〔註84〕《後漢書》卷90〈烏桓鮮卑列傳〉，頁2979。

《三國志‧烏丸鮮卑東夷傳》亦載：〔註85〕

> 其性悍驁，怒則殺父兄，而終不害其母，以母有族類，父兄以己為種，無復報者故也。……共嫁娶皆先私通，略將女去，或半歲百日，然後遣媒人送馬牛羊以為聘娶之禮。婿隨妻歸，見妻家無尊卑，旦起皆拜，而不自拜其父母。為妻家僕役二年，妻家乃厚遣送女，居處財物，一一出妻家。故其俗從婦人計，……父兄死，妻後母執嫂；若無執嫂者，則己子以親之次妻伯叔焉，死則歸其故夫。

由上述二段記載可知烏桓、鮮卑的婚俗，其特點約有下列數端。首先，即使在婚後，女方與女方部落的關係並未斷絕，雖然「怒則殺父兄」，卻不敢害其母，乃因害怕母系外家部落報復；其次，有收繼婚俗，從「若無執嫂者，則己子以親之次妻伯叔焉，死則歸其故夫。」來看，其收繼婚俗自有一套順序與規則，並非漫無章法；再者，「計謀從用婦人」、「其俗從婦人計」，顯示在家庭裡，女性擁有崇高地位，使婦女在家庭中展現當家作主的風範，這種婦女獨當一面的情形，顏之推有言：〔註86〕

> 鄴下風俗，專以婦持門戶，爭訟曲直，造請逢迎，車乘填街衢，綺羅盈府寺，代子求官，為夫訴屈。此乃恆、代之遺風乎？

顏之推所見「專以婦持門戶」之鄴下風俗，早在拓跋氏部落聯盟時即已存在，事實上，拓跋社會婦女地位崇高，是沿襲東胡族中烏桓、鮮卑之婚俗以及重視婦女地位傳統而來。

婦女地位崇高且外家部落與男方關係密切，導致介入男方部落事務的機會相對增多，故拓跋氏在部落聯盟時，婦女干預政務情形頻繁出現，如桓帝猗㐌妻祁后，史載：〔註87〕

> 桓帝（拓跋猗㐌）皇后祁氏，王三子，長曰普根，次惠帝（拓跋賀傉），次煬帝（拓跋紇那）。平文（拓跋鬱律）崩，后攝國事，時人謂之女國。后性猛忌，平文之崩，后所為也。

祁后有拓跋普根、拓跋賀傉、拓跋紇那三個兒子。其中拓跋賀傉與拓跋紇那都曾經是部落聯盟君長。事實上長子拓跋普根亦是部落聯盟君長，因在位月

〔註85〕《三國志》卷30〈烏丸鮮卑東夷傳〉，頁832～833。

〔註86〕顏之推著、王利器集解，《顏氏家訓集解》（臺北：明文書局，1999年3月），卷1〈治家〉第5，頁60。

〔註87〕《魏書》卷13〈皇后‧桓帝皇后祁氏傳〉，頁322～323。

餘而亡，故未得道武帝追諡。而拓跋普根過世後，拓跋普根之子接次而立，拓跋普根之子得以繼位，幕後推手爲祁后，不僅使部落聯盟的君位繼承由穆帝猗盧轉爲拓跋普根之父桓帝猗㐌一系，同時開啓祁后與政之契機。拓跋普根之子不久亡故，部落聯盟君位由拓跋鬱律繼承，祁后爲爭君位決計害死平文帝鬱律，扶立自己兒子拓跋賀傉繼位，藉以掌控權力，《魏書・序紀》載：[註88]

> 惠皇帝諱賀傉立，桓帝之中子也。以五年爲元年。未親政事，太后（祁氏）臨朝，遣使與石勒通和，時人謂之女國使。

惠帝賀傉雖然即位，卻「未親政事」，因惠帝賀傉爲祁后所立，權力皆掌握在祁后手中，祁后能夠掌控國政，其主要憑藉乃惠帝賀傉之母親，如同祁后立拓跋普根、之後再立拓跋普根之子一樣，不僅顯現出母權存在其中的事實，也彰顯北方游牧民族母權的強勢。

平文帝鬱律之妻王后（昭成帝什翼犍之母）亦有介入部落聯盟政務情形，據《魏書・皇后傳》：[註89]

> 平文皇后王氏，廣寧人也。年十三，因事入宮，得幸於平文，生昭成帝（拓跋什翼犍）。平文崩，昭成在襁褓。時國有內難，將害諸皇子。后匿帝於袴中，懼人知，呪曰：「若天祚未終者，汝便無聲。」遂良久不啼，得免於難。昭成初欲定都於灅源川，築城郭，起宮室，議不決。后聞之，曰：「國自上世，遷徙爲業。今事難之後，基業未固。若城郭而居，一旦寇來，難卒遷動。」乃止。

將自己兒子藏於袴中，幸運地躲過祁后殺害，雖然過程充滿神蹟，但是可理解此乃爲凸顯昭成帝什翼犍受命於天，當爲眞命天子的附會，此種神話附會在歷代中原王朝比比皆是，不足爲奇，但王后展現之智慧與膽識，非一般尋常婦女可及。至於王后介入政務之事實，即昭成帝什翼犍欲定都灅源川，但眾人意見紛歧且連日未決，王后毅然決然排除眾議制止定都灅源川。王后能夠否決定都之議，憑藉的是昭成帝什翼犍之母的身份，而昭成帝什翼犍能繼位，王后在過程中當介入頗深且貢獻良多，《魏書・皇后傳》：「烈帝（拓跋翳槐）之崩，國祚殆危，興復大業，后（平文皇后王氏）之力也。」[註90] 烈帝翳槐崩後，拓跋

〔註88〕《魏書》卷 1〈序紀〉，頁 10。

〔註89〕《魏書》卷 13〈皇后・平文皇后王氏傳〉，頁 323。

〔註90〕《魏書》卷 13〈皇后・平文皇后王氏傳〉，頁 323。

部又陷入部落聯盟君位傳繼的紛亂中，最後由烈帝翳槐弟拓跋什翼犍繼位，取得部落聯盟統治權，由「后之力也」來看，足證王后之功甚大。

至於道武帝拓跋珪之母賀氏，乃獻明帝拓跋寔之妻，他參與拓跋部之政治，正當拓跋部內憂外患頻至、風雨飄搖之際，她發揮膽識與機智，力保其子拓跋珪，避難外家賀蘭部，維繫拓跋國祚，終能重建代國，進而創建北魏王朝，賀后功不可沒，其經過已如上節所述。

從部落聯盟時期祁后、王后、賀后參與政治的事實來看，部落聯盟君長母親的角色，是形成她們政治發展的權力基礎。當然，北方游牧部落「專以婦持門戶」的傳統，賦予了母親更大的責任與義務，尤其是身為她們丈夫的部落君長突然崩逝，權力陷入真空、國家危亂之際，這些母親往往會挺身而出，保護自己兒子，進而爭取部落領導權。而拓跋氏在部落聯盟時期，聯盟君位傳承向來是以實力強弱為原則，力強者居之，因此在為自己兒子爭奪君位的過程中，因為婚俗的影響，女性在婚後和外家部落仍有密切關係，故這些母親常有外家部落勢力的支持。在兒子順利繼位後，這些外家部落勢力往往成為母親介入拓跋部政務的背後力量。

因婚姻習俗以及重視婦女地位的影響，使拓跋部在部落聯盟時期的政治受到外家部落極大的干預，道武帝對這些情形必定了然於胸，也在苦思解決此種問題的辦法。道武帝創建北魏後，為解決日後母后及其外家勢力影響北魏政務，重蹈部落聯盟時期覆轍，遂決定在擇定皇位繼承人時，殺死其母，此即成為杜絕母系勢力干政一勞永逸之辦法。

二、「子貴母死」之執行

道武帝實行「子貴母死」制度，其緣由就《魏書》所見有數條主要資料，
《魏書・太宗紀》：[註91]

> 初，（明元）帝母劉貴人賜死，太祖（道武帝）告帝曰：「昔漢武帝將立其子而殺其母，不令婦人后與國政，使外家為亂。汝當繼統，故吾遠同漢武，為長久之計。」

《魏書・道武宣穆皇后劉氏傳》：[註92]

> 魏故事，後宮產子將為儲貳，其母皆賜死。太祖（道武帝）末年，

〔註91〕《魏書》卷3〈太宗紀〉，頁49。
〔註92〕《魏書》卷13〈皇后・道武宣穆皇后劉氏傳〉，頁325。

后以舊法薨。

此處明確指出劉皇后死於拓跋舊法，而非死於道武帝據漢武帝故事創立的新制，與《魏書・太宗紀》不同。另，《魏書・皇后傳》史臣曰：〔註93〕

鉤弋年稚子幼，漢武所以行權，魏世遂爲常制。子貴母死，矯枉之義不亦過哉！高祖（孝文帝）終革其失，良有以也。

依據這幾條資料，道武帝施行「子貴母死」制有漢典與拓跋舊法二說，漢典之說不無疑問，魏初道武帝以北俗爲治時，是否有足夠文明運用漢典？需得斟酌。至於拓跋舊法之說也有疑義，趙翼認爲，從神元帝至道武帝百餘年的歷史當中，未曾見到「子貴母死」的實例，立太子先殺其母之例，實始自道武帝。〔註94〕

漢典之說，即漢武帝殺鉤弋夫人，立其子爲太子之事。漢武帝晚年因繼承問題引起衛皇后、太子劉據與李夫人、昌邑哀王髆兩個系統的繼承競爭，太子劉據有勢力強大的衛氏外家，其母爲漢武帝皇后衛子夫，其舅爲戰功彪炳之大將軍衛青，衛氏家族權傾一時。巫蠱慘劇發生後，衛氏家族遇害者眾，在漢廷勢力幾遭誅除殆盡，漢武帝日後亦深感後悔，而昌邑哀王髆不久亦薨，雙方在皇位繼承鬥爭中均敗下陣來。其後漢武帝欲立鉤弋夫人子爲皇太子，《史記》載曰：〔註95〕

鉤弋夫人姓趙氏，河閒人也。得幸（漢）武帝，生子一人，昭帝是也。……衛太子廢後，未復立太子。……上居甘泉宮，召畫工圖畫周公負成王也，於是左右群臣知武帝意欲立少子也。後數日，帝譴責鉤弋夫人。夫人脫簪珥叩頭。帝曰：「引持去，送掖庭獄！」夫人還顧。帝曰：「趣行，女不得活！」……其後帝閒居，問左右曰：「人言云何？」左右對曰：「人言且立其子，何去其母乎？」帝曰：「然。是非兒曹愚人所知也。往古國家所以亂也，由主少母壯也。女主獨居驕蹇，淫亂自恣，莫能禁也。女不聞呂后邪？」

據上所載，漢武帝欲立少子（後來之漢昭帝）爲太子，但是擔心其母「獨居驕蹇，淫亂自恣」，會爲國家帶來禍亂，並舉呂后爲例，漢武帝因此決定殺昭帝生母鉤弋夫人，此乃漢武帝將立其子而殺其母說法的由來。〔註96〕另《漢

〔註93〕《魏書》卷 13〈皇后傳〉史臣曰，頁 341。

〔註94〕參見趙翼，《廿二史箚記及補編》（臺北：鼎文書局，1975 年 3 月），卷 14〈魏齊周隋書並北史〉，「保太后」，頁 298～299。

〔註95〕《史記》卷 49〈外戚世家〉，頁 1985～1986。

〔註96〕張繼昊對此有詳盡分析，見氏著〈漢武帝將立其子而殺其母說法的檢討——

書》對此亦有相同記載。〔註97〕

　　在道武帝逐漸累積實力向外拓展的過程中，北魏接觸的面向大為寬廣，許多漢人士族慢慢聚集在道武帝身邊，漢文化的影響對道武帝起相當大作用，如張袞、燕鳳、許謙、崔玄伯等，這些漢臣對新興的北魏政權，見其各項典章制度皆在草創階段，必定向道武帝提出不少制度、政策方面的建言，漢臣在建言時引用漢籍記載及中原王朝以往之例實屬合理，故道武帝透過漢臣吸收漢典應不成問題，如《魏書》崔玄伯、張袞等傳，都有記載二人以《史記》、《漢書》等內容向道武帝進言之經過。〔註98〕

　　道武帝在對外征戰的過程中，先後征服了代北及拓跋部周圍許多部落，包括道武帝母族賀蘭部和妻族獨孤部、以及祖母族慕容部。道武帝正是戰勝了賀蘭、獨孤、慕容這些外家部族，才得以奠定北魏帝業基礎。道武帝對強大的外家部落勢力有所忌憚，為免拓跋氏子孫再受外家部落勢力壓迫，道武帝接受了《史記》或《漢書》中鉤弋夫人故事，立長子拓跋嗣為儲君後殺死其生母，成為「子貴母死」制之開端。

　　至於「子貴母死」出於拓跋舊法、故事之說，首見於《魏書・道武宣穆皇后劉氏傳》，其後明元帝、太武帝均未聞有此說法，直到文成帝時，此種說法再度出現。道武帝依據漢典實行「子貴母死」乃一時之理由，待賜死劉皇后後，「子貴母死」遂成案例，亦即道武帝創先例之先，之後歷代北魏君王在擇定皇位繼承人時，遂奉行道武帝「子貴母死」之例，於是相沿成習成為制度，故至文成帝時，「子貴母死」制經數代之執行，乃成拓跋舊法故事。

　　拓跋部在道武帝之前是母強子立，外家部落勢力強大，影響到拓跋部的皇位繼承。道武帝為矯正此種局面，採行「子貴母死」措施，道武帝之前是「母強子立」、道武帝之後是「母死子立」，反映了拓跋部外家勢力興衰過程，也反映了拓跋皇權的集中與加強。

　　田餘慶認為，「子貴母死」出於漢典和淵源於拓跋舊法，兩說各有緣由，又都有附會，目的是使「子貴母死」具有合理性與合法性，讓人能夠接受。不過其根源畢竟還是在拓跋舊制之中，而漢制只起包裝作用。〔註99〕韓國史

　　兼論漢武帝的皇位繼承問題〉，收於《空大人文學報》第12期，2003年12月。
〔註97〕《漢書》卷97〈外戚・鉤弋趙倢伃傳〉，頁3956。
〔註98〕參見《魏書》卷24〈張袞傳〉，頁612～614；卷24〈崔玄博傳〉，頁620～623。
〔註99〕田餘慶，《拓跋史探》，頁61。

學家朴漢濟則認為北魏「子貴母死」問題，既非拓跋舊法也非依據漢典，而是北魏胡漢體制中的特殊事物，其目的是為了加強皇權。〔註100〕

　　綜合言之，加強皇權之說是無庸置疑的，據漢典、循拓跋舊法二說並存於《魏書》中，應當是各有理由，道武帝行「子貴母死」，乃源於外家部落長期對拓跋部政務的影響，為排除外家勢力不得已採行此制，而依據漢典是「子貴母死」制外觀的包裝，同時也說明北魏受漢文化及道武帝受身旁漢士的影響。

　　道武帝立拓跋嗣為皇位繼承人，往中原王朝「嫡長子繼承」的方向邁進，並且執行「子貴母死」，替拓跋嗣清除未來繼承後可能遭遇母后勢力干政的障礙。北魏一朝，自道武帝後，以皇長子身分成為皇位繼承人且順利即位者有明元帝、太武帝、文成帝、獻文帝、孝文帝等，此為北魏長子繼承制之正常情況。至於其他皇位繼承較為特殊者，有景穆皇帝晃、宣武帝與孝明帝，拓跋晃為太武帝長子，延和元年（西元 432 年）正月立為皇太子，但拓跋晃未即帝位先太武帝而薨，他薨於太武帝正平元年（西元 451 年）六月〔註101〕。宣武帝元恪原為孝文帝次子，孝文帝長子為早已立為太子的元恂，〔註102〕後元恂被賜死，元恪才得以繼承皇位。至於孝明帝元詡，因宣武帝順皇后于氏所生皇長子元昌，於正始三年（西元 506 年）年僅三歲即夭折，〔註103〕次子元詡因而得立為皇太子並繼承皇位。上述所言歷代皇位繼承人均是長子，但卻沒有一位嫡長子，北魏雖往中原王朝「嫡長子繼承」的方向前進，卻始終未出現一位嫡長子繼承皇位。事實上，北魏所行之繼承方式，屬「長子繼承」，即立長子而不問嫡庶。〔註104〕所謂嫡長子，依中原王朝觀點，乃皇后所生之長子，若皇后無子，其餘嬪妃所誕皇子即可被立為皇太子，其母通常亦可立后。北魏皇后有兩種，一種是生前即被皇帝立為皇后；另一種是死時未具皇后身份，因其子繼位為皇帝加以追封配饗。首先，先看生前已被立為皇后之子嗣情形，根據《魏書·皇后列傳》所載，有八位生前已立為皇后，分別是道武皇后慕容氏、太武皇后赫連氏、文成文明皇后馮氏、孝文廢皇后馮氏、孝文幽皇后馮氏、

〔註100〕朴漢濟，〈北魏皇權與胡漢體制〉，收於《中國史研究的成果與展望》（北京：中國社會出版社，1991 年），頁 87～107。

〔註101〕《魏書》卷 4 下〈世祖紀下〉，頁 106～107。

〔註102〕《魏書》卷 7 下〈高祖紀下〉，頁 172。

〔註103〕《魏書》卷 13〈皇后·宣武順皇后于氏傳〉，頁 336。

〔註104〕參見王吉林，〈北魏繼承制度與宮闈鬥爭之綜合研究〉，收於《華岡文科學報》第 11 期，1978 年 1 月，頁 93。

宣武順皇后于氏、宣武皇后高氏、孝明皇后胡氏，其中六位無子，僅宣武帝兩位皇后有生子記載，但均早夭，〔註105〕故可言之，北魏歷代君王均非正宮皇后所生，欲行「嫡長子繼承」，因皇后子嗣的缺乏亦不可得。

　　死後追諡爲皇后者，大多是其子被立爲皇太子，之後繼位追尊其生母爲皇后，此例由明元帝開始，爾後歷代皆援例引用：〔註106〕

　　　　太宗（明元帝）即位，追尊（劉氏）諡號，配饗太廟。自此後宮人

　　　　爲帝母，皆正位配饗焉。

張繼昊認爲這是與秦、漢古制不符的，〔註107〕《魏書・皇后列傳》載：「漢因秦制，帝之祖母曰太皇太后，母曰皇太后，妃曰皇后。」〔註108〕明元帝可因親情追尊生母劉氏爲皇太后，但不宜追尊她爲皇后，是否爲皇后，應由其父道武帝自己決定，而道武帝所立之皇后，《魏書》中僅有慕容后一位。〔註109〕

　　自道武帝創「子貴母死」制以來，北魏皇位繼承人和其生母的情況分別是：

（一）明元帝拓跋嗣生母劉貴人被道武帝賜死，死於「子貴母死」制。

　　　〔註110〕

（二）太武帝拓跋燾生於天賜五年（西元 408 年），〔註111〕其母杜貴嬪死於泰常五年（西元 420 年），〔註112〕拓跋燾被明元帝明確指定爲皇位繼承人的時間是在杜貴嬪死後二年，即泰常七年（西元 422 年）。〔註113〕拓跋燾生年與其母杜貴嬪卒年相差十二年之久，且杜貴嬪死後二年，拓跋燾才立爲皇儲，杜貴嬪是因爲拓跋燾將立爲皇位繼承人而薨，或因其他事故而死，因史傳記載不足，故難以判斷。〔註114〕

（三）景穆皇帝拓跋晃生於太武帝神䴥元年（西元 428 年），太武帝延和元年

〔註105〕參見《魏書》卷 13〈皇后列傳〉，頁 325～340。

〔註106〕《魏書》卷 13〈皇后・道武宣穆皇后劉氏傳〉，頁 325。

〔註107〕參見張繼昊，〈漢武帝將立其子而殺其母說法的檢討——兼論漢武帝的皇位繼承問題〉，前揭書，頁 165。

〔註108〕《魏書》卷 13〈皇后列傳〉，頁 321。

〔註109〕《魏書》卷 13〈皇后・道武皇后慕容氏傳〉，頁 325。

〔註110〕《魏書》卷 3〈太宗紀〉，頁 49。

〔註111〕《魏書》卷 2〈太祖紀〉，頁 44。

〔註112〕《魏書》卷 13〈皇后・明元密皇后杜氏傳〉，頁 326。

〔註113〕《魏書》卷 4 上〈世祖紀上〉，頁 69。

〔註114〕李憑認爲太武帝生母杜貴嬪之死仍與「子貴母死」制有關，參見氏著《北魏平城時代》，頁 160～161。

（西元 432 年）正月被立爲皇太子，而拓跋晃生母賀氏薨於神䴥元年（西元 428 年）。〔註 115〕由時間上的排比可知，拓跋晃出世後沒多久其母賀氏便薨，《魏書》未明白交代其死因。

（四）文成帝拓跋濬乃拓跋晃長子，郁久閭氏所生，太武帝崩前，沒有明確立皇位繼承人，拓跋濬的繼位，是在宮廷鬥爭下倉卒登基，而郁久閭氏於文成帝即位一個多月後的興安元年（西元 452 年）十一月薨逝，〔註 116〕，《魏書》並未詳載其原因，李憑推測可能是當時文成帝保母常氏欲攬大權，遂以「子貴母死」爲由除去郁久閭氏。〔註 117〕

（五）獻文帝拓跋弘生母李貴人，《魏書》載其事蹟云：「及生顯祖（獻文帝），拜貴人。太安二年（西元 456 年），太后令依故事。」〔註 118〕文成帝於太安二年（西元 456 年）二月立拓跋弘爲皇太子，保太后常氏令依故事，賜李貴人死。

（六）孝文帝元宏生母李氏於皇興元年（西元 467 年）生元宏，三年（西元 469 年）六月獻文帝立元宏爲皇太子，李氏於同年薨逝，由「上下莫不悼惜。」〔註 119〕來看，《魏書》中沒有明確解釋李氏之死，據推測李氏應死於「子貴母死」制，而當時文明太后和獻文帝已不和，有可能是文明太后藉此除去李氏打擊獻文帝。

（七）孝文帝長子元恂之母林氏，《魏書・孝文貞皇后林氏傳》載：〔註 120〕

> 以恂將爲儲貳，太和七年（西元 483 年）后依舊制薨。高祖（孝文帝）仁恕，不欲襲前事，而稟文明太后意，故不果行。

孝文帝不願依祖制行事，但文明太后堅持，林氏只有依舊制而薨。文明太后也擔心若不盡快處理林氏，林氏會影響到自己在後宮獨大的權

〔註 115〕《魏書》卷 13〈皇后・太武敬哀皇后賀氏傳〉，頁 327。
〔註 116〕《魏書》卷 5〈高宗紀〉，頁 111。
〔註 117〕李憑認爲文成帝保母常氏欲攬權，故必須將郁久閭氏除去，參見氏著《北魏平城時代》，頁 165～167。另蔡幸娟認爲郁久閭氏是因「子貴母死」制而死，參見氏著〈北魏立后立嗣故事與制度研究〉，前揭書，頁 271。其實太武帝早已屬意由拓跋濬繼承皇位，只是時間未到，太武帝來不及立拓跋濬爲太子即遭宗愛所弒，也因此來不及執行「子貴母死」制殺郁久閭氏。故郁久閭氏之死，若以「子貴母死」制觀之，不免失之偏頗，所以郁久閭氏死於宮廷鬥爭的可能性極大。
〔註 118〕《魏書》卷 13〈皇后・文成元皇后李氏傳〉，頁 331。
〔註 119〕《魏書》卷 13〈皇后・獻文思皇后李氏傳〉，頁 331。
〔註 120〕《魏書》卷 13〈皇后・孝文貞皇后林氏傳〉，頁 332。

力。

（八）宣武帝元恪於孝文帝太和二十一年（西元 497 年）正月被立爲太子，其生母高氏在之前已死，可能是死於後宮鬥爭，《魏書·孝文昭皇后高氏傳》載曰：〔註121〕

> 及馮昭儀寵盛，密有母養世宗（宣武帝）之意。后（高氏）自代如洛陽，暴薨於汲郡之共縣，或云昭儀遣人賊后也。

因高氏在元恪立爲皇儲前已死，遂避過「子貴母死」祖制。

（九）宣武帝皇長子元昌早夭，次子元詡於延昌元年（西元 512 年）十月被立爲皇太子，〔註122〕然其生母胡氏卻未被宣武帝賜死：〔註123〕

> 既誕肅宗（孝明帝），進爲充華嬪。……及肅宗踐阼，尊后爲皇太妃，後尊爲皇太后。

宣武帝個性寬容，「寬以攝下，從容不斷。」〔註124〕故能終止此一非人道制度。另外宣武帝曾有兩皇子但均早夭，故常爲皇位繼承問題所擾，當他二十八歲喜獲皇子元詡後，如何保護皇位繼承人成爲首要目標，「子貴母死」是否執行，相形之下已非重要課題，北魏「子貴母死」制得以至宣武帝時走進歷史。

綜上所述，筆者認爲，因「子貴母死」制而死者有：明元帝生母——道武宣穆皇后劉氏、獻文帝生母——文成元皇后李氏、孝文帝生母——獻文思皇后李氏、廢太子元恂生母——孝文貞皇后林氏等四人，如下表：

表五：北魏皇儲生母死於「子貴母死」制分析表

皇位繼承人	生母	執行者	出處：《魏書》
明元帝拓跋嗣	道武宣穆皇后劉氏	道武帝	卷 13〈皇后列傳〉，頁 325。
獻文帝拓跋弘	文成元皇后李氏	昭太后常氏	卷 13〈皇后列傳〉，頁 331。
孝文帝元宏	獻文思皇后李氏	文明太后	卷 13〈皇后列傳〉，頁 331。
廢太子元恂	孝文貞皇后林氏	文明太后	卷 13〈皇后列傳〉，頁 332。

此外，太武帝生母——明元密皇后杜氏之死雖有存疑，但並無確切證據可證明與「子貴母死」制有關係，而宣武帝生母——孝文昭皇后高氏雖可免於祖

〔註121〕《魏書》卷 13〈皇后·孝文昭皇后高氏傳〉，頁 335。
〔註122〕《魏書》卷 9〈肅宗紀〉，頁 221。
〔註123〕《魏書》卷 13〈皇后·宣武靈皇后胡氏傳〉，頁 337。
〔註124〕《魏書》卷 8〈世宗紀〉，頁 215。

制，卻死在後宮鬥爭之中。

　　《魏書·皇后列傳》史臣曰：「子貴母死，矯枉之義不亦過哉！高祖（孝文帝）終革其失，良有以也。」〔註125〕依引文所言「子貴母死」制似乎至孝文帝時止，其實不然。孝文帝先後立有兩位太子，元恂生母林氏依前列（七）所示，乃死於「子貴母死」；而元恪生母高氏如（八）所言，可能死於馮昭儀之手，在元恪未立為太子前已卒。若高氏未死，孝文帝是否可能立元恪為太子時不殺其母高氏，或許可由孝文帝對元恂之母林氏的態度來推論，「高祖（孝文帝）仁恕，不欲襲前事。」但是未發生之事不可做此論斷，故筆者認為「子貴母死」制應在宣武帝時才革除此陋習，並非如《魏書》所言在孝文帝時。

三、「子貴母死」前後之差異

　　「子貴母死」的祖制深切影響北魏，歷代皇帝皆遵行不悖，縱使有如孝文帝的憐憫之心，在文明太后的干涉下仍使祖制延續下去。宣武帝受其父孝文帝仁恕憐憫想法之影響，加上年紀關係與頻喪皇子，皇位繼承人的生母是否遵循祖制已非主要問題，也因此使靈太后成為終止「子貴母死」制的受益者。道武帝創立「子貴母死」制度時，曾明確說明自己的想法，但宣武帝並未正式說明此制度的結束，只是消極的不執行。換言之，宣武帝無取消祖制之舉，故「子貴母死」制仍然存在，只是執行與否全憑皇帝的意志。因此，「子貴母死」是否可稱為制度，仍有討論空間，或以故事稱之反較合適。張繼昊主張採用「故事」說法較為合適，〔註126〕若為制度，應歷代遵行，但遵行與否，後代皇帝之意志頗為重要，封建王朝皇帝集權力於一身，在位皇帝可更改甚至廢除前朝制度，道武帝賜死劉夫人僅是開一先例而已，往後諸帝若不奉行，實難形成制度；其次，自道武帝後，明元帝、太武帝均未有執行「子貴母死」的明確記載，太武帝生母杜氏、拓跋晃生母賀氏、文成帝生母郁久閭氏，史傳均未載其死於「子貴母死」，故以「故事」稱之實較為合適。

　　由表五所列北魏死於「子貴母死」的四位皇儲生母，可發現一個現象，道武帝賜死明元帝生母劉氏乃親自為之，然而獻文帝生母李氏，由昭太后常氏為之；孝文帝生母李氏、廢太子元恂生母林氏皆由文明太后為之，文成帝、

〔註125〕《魏書》卷13〈皇后列傳〉，頁341。
〔註126〕參見張繼昊〈漢武帝將立其子而殺其母說法的檢討——兼論漢武帝的皇位繼承問題〉，前揭書，頁168。

獻文帝、孝文帝似乎不願執行此制，卻迫於昭太后常氏、文明太后而不得不為，可見「子貴母死」至文成帝時已背離道武帝初衷，成為權力鬥爭工具。

北魏政治以太武帝為一界線，太武帝之前，大權仍操於皇帝手中，之後權力不斷旁落宦官、權臣和太后之手，尤其是文成帝、獻文帝、孝文帝等朝，太后勢力不斷發展，甚至形成臨朝聽政之太后政治，故獻文帝生母李氏、孝文帝生母李氏、廢太子元恂生母林氏之死，均非出自皇帝意志。誠如李憑所言：「她們的死與這一時期錯綜複雜的後宮之內的鬥爭密切關聯。具體地說，子貴母死制度成了文成帝乳母常氏與文明太后馮氏等排除政治障礙的藉口。」〔註127〕

道武帝創「子貴母死」是以維護皇權為目的，不讓后妃及其外家勢力干預國政，然而執行至北魏中期，卻與道武帝初衷大相逕庭，諷刺的是，造成此種結果，卻是女后干預國政的結果，而這正是道武帝欲全力防止的。因此，雖同樣執行「子貴母死」，但前後意義迥然不同。此外，田餘慶認為「子貴母死」被更嚴厲執行且日益強化是在文明太后時。〔註128〕文明太后充分利用「子貴母死」賜死皇儲生母，並將太子牢牢掌握在自己手中，排除其生母與己爭權，確立自己在後宮及朝廷唯一的地位，如此就可掌控北魏政權。

在「子貴母死」日益強化時，道武帝創行「子貴母死」的社會條件已漸漸消失。北魏經過離散諸部後，各重要部落如賀蘭部、獨孤部、慕容部已經離散，北魏已成專制王朝，皇帝權力鞏固集中，加上漢化漸深，愈來愈多漢女進入後宮，許多皇子皆由漢女所生，外家部落欲藉婚姻干預國政已不可能，且漢人在北魏無法掌握政治實權，故漢女外家想干政更不可能。由此觀之，「子貴母死」已沒有存在理由，應當會逐漸消失。然而因文明太后利用「子貴母死」遂行權力鬥爭，使「子貴母死」逐漸強化，產生不良影響。後宮嬪妃皆不願誕育皇子，以免因「子貴母死」而死，影響所及，令宣武帝面臨皇位繼承危機，幸靈太后勇於向「子貴母死」挑戰，生育皇子元詡，之後即位為孝明帝，靈太后幸運地成為唯一「子貴母不死」之得益者，亦是唯一憑藉血緣關係臨朝聽政的太后，但也是這位靈太后，敗亡了北魏基業。道武帝一心防堵母后干政而行「子貴母死」，不料革除「子貴母死」後，未因「子貴母死」而卒之靈太后，竟將北魏一步步推向衰亡之路。

〔註127〕李憑，《北魏平城時代》，頁174。
〔註128〕參見田餘慶，《拓跋史探》，頁60。

第三章　明元帝至獻文帝之皇位繼承

第一節　清河王紹弒逆與明元帝繼位

一、清河王紹弒逆

　　道武帝創建北魏並入主中原，開創拓跋歷史新紀元，但始終不可避免的需面對皇位繼承問題。道武帝時拓跋氏剛從部落跨進封建國家，皇帝威權逐漸建立，漢人士族進入北魏政權服務，漢化速度較之部落聯盟時期加快許多，因此漢民族的繼承制度也逐漸影響北魏這個新興王朝。部落聯盟時期，拓跋部君位是由各主要部落推舉產生，道武帝當年也是得到賀蘭部支持始逐漸壯大，經諸部大人推舉而當上代王。道武帝時因脫離部落聯盟時期未久，舊有推舉聯盟領袖習俗仍然深刻影響北魏，道武帝想要突破傳統，按照中原王朝制度，實行「父子相傳」的皇位繼承制，將繼承制度導引至長子繼承的方向前進。另外為了杜絕拓跋部長期以來母權干政的現象，道武帝制訂了「子貴母死」制度，並藉以抑制與拓跋皇室聯姻的外家部落勢力，而「子貴母死」此制度實施及停止經過已如前述。

　　道武帝即代王位時遭遇拓跋寔君之子與拓跋窟咄挑戰其繼承權，道武帝必然心有所感，加上部落聯盟時期常因繼承問題引發動亂，道武帝決定早立皇位繼承人，避免易代之際產生政治變亂，於是仿漢民族傳統，天賜六年（西元 409 年）決定立皇長子齊王嗣為嗣君，並賜齊王嗣生母劉貴人死，劉貴人乃獨孤部劉眷之女，「登國初，（道武帝）納為夫人，生華陰公主，後生太宗

（明元帝）。」〔註1〕道武帝對劉貴人愛寵有加，本想立其爲后，但手鑄金人未成，〔註2〕故無法登后位，直到齊王嗣即位爲明元帝後，才追尊謚號爲宣穆皇后，配饗太廟。〔註3〕齊王嗣對生母劉貴人之死非常悲傷，《魏書·太宗紀》有載：〔註4〕

> （明元）帝素純孝，哀泣不能自勝，太祖（道武帝）怒之。帝還宮，哀不自止，日夜號泣。太祖知而又召之。帝欲入，左右曰：「孝子事父，小杖則受，大杖避之。今陛下怒盛，入或不測，陷帝於不義。不如且出，待怒解而進，不晚也。」帝懼，從之，乃游行逃於外。

齊王嗣出走後，道武帝正爲繼承問題煩惱之際，卻遭其子清河王紹連同生母賀夫人發動政變，弒道武帝。賀夫人乃獻明皇后賀氏之妹，亦即道武帝姨母：〔註5〕

> （清河王）紹母即獻明皇后妹也，美而麗。初太祖（道武帝）如賀蘭部，見而悅之，告獻明后，請納焉，后曰：「不可，此過美不善，且已有夫。」太祖密令人殺其夫而納之，生紹。

清河王紹個性狡狠不馴，據《魏書·清河王紹傳》載：〔註6〕

> 清河王紹，天興六年（西元403年）封。凶狠險悖，不遵教訓。好輕游里巷，劫剝行人，斫射犬豕，以爲戲樂。太祖（道武帝）嘗怒之，到懸井中，垂死乃出，太宗（明元帝）常以義方責之，遂與不協，恒懼其爲變。

賀夫人和清河王紹會發動政變，乃因賀夫人有譴，道武帝將殺之，在生命存亡時刻，遂與其子清河王紹密謀發動政變：〔註7〕

> （清河王）紹母夫人賀氏有譴，太祖（道武帝）幽之於宮，將殺之。會日暮，未決。賀氏密告紹曰：「汝將何以救吾？」紹乃夜與帳下及宦者數人，踰宮犯禁。左右侍御呼曰：「賊至！」太祖驚起，求弓刀不獲，遂暴崩。

〔註1〕《魏書》卷13〈皇后·道武宣穆皇后劉氏傳〉，頁325。
〔註2〕參見《魏書》卷13〈皇后傳〉：「又魏故事，將立皇后必令手鑄金人，以成者爲吉，不成則不得立也。」頁321。
〔註3〕參見《魏書》卷13〈皇后·道武宣穆皇后劉氏傳〉，頁325。
〔註4〕《魏書》卷3〈太宗紀〉，頁49。
〔註5〕《魏書》卷16〈道武七王·清河王紹傳〉，頁390。
〔註6〕《魏書》卷16〈道武七王·清河王紹傳〉，頁389～390。
〔註7〕《魏書》卷16〈道武七王·清河王紹傳〉，頁389～390。

清河王紹能輕易成功，在於道武帝未料到其子會有弒父、弒君之行爲，道武帝賜死齊王嗣生母劉貴人之後，齊王嗣雖不滿也只能出逃於外，熟料清河王紹會有如此大逆不道行爲，道武帝猝不及防，遂死於其子清河王紹之手。同樣是殺其生母，爲何齊王嗣、清河王紹二人反應會有如此大不同，其實從兩人的個性便可看出端倪。史書稱齊王嗣「明叡寬毅，非禮不動。」〔註8〕、「內和外輯，以德見宗。」〔註9〕可見齊王嗣乃一慈孝之人，對道武帝賜死其生母，雖不滿也只能選擇逃避。至於清河王紹，上述引文載其「凶狠險悖，不遵教訓。好輕游里巷，劫剝行人，斫射犬豕，以爲戲樂。」此種兇殘個性，在同樣對道武帝不滿之下，卻做出逆倫弒父和其兄齊王嗣截然不同的事來。

二、清河王紹奪取皇位

　　清河王紹弒道武帝後，便欲進一步奪取皇位，因清河王紹以迅雷不及掩耳速度，僅以「帳下及宦者數人」襲殺了道武帝，未有任何勢力支持，故首要之務需先爭取朝臣及宗室貴族等勢力支持，據《魏書‧清河王紹傳》所載：
〔註10〕

　　　（道武帝）遂暴崩。明日，宮門至日中不開。（清河王）紹稱詔召百僚於西宮端門前北面而立。紹從門扇間謂群臣曰：「我有父，亦有兄，公卿欲從誰也？」王公巳下皆驚愕失色，莫有對者。良久，南平公長孫嵩曰：「從王。」群臣乃知宮車晏駕，而不審登遐之狀。唯陰平公元烈哭泣而去。於是，朝野兇兇，人懷異志。

而《通鑑》的記載是：〔註11〕

　　　巳巳，宮門至日中不開。（清河王）紹稱詔，集百官於端門前，北面立。紹從門扉間謂百官曰：「我有叔父，亦有兄，公卿欲從誰？」眾愕然失色，莫有對者。良久，南平公長孫嵩曰：「從王。」眾乃知宮車晏駕，而不測其故。莫敢出聲。唯陰平公烈大哭而去。烈，儀之弟也。於是，朝野恟恟，人懷異志。

《魏書》與《通鑑》的記載大致相同，內容出入不大，《通鑑》的文字較《魏

〔註8〕　《魏書》卷3〈太宗紀〉，頁49。
〔註9〕　《魏書》卷3〈太宗紀〉，頁64。
〔註10〕　《魏書》卷16〈道武七王‧清河王紹傳〉，頁390。
〔註11〕　《通鑑》卷115〈晉紀三十七〉，安帝義熙五年，頁3623。

書》簡略許多。這兩段史料最大不同處，在清河王紹謂群臣之語中，《通鑑》較《魏書》多了一個「叔」字，《魏書‧清河王紹傳》中，清河王紹所謂父、兄者，父是指道武帝、兄是齊王嗣，清河王紹召見群臣的目的，就是要宣布道武帝已駕崩，希望群臣能擁戴自己繼承皇位，因此無須隱瞞道武帝已死的事實。易言之，清河王紹在提出皇位繼承的問題時，已經沒有必要再提它的父親道武帝了，因道武帝若未死，清河王紹自然無繼承皇位之資格，也沒有「公卿欲從誰？」的問題，故《魏書》記載清河王紹之語稍顯不合邏輯，而不合邏輯之處正在一個「父」字上，有可能《魏書》是缺漏一「叔」字；也有可能魏收將此「父」字擴大解釋為叔父之意。至於《通鑑》，其記載多一「叔」字則較《魏書》沒有「叔」字來的妥當。

　　長孫嵩是當時代人貴族實力派代表，在魏廷中之朝臣，也是以長孫嵩為首，這批朝臣大多是跟隨道武帝創建北魏的開國功臣，不但久經政治動亂且深諳政治情勢。清河王紹若要順利繼承皇位，必須獲得長孫嵩代表的代人貴族勢力支持，拓跋氏在部落聯盟時期君位繼承，各部落首領支持與否具有決定性的影響，此時亦然。長孫嵩代表的代人貴族勢力就如同部落聯盟時期的各部落勢力，而長孫嵩這些老謀深算的朝臣，必然先觀察眼前局勢再決定是否支持清河王紹。當宮門至日中還未開時，魏廷朝臣應已察覺發生了政治變故，只是無法得知具體情形。所以，在清河王紹提出「我有父，亦有兄，公卿欲從誰也？」的皇位繼承問題時，群臣一時無法回答，在「良久」之間，這些朝臣所考慮的，是整個情況混沌，清河王紹發動政變的力量未明，是否有外援？眾臣在無法判斷下只好暫時妥協，由長孫嵩說出：「從王。」此語一出，代表長孫嵩暫時和清河王紹妥協，其他朝臣見狀亦只能暫時屈從，清河王紹暫時穩住魏廷局勢，未引發進一步動亂。

三、清河王紹的叔父、兄弟與皇位繼承之關係

　　清河王紹提出「我有父，亦有兄，公卿欲從誰也？」的皇位繼承問題，「父」應是指「叔父」，因清河王紹之父是道武帝，若道武帝尚在，就沒有從誰的問題，反而清河王紹要因叛變而受誅討。清河王紹的叔父應是道武帝之弟：〔註12〕

〔註12〕《通鑑》卷103〈晉紀二十五〉，簡文帝咸安元年，頁3246。

> 代世子寔（獻明帝）病傷而卒，……代世子寔娶東部大人賀野干之
> 女，有遺腹子，甲戌，生男，代王什翼犍爲之赦境內。名曰涉圭（拓
> 跋珪）。

拓跋寔病傷而卒，乃因長孫斤謀反時，「拔刃向御座」，他爲保護昭成帝什翼
犍而受傷。若依史籍所載，道武帝爲拓跋寔遺腹子，似乎不應有弟，但據《魏
書・獻明皇后賀氏傳》載：〔註13〕

> 後后（賀氏）少子秦（愍）王觚使于燕，慕容垂止之，后以觚不返，
> 憂念寢疾，皇始元年（396）崩，時年四十六。

拓跋珪既是遺腹子，賀氏爲何會多了個少子秦愍王觚呢？據《魏書・昭成子孫
列傳》載，衛王儀爲秦明王翰子，衛王儀有弟陰平王烈、陰平王烈有弟秦愍王
觚，故秦愍王觚也是秦明王翰子，「當是獻明太子拓跋寔死後，賀氏收繼爲翰妻
所生。」〔註14〕拓跋寔與秦明王翰爲同父同母兄弟，均爲昭成帝什翼犍與慕容
后所生，〔註15〕拓跋寔卒後，其妻賀氏有可能爲他最親近的弟弟秦明王翰收繼，
並且生下了衛王儀、秦愍王觚二子，兩人均爲道武帝同母弟。〔註16〕

先看衛王儀，衛王儀之母史傳無任何記載，如此而言，在其成長過程中
是由誰撫育？《魏書・劉庫仁傳》載：〔註17〕

> 昭成暴崩，太祖（道武帝）未立，符堅以庫仁爲陵江將軍、關內侯，
> 令與衛辰分國部眾而統之。自河以西屬衛辰，自河以東屬庫仁。於
> 是獻明皇后攜太祖及衛秦二王自賀蘭部來居焉。

另外《魏書・賀訥傳》亦載：「昭成崩，諸部乖亂，獻明后與太祖及衛、秦二
王依訥。」〔註18〕可見道武帝和衛王儀、秦愍王觚在昭成帝死後，均是由賀
氏所撫養，「太祖及衛、秦二王」的排列序列應是按照年齡，秦愍王觚據《魏

〔註13〕　《魏書》卷13〈皇后・獻明皇后賀氏傳〉，頁324～325。
〔註14〕　《魏書》卷15〈昭成子孫列傳〉，校勘記二，頁386。
〔註15〕　《魏書》卷13〈皇后・昭成皇后慕容氏傳〉，頁323。
〔註16〕　大陸學者周一良主張賀氏爲昭成帝什翼犍所收繼，拓跋珪爲昭成帝什翼犍
　　　　　子，參見氏著，〈崔浩國史之獄〉，收於《周一良集》（瀋陽：遼寧教育出版社，
　　　　　1998年8月）第二卷，〈魏書〉札記，頁548～551。田餘慶，《拓跋史探》，
　　　　　頁47～51；李憑，《北魏平城時代》，頁98～113，均採周說。孫同勛則認爲
　　　　　賀氏應爲秦明王翰收繼，參見〈Some Hints On The Marriage Custom Of Early
　　　　　TOBA〉，收於氏著《拓拔氏的漢化及其他——北魏史論文集》（臺北：稻鄉
　　　　　出版社，2005年3月），頁241～248。
〔註17〕　《魏書》卷23〈劉庫仁傳〉，頁604～605。
〔註18〕　《魏書》卷71上〈外戚上・賀訥傳〉，頁1812。

書·獻明皇后賀氏傳》記載爲賀氏少子，是秦明王翰與賀氏所生，而秦愍王觚在《魏書·昭成子孫列傳》中被列爲衛王儀和陰平王烈之弟，因此，將上述種種跡象綜合分析，衛王儀序列夾在道武帝和秦愍王觚之間，有相當大的可能是衛王儀亦爲秦明王翰和賀氏所生。拓跋寔死於昭成帝什翼犍建國三十四年（西元 371 年）〔註 19〕，賀氏生下拓跋寔遺腹子拓跋珪後，再嫁秦明王翰，又生下了衛王儀、秦愍王觚，其關係如下圖：

圖七：獻明帝寔、秦明王翰與賀氏諸子關係圖

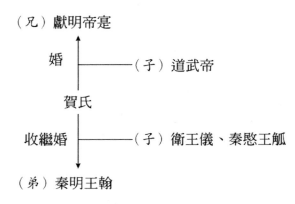

至於陰平王烈，其母未列於史傳，陰平王烈既爲衛王儀之弟，故其母有兩種可能，其一是陰平王烈乃秦明王翰和賀氏之子，陰平王烈和衛王儀、秦愍王觚一樣，均爲賀氏所生拓跋珪之同母弟；其二是陰平王烈爲秦明王翰和她人所生，陰平王烈生母另有其人，並非賀氏。因史籍並未明載陰平王烈爲賀氏所生，無法據以論斷陰平王烈生母，不過，陰平王烈生母另有其人可能性較大，若陰平王烈乃賀氏所生，賀氏自然會帶著陰平王烈與拓跋珪、衛王儀、秦愍王觚在代國亡後投奔賀蘭部，不會如《魏書·賀訥傳》所載，僅攜拓跋珪、衛王儀、秦愍王觚三人投靠娘家部落。〔註 20〕

雖然陰平王烈非賀氏所生，但其父爲秦明王翰，而道武帝生母賀氏被秦明王翰收繼，以當時關係而言，陰平王烈與道武帝的兄弟關係，乃宗室中最親密者，因道武帝同父同母兄弟衛王儀與秦愍王觚，秦愍王觚在道武帝征中山時爲慕容普麟所害；〔註 21〕衛王儀於天賜六年（西元 409 年）爲道武帝所

〔註 19〕 參見《魏書》卷 1〈序紀〉，頁 15。
〔註 20〕 參見《魏書》卷 71 上〈外戚上·賀訥傳〉，頁 1812。
〔註 21〕 參見《魏書》卷 15〈昭成子孫·秦愍王觚傳〉，頁 374。

殺，﹝註22﹞同父同母兄弟均亡，接下來族屬最近者非陰平王烈莫屬。

　　清河王紹弒道武帝後口中的叔父應是泛指道武帝同輩的宗室兄弟，而在道武帝末年清河王紹政變時，這樣的兄弟已屈指可數，除最親近的陰平王烈之外，根據《魏書・神元平文子孫列傳》的記載，與道武帝同輩的族弟當時還健在的有：吉陽男比干﹝註23﹞、江夏公呂﹝註24﹞、西河公敦﹝註25﹞，但是這三人族遠親疏，且在史傳中無重要政治活動記載，可見並無太大政治權力。另外還有高涼王孤之孫拓跋度﹝註26﹞，以及武衛將軍謂之子拓跋烏眞﹝註27﹞，但是根據《魏書》此二人本傳記載，難以判定其去世之年，故無法得知清河王紹政變時，二人是否健在？而且拓跋度、拓跋烏眞與道武帝族屬疏遠，亦無重要政治活動記載。

　　與道武帝族屬親近者有拓跋勃﹝註28﹞、拓跋顗﹝註29﹞。拓跋顗爲昭成帝什翼犍子拓跋紇根之子，據其本傳所載，無法判斷其去世之年，﹝註30﹞且地位較低，並無政治影響力；拓跋勃爲昭成帝什翼犍子拓跋力眞之子，《魏書》記載拓跋勃的事蹟不到二十個字：「意烈弟勃，善射御，以勳賜爵彭城公。卒，陪葬金陵。」﹝註31﹞陪葬金陵，此處金陵指的是道武帝陵寢，可見拓跋勃死於道武帝之後，但是由《魏書》僅載其簡略生平觀察，拓跋勃在北魏的政治活動中不佔重要地位。綜上所述，在清河王紹叔父輩中，大多血緣關係疏遠，最親近者爲陰平王烈，因此能對清河王紹爭奪皇位產生威脅的，大概只有陰平王烈了。

　　陰平王烈在道武帝時並無積極參與政治活動的記載，也無特殊優秀的表現，在拓跋宗室間也未具聲望，沒有足夠實力與威望號召朝臣、宗室貴族等反對清河王紹。清河王紹隔絕內外，道武帝大概凶多吉少，故長孫嵩等朝臣對清河王紹暫表服從，獨有陰平王烈哭泣而去，哭泣原因，可能是和道武帝族屬最近的同輩兄弟關係，對道武帝的猝崩表示難過。

﹝註22﹞參見《魏書》卷15〈昭成子孫・秦明王翰傳〉，頁372。
﹝註23﹞參見《魏書》卷14〈神元平文諸弟子孫・吉陽男比干傳〉，頁349。
﹝註24﹞參見《魏書》卷14〈神元平文諸弟子孫・江夏公呂傳〉，頁349。
﹝註25﹞參見《魏書》卷14〈神元平文諸弟子孫・西河公敦傳〉，頁356。
﹝註26﹞參見《魏書》卷14〈神元平文諸弟子孫・高涼王孤傳〉，頁351。
﹝註27﹞參見《魏書》卷14〈神元平文諸弟子孫・西河公敦傳〉，頁357。
﹝註28﹞參見《魏書》卷15〈昭成子孫・遼西公意烈附弟勃傳〉，頁384。
﹝註29﹞參見《魏書》卷15〈昭成子孫・陳留王虔附顗傳〉，頁382。
﹝註30﹞《魏書》卷15〈昭成子孫・陳留王虔附顗傳〉，僅以「病卒。」兩字帶過，去世之年難以斷定，頁382。
﹝註31﹞《魏書》卷15〈昭成子孫・遼西公意烈附弟勃傳〉，頁384。

四、道武帝貫徹父子相承、排除宗室障礙

衛王儀與道武帝同為賀氏所生的同母兄弟，族屬最近，對皇位繼承威脅最大。拓跋氏在部落聯盟時期的君位繼承，非父子相承亦非兄終弟及，乃以實力為取向，雜以游牧民族推舉制，能獲得各部落支持，才能擔任部落聯盟君長之位。北魏建立後自然承襲部落聯盟時期的影響，誰能獲得宗室貴族支持，誰就能繼承皇位，這點在拓跋宗室內也有所反映。《魏書・陳留王虔附朱提王悅傳》載曰：〔註32〕

> 悅外和內很。……後為宗師。悅恃寵驕矜，每謂所親王洛生之徒言曰：「一旦宮車晏駕，吾止避衛公，除此誰在吾前？」衛王儀美鬢，為內外所重，悅故云。

朱提王悅既然為宗師，他的言論相當程度地代表拓跋宗室的看法。衛王儀素孚眾望，在北魏建國時建立不少功勳，據《魏書・衛王儀傳》載：〔註33〕

> 太祖（道武帝）征衛辰，儀出別道，獲衛辰尸，傳首行宮。……慕容寶之寇五原，儀攝據朔方，要其還路。及并州平，儀功多，遷尚書令。……復遣儀討鄴，平之。……又從征高車，儀別從西北破其別部。又從討姚平，有功。

衛王儀功勳卓著，一時內外所重，頗有功高震主之味。而前述朱提王悅與王洛生所言是有關道武帝百年後的皇位繼承問題，朱提王悅明白表示支持衛王儀，衛王儀能「內外所重」獲得宗室的支持，乃因其建立之赫赫功勳及在拓跋宗室間之地位，衛王儀在宗室間地位，因與道武帝為同母兄弟的關係而更顯優勢。

道武帝在考慮皇位繼承人選的問題時，宗室和貴族們支持衛王儀的態度不會不清楚。然而道武帝在創建北魏過程中，受漢化影響漸深，欲以中原王朝的父子相承制改變拓跋舊制，於是衛王儀便成道武帝的心腹大患。從《魏書》〈太祖紀〉〔註34〕和〈衛王儀傳〉〔註35〕等相關史傳可知，道武帝和衛王儀在政治理念與思想意識的看法與見解並無不同，甚至衛王儀還是道武帝相當倚重的肱股之臣，不僅在文治方面追隨道武帝的漢化方針；軍事上也是北魏王朝建立過程中之頭號功臣，權勢、聲望日隆，若情勢繼續發展下去，依

〔註32〕《魏書》卷15〈昭成子孫・陳留王虔附朱提王悅傳〉，頁381。
〔註33〕《魏書》卷15〈昭成子孫・衛王儀傳〉，頁371。
〔註34〕參見《魏書》卷2〈太祖紀〉，頁19～45。
〔註35〕參見《魏書》卷15〈昭成子孫・衛王儀傳〉，頁370～372。

循拓跋氏在部落聯盟時期的繼承原則，這位內外所重的衛王儀，極有可能是道武帝之後的皇位繼承人。

　　道武帝和衛王儀的矛盾，隨著衛王儀實力不斷增強而逐漸激化，道武帝對衛王儀猜忌不斷加深，而衛王儀也在暗中和穆崇策劃謀反，《魏書・衛王儀傳》載「儀矜功恃寵，遂與宜都公穆崇謀為亂，伏武士伺太祖（道武帝），欲為逆。」〔註36〕兩強相爭的結果，衛王儀失敗，被道武帝賜死。不過，悲劇的出現，並不是兩人在政治見解或思想意識方面產生分歧，而是在皇位繼承問題上，《魏書・衛王儀傳》載：〔註37〕

> 世祖（太武帝）之初育也，太祖（道武帝）喜，夜召（衛王）儀入。
> 太祖曰：「卿聞夜喚，乃不怪懼乎？」儀曰：「臣推誠以事陛下，陛下明察，臣輒自安。忽奉夜詔，怪有之，懼實無也。」太祖告以世祖生，
> 儀起拜而歌舞，遂對飲申旦。召群臣入，賜儀御馬、御帶、縑錦等。

太武帝即道武帝嫡長孫、明元帝嫡長子拓跋燾。道武帝在皇孫拓跋燾出生的當晚，就迫不急待的宣召衛王儀入宮對他宣布喜訊，用意在表明，北魏王朝要堅定的實施父子相承制，皇位繼承由道武帝傳其子齊王嗣（後來的明元帝）、再傳其子拓跋燾（後來的太武帝），皇位繼承不容許其他的宗室兄弟插手。道武帝召衛王儀入宮，是因衛王儀當時為「內外所重」，最有威望與實力接替道武帝皇位的人選，也成為道武帝認為首先必須從皇位繼承序列排除的對象。而衛王儀在道武帝隱約又不戳破的壓力下，只有暫表屈服「拜而歌舞、對飲申旦」了。

五、影響拓跋嗣即位因素之分析

　　清河王紹弒道武帝後，雖暫時佔據皇位，但其兄齊王嗣出逃在外，不久即入宮誅清河王紹，即皇帝位。齊王嗣是依靠哪些力量得以回宮平亂並繼位，實有必要加以分析，據《通鑑》載：〔註38〕

> 齊王嗣聞變，乃自外還，晝伏匿山中，夜宿王洛兒家。……紹募人求訪嗣，欲殺之。獵郎叔孫俊與宗室疏屬拓跋磨渾自云知嗣所在，紹使帳下二人與之偕往；俊、磨渾得出，即執帳下詣嗣，斬之。俊，建之

〔註36〕《魏書》卷15〈衛王儀傳〉，頁371。衛王儀謀反之事，可參見同書卷2〈太祖紀〉，頁44；卷27〈穆崇傳〉，頁662。

〔註37〕《魏書》卷15〈昭成子孫・衛王儀傳〉，頁371。

〔註38〕《通鑑》卷115〈晉紀三十七〉，安帝義熙五年，頁3623～3624。

子也。王洛兒爲嗣往來平城，通問大臣，夜，告安遠將軍安同等。眾
聞之，……爭出奉迎。嗣至城西，衛士執紹送之。嗣殺紹及其母賀氏，
并誅紹帳下及宦官宮人爲內應者。……嗣即皇帝位，詔長孫嵩與北新
侯安同、山陽侯奚斤、白馬侯崔宏、元城侯拓跋屈等八人坐止車門右，
共聽朝政，時人謂之八公。屈，磨渾之父也。……以王洛兒、車路頭
爲散騎常侍，叔孫俊爲衛將軍。拓跋磨渾爲尚書，皆賜爵郡、縣公。

引文中幫助齊王嗣平亂出現之人名，以及齊王嗣即位後的封賞，如八公等人，
這些都是幫助齊王嗣即位的力量。

首先看到王洛兒、車路頭的東宮僚屬對齊王嗣的保護。《魏書·王洛兒
傳》云：〔註39〕

王洛兒，京兆人也。少善騎射。太宗（明元帝）在東宮，給事帳下。……
元紹之逆，太宗左右唯洛兒與車路頭而已。……太宗還宮，社稷獲
乂，洛兒有功焉。

《魏書·車路頭傳》載：〔註40〕

車路頭，代人也。少以忠厚選給東宮，爲太宗帳下帥。……天賜末，
太宗出於外，路頭隨侍竭力。

據上引文，王洛兒、車路頭皆爲齊王嗣東宮僚屬，在齊王嗣出逃於外時，他
們隨侍保護。

其次爲宗室拓跋屈、拓跋磨渾父子，二人雖爲拓跋宗室，不過已是國之疏
族，〔註41〕宗室中血緣最近者乃道武帝之弟、齊王嗣叔父陰平王烈，史載其事
如下：〔註42〕

元紹之逆，百僚莫敢有聲，惟烈行出外，詐附紹募執太宗。紹信之，
自延秋門出，遂迎立太宗。以功進爵陰平王。

陰平王烈迎立齊王嗣立下大功，這是他進爵爲王的主要原因，而齊王嗣獲得
宗室近親遠枝的支持，相較之下，清河王紹失去了宗室的支持。

再其次爲代人貴族，如叔孫俊、安同、長孫嵩、奚斤等人。叔孫俊爲代
人：〔註43〕

〔註39〕《魏書》卷34〈王洛兒傳〉，頁799。
〔註40〕《魏書》卷34〈車路頭傳〉，頁800。
〔註41〕參見《魏書》卷14〈神元平文諸帝子孫·拓跋屈傳〉，頁364～365。
〔註42〕《魏書》卷15〈昭成子孫·陰平王烈傳〉，頁374。
〔註43〕《魏書》卷29〈叔孫建傳〉，頁705。

字醜歸，少聰敏。……太祖（道武帝）崩，清河王紹閉宮門，太宗
（明元帝）在外。紹逼（叔孫）俊以爲己援。俊外雖從紹，內實忠
款，仍與元磨渾等說紹，得歸太宗。

叔孫氏本爲乙旃氏，〔註44〕屬帝室十姓之一，在北魏初年地位很高。和叔孫
俊、拓跋磨渾暫時服從清河王紹者，尚有長孫翰，乃長孫肥之子，《魏書·長
孫肥傳》：〔註45〕

長孫肥，代人也。……太祖之在獨孤及賀蘭部，肥常侍從，禦侮左
右，太祖深信仗之。……翰，少有父風。……太宗之在外，（長孫）
翰與磨渾等潛謀奉迎。太宗即位，遷散騎常侍，與磨渾等拾遺左右。

從陰平王烈、拓跋磨渾、叔孫俊、長孫翰等宗室貴族來看，他們均先與清河
王紹虛與委蛇，再趁機逃離清河王紹歸附齊王嗣，可見清河王紹無法得到宗
室貴族力量支持。清河王紹雖獲得長孫嵩等暫時服從，那是因這些宗室貴族、
朝臣不知清河王紹發動政變之力量，不久後即知清河王紹僅有帳下左右數十
人，遂紛紛棄清河王紹投齊王嗣。另外，道武帝欲以齊王嗣爲儲君，魏廷內
外皆知，齊王嗣已獲得皇位繼承人名位，更勝清河王紹一籌，加上清河王紹
弒父、弒君，乃封建王朝大逆不道之事，雖北魏漢化未久，但此行爲也引起
諸多不滿，清河王紹當然得不到宗室貴族支持，最後遭齊王嗣所殺。拓跋氏
從部落聯盟開始，因爭奪皇位繼承引起弒父之舉，清河王紹之前有二起，弒
父之人不僅無法登大寶，反而遭人所殺，如下表：

表六：拓跋氏因爭奪皇位弒父者比較表

弒父者	君父	爭奪皇位是否成功	結果	出處：《魏書》
拓跋六脩	弒其父穆帝猗盧	失敗	爲拓跋普根所滅	卷1〈序紀〉，頁9。
拓跋寔君	弒其父昭成帝什翼犍	失敗	爲苻堅轘於長安西市	卷15〈昭成子孫·寔君傳〉，頁369。
清河王紹	弒其父道武帝	失敗	爲其兄齊王嗣所殺	卷3〈太宗紀〉，頁49。

〔註44〕　《魏書》卷113〈官氏志〉：「（獻帝）又命叔父之胤曰乙旃氏，後改爲叔孫氏。」
頁3006。
〔註45〕　《魏書》卷14〈長孫肥傳〉，頁651～653。

再看安同、長孫嵩、奚斤等人，《魏書‧安同傳》：〔註46〕

> 安同，遼東胡人。……同頻使稱旨，遂見寵異，以爲外朝大人，與和跋等出入禁中，迭典庶事。太祖（道武帝）班賜功臣，同以使功居多。……清河王紹之亂，太宗（明元帝）在外，使夜告同，令收百工伎巧，眾皆響應奉迎。

《魏書‧長孫嵩傳》：〔註47〕

> 長孫嵩，代人也，太祖賜名焉。……太祖承大統，復以爲南部大人。累著軍功。……歷侍中、司徒、相州刺史，封南平公，所在著稱。太宗即位，與山陽侯奚斤、北新侯安同、白馬侯崔宏等八人坐止車門右，聽理萬機，故世號八公。

《魏書‧奚斤傳》：〔註48〕

> 奚斤，代人也。……登國初，與長孫肥等俱統禁兵。……皇始初，……，典宿衛禁旅。

奚斤、長孫肥皆曾掌禁旅，長孫肥卒於天賜五年（西元408年）。禁軍職司宮衛安全，歷來在宮廷政變中均佔重要地位，雖然史傳未載清河王紹弒逆時禁軍統領是誰，但奚斤既曾掌禁旅，禁軍中必有許多帳下故舊，藉其影響力，禁軍立場偏向齊王嗣成分居多，《魏書‧清河王紹傳》載：〔註49〕

> 太宗（明元帝）在外，聞變乃還，……，眾皆響應。太宗至城西，衛士執送紹。於是賜紹母子死。

清河王紹爲衛士所執，表明禁軍支持齊王嗣，相反地，清河王紹未得禁軍兵權以致失敗，若掌握禁軍，齊王嗣連平城都無法進入，遑論和清河王紹對抗，由此可見，禁軍在政變中之重要性可見一斑。

安同、長孫嵩、奚斤皆爲國之重臣，或掌重兵、或居要職，稱的上是代人貴族領袖，他們均受道武帝提拔，故對清河王紹弒道武帝，基於情感不太可能支持清河王紹，雖然長孫嵩、奚斤本傳中並未明載二人對齊王嗣平亂過程中的支持，但從他們在明元帝即位後同爲八公，續受重用，且子孫後嗣仍受北魏恩寵來看，〔註50〕長孫嵩、奚斤支持明元帝是可想像的。否則在明元

〔註46〕 《魏書》卷30〈安同傳〉，頁712。
〔註47〕 《魏書》卷25〈長孫嵩傳〉，頁643。
〔註48〕 《魏書》卷29〈奚斤傳〉，頁697。
〔註49〕 《魏書》卷16〈道武七王‧清河王紹傳〉，頁390。
〔註50〕 參見《魏書》卷29〈奚斤傳〉，頁700～702；卷25〈長孫嵩傳〉，頁643～649。

帝繼位後，若長孫嵩、奚斤支持清河王紹，就算不予誅殺，明元帝也不可能持續重用。

　　至於唯一漢人崔宏在這皇位繼承過程中的角色，據《魏書・崔玄伯傳》載：

　　崔玄伯，清河東武城人也，名犯高祖（孝文帝）廟諱。……太祖（道武帝）崩，太宗（明元帝）未即位，清河王紹聞人心不安，大出財帛班賜朝士。玄伯獨不受。太宗即位，命玄伯居門下，……以不受紹財帛，特賜帛二百匹。

崔宏雖然居門下，應僅是備諮詢角色，北魏為胡人政權，在胡漢分立下，且拓跋氏漢化尚淺，不可能賦予漢人政治權力，對無政治實權的漢臣而言，他們對皇位繼承影響不大。

　　綜上所述，明元帝能繼位，是各種力量支持的結果，茲將影響明元帝即位因素表列如下：

表七：影響拓跋嗣即位因素分析表

因　　素	內　　　　　容
拓跋宗室	陰平王烈、拓跋磨渾等宗室，棄清河王紹奔齊王嗣。
代人貴族	叔孫俊、安同、長孫嵩、奚斤、長孫翰等代人貴族均支持齊王嗣。
儲君名位	道武帝以齊王嗣為皇儲，魏廷內外盡知。
禁軍	奚斤曾掌禁旅，運用影響力使禁軍支持齊王嗣，而清河王紹最終為禁軍兵士所執。
東宮僚屬	王洛兒、車路頭於齊王嗣出逃在外時，隨侍保護。

這五種力量有強有弱，且交互影響。大致而言，拓跋宗室、代人貴族力量最強，宗室貴族代表的是部落聯盟時諸部大人勢力。北魏初創，部落聯盟君長經諸部大人推舉舊制，必深刻影響道武帝時之北魏，而拓跋諸部落經道武帝多次離散諸部後，〔註51〕游牧型態之部落已漸為國家編戶，諸部大人則為魏廷重臣，或掌重兵、或操權柄，在政治上仍有重大影響力，故對皇位繼承依舊有重大影響。拓跋宗室間最重要者乃陰平王烈，他為道武帝最親之近屬；代人貴族則推長孫嵩為首，他們二人之向背，影響拓跋宗室與代人貴族支持

〔註51〕道武帝離散諸部措施，可參見田餘慶，《拓跋史探》兩篇文章，〈賀蘭部落離散問題〉，頁62～76；〈獨孤部落離散問題〉，頁77～91。以及李憑，《北魏平城時代》，第一章第二節〈離散諸部考〉，頁36～60。

齊王嗣，故清河王紹之敗亡早可預見。長孫嵩在道武帝面對拓跋寔君之子爭位時，選擇效忠道武帝，使道武帝獲得代人貴族支持，順利擊敗拓跋寔君之子；面對齊王嗣與清河王紹時，他同樣選擇齊王嗣，長孫嵩一人身繫兩代皇位繼承關鍵，其人可謂重矣。

拓跋宗室與代人貴族何以棄清河王紹支持齊王嗣，一個很重要原因是齊王嗣的儲君名位。道武帝欲仿漢制預立儲君，殺齊王嗣生母劉貴人後，齊王嗣儲君之位天下盡知，而清河王紹弒父、弒君大逆不道之行為，乃天理不容應遭唾棄，故在春秋名份上遠遜於齊王嗣，加上清河王紹僅有帳下左右數十人追隨，拓跋宗室與代人貴族選擇齊王嗣是理所當然。儲君名位乃一潛在影響，雖看不到具體力量，卻影響拓跋宗室與代人貴族等勢力之選擇。

禁軍向來是宮廷政變成敗關鍵，清河王紹無法掌控禁軍，註定失敗的命運。另外，王洛兒、車路頭等東宮僚屬對齊王嗣的保護，發揮的力量有如拓跋珪之母賀氏，在拓跋珪顛沛流離時對其之保護，不同的是，賀氏相當程度依靠外家賀蘭部的力量，王洛兒、車路頭則是發揮他們己身力量。至於漢人士大夫，因無法掌握政治實權，終北魏一朝對皇位繼承影響，是沒有太大力量的。

第二節　「太子監國」制的受益者：太武帝

一、明元帝立拓跋燾為太子

拓跋氏進入北魏王朝第一次的皇位繼承在動盪不安中結束，道武帝遭其子清河王紹所弒，清河王紹又為其兄齊王嗣所殺。明元帝拓跋嗣經過一番波折即位後，對繼位過程中產生的動亂必然有所體悟，如何平順傳承皇位，成為明元帝首要目標。隨著拓跋氏漢化腳步，皇位繼承不可避免受中原王朝繼承方式影響，明元帝對皇位繼承人的思考，已從部落聯盟轉從中原王朝的角度，不只明元帝，其父道武帝亦是如此，這是游牧民族進入中原後，必然面對的繼承問題。明元帝追隨其父道武帝腳步，貫徹父子相承，這除了當時北魏客觀環境需要外，也與他本人愛慕漢文化有關，明元帝非但不排斥漢文化，相反地，更積極追求中原王朝的典章制度，《魏書·太宗紀》載：〔註52〕

〔註52〕《魏書》卷3〈太宗紀〉，頁64。

　　（明元）帝禮愛儒生，好覽史傳，以劉向所撰新序、說苑於經典正

義多有所闕，乃撰新集三十篇，採諸經史，該洽古義，兼資文武焉。

出身鮮卑的明元帝對漢文化的喜愛與研究已達到相當精深的地步，所以用中
原王朝的父子相承制取代拓跋氏的部落舊制，明元帝是欣然接受的。而明元
帝親身經歷清河王紹的政變，必然瞭解他是在哪些勢力的支持下才能平亂即
位，拓跋宗室和代人貴族是最重要的兩支力量，對皇位威脅最大的也是他們。
代人貴族以長孫嵩為首，他在道武帝和拓跋寔君之子爭位、明元帝與清河王
紹爭位中均發揮關鍵力量，故明元帝對皇位繼承方式，最在乎者乃長孫嵩意
見，《魏書・長孫嵩傳》：〔註53〕

　　太宗（明元帝）寢疾，問後事於（長孫）嵩，嵩曰：「立長則順，以

　　德則人服，今長皇子（拓跋燾）賢而世嫡，天所命也，請立。」乃

　　定策禁中。於是詔世祖（太武帝）臨朝監國，嵩為左輔。

明元帝欲以皇長子拓跋燾為太子，而長孫嵩對太子人選亦提出拓跋燾，和明
元帝不謀而合。中原王朝嫡長子繼承制，不僅影響對漢文化頗為喜愛的明元
帝，連生長在草原文化的長孫嵩亦深受影響。從長孫嵩之語觀之，「立長則順」
代表的是長子繼承名正言順，長子只有一位，皇位亦是唯一，可避免其餘諸
子對皇位的覬覦。部落聯盟時雖已朝向父子相承、長子繼承的方向走，但未
形成制度與法則，以致君位繼承之際動亂頻傳。而道武帝創建北魏後，透過
離散諸部等措施，中央威權增加，皇權強化，北魏君王權力已非昔日部落聯
盟君長可比。長孫嵩歷經拓跋氏由部落聯盟至北魏王朝的轉變，深知皇位繼
承人若未定容易引起動亂，故提出以拓跋燾為儲君，仿漢制早定名分，避免
其餘諸子各引勢力競逐皇位。

　　明元帝獲得長孫嵩支持，代人貴族對拓跋燾為皇儲幾可確定無反對意見，
接著要看拓跋宗室對拓跋燾繼承皇位的威脅程度。明元帝雖然剷除清河王紹繼
承皇位，但是宗室間皇位競爭的危險仍然存在。其因在於父子相承並未成為皇
位繼承準繩，有實力、有威望的宗室都可問鼎皇位。拓跋燾為明元帝長子，故
明元帝諸子皆比拓跋燾年幼，明元帝又有以拓跋燾為皇儲之意，且代表代人貴
族勢力的長孫嵩表態支持，故拓跋燾諸弟對其威脅不大。至於拓跋燾叔父，明
元帝諸弟皆比拓跋燾年長，多位在道武帝時均已封王，他們對拓跋燾的威脅不
可等閒視之。明元帝於泰常七年（西元 422 年）五月立拓跋燾為皇太子並臨朝

〔註53〕　《魏書》卷 25〈長孫嵩傳〉，頁 644。

聽政，〔註54〕在此之前，拓跋燾尚有幾位叔父在世呢？道武帝共有十子，〔註55〕其中二子早夭，另八子分別是：明元帝、清河王紹、河間王脩、長樂王處文、陽平王熙、河南王曜、廣平王連、京兆王黎。明元帝發動政變殺清河王紹後即位，故明元帝在位期間尚有六王，其中四王在明元帝立拓跋燾為太子前過世。河間王脩〔註56〕、長樂王處文〔註57〕，兩人均死於泰常元年（西元 416 年）；泰常六年（西元 421 年）陽平王熙卒〔註58〕；泰常七年（西元 422 年）河南王曜卒〔註59〕，這四王過世的時候均很年輕，長樂王處文十四歲、河南王曜二十二歲、陽平王熙二十三歲〔註60〕，河間王脩去世的年齡不見記載，但是他在《魏書・道武七王列傳》中的排序在長樂王處文之上、河南王曜之下，河間王脩死於泰常元年（西元 416 年），泰常元年河南王曜十六歲、長樂王處文十四歲，故河間王脩死時年齡應在十四歲至十六歲之間，這四王有些人有一定才能，在宗室間擁有聲望，《魏書・陽平王熙傳》載：〔註61〕

> 陽平王熙，天興六年（西元 403 年）封。聰達有雅操，為宗屬所欽重。太宗（明元帝）治兵於東部，詔熙督十二軍校閱，甚得軍儀。太宗嘉之，賞賜隆厚。後討西部越勤，有功。泰常六年（西元 421 年）薨，時年二十三。

《魏書・河南王曜傳》：〔註62〕

> 河南王曜，天興六年（西元 403 年）封。五歲，嘗射雀於太祖（道武帝）前，中之。太祖驚嘆焉。及長，武藝絕人，與陽平王熙等並督諸軍講武，眾咸服其勇。泰常七年（西元 422 年）薨，時年二十二。

陽平王熙和河南王曜兩人的武功和威望在宗室間均有一定影響力，明元帝雖是繼承其父道武帝之皇位，但過程曲折，且是經過政變而獲得，加上父子相承制未成制度，拓跋氏皇位繼承舊俗仍有影響，因此有實力威望的宗室，均

〔註54〕《魏書》卷 3〈太宗紀〉：「（泰常七年）五月，詔皇太子臨朝聽政。」頁 62。
〔註55〕參見《魏書》卷 16〈道武七王列傳〉，頁 389。
〔註56〕參見《魏書》卷 16〈道武七王・河間王脩傳〉，頁 399。
〔註57〕參見《魏書》卷 16〈道武七王・長樂王處文傳〉，頁 399。
〔註58〕參見《魏書》卷 16〈道武七王・陽平王熙〉，頁 391。
〔註59〕參見《魏書》卷 16〈道武七王・河南王曜傳〉，頁 395。
〔註60〕此三王過世年齡，是依據《魏書》卷 16〈道武七王列傳〉中陽平王熙、河南王曜、長樂王處文三人本傳推算。
〔註61〕《魏書》卷 16〈道武七王・陽平王熙傳〉，頁 390～391。
〔註62〕《魏書》卷 16〈道武七王・河南王曜傳〉，頁 395。

有資格繼承皇位。四王死亡的原因在相關史籍中均無記載，如此年輕即去世，不免啓人疑竇，但無論如何，拓跋燾四位年長叔父早亡，對其繼承皇位威脅大減。現任君王的兄弟若太多，對未來皇位繼承人能否順利即位，容易發生變數，這些儲君的叔父們，年齡、威望通常都高於儲君，對儲君之即位會產生壓力。事實上，不僅儲君父輩兄弟，連祖父輩兄弟都會挑戰儲君之繼承權，若父系皇帝的兄弟在世者少，對儲君之即位會較有利。〔註63〕

　　除了上述四王死於明元帝時外，另外兩王死於太武帝時，廣平王連死於始光四年（西元424年）；〔註64〕京兆王黎死於神䴥元年（西元428年）。〔註65〕此二王為道武帝諸子中排行最末之兩位，明元帝時年紀尚幼，廣平王連和京兆王黎受封於天賜四年（西元407年）〔註66〕，距泰常七年（西元422年）明元帝以拓跋燾為太子時已有十五年，可知泰常七年時二王至少有十六歲，而此時拓跋燾十五歲。〔註67〕此二王和拓跋燾年齡相距甚小，加上拓跋燾有皇太子名分監國，逐漸掌握官僚系統並熟悉政治運作，二王的存在，相形之下威脅較小。

　　明元帝欲仿漢制立太子，對拓跋氏而言乃從未有之經驗，故策立皇太子之儀禮，就需要漢臣輔弼，同時明元帝也需要漢臣對冊立太子之看法與意見，而崔浩就成為明元帝諮詢顧問的對象，崔浩出身北方世族第一高門清河崔氏，《魏書》其本傳載曰：〔註68〕

　　　　崔浩，字伯淵，清河人也，白馬公玄伯之長子。少好文學，博覽經
　　　　史，玄象陰陽，百家之言，無不關綜，研精義理，時人莫及。

崔浩出身世族家學淵源，具有很高的文化修養，對漢王朝的興衰和典章制度十分熟悉。明元帝對皇位繼承的憂心，崔浩完全看在眼裡，深受漢文化薰陶的崔浩，一心想替北魏建立和中原王朝一樣父子相承的皇位繼承制，這點和

〔註63〕　Andrew Eisenberg 曾對北魏歷代君王在位時，其父系皇帝兄弟的存世情形做一
　　　　　統計，參見氏著〈Retired Emperorship Medieval China: The Northern Wei〉，收
　　　　　於 'T'oung Pao LXXVII'，1991，頁 47。
〔註64〕　《魏書》卷 16〈道武七王・廣平王連傳〉，頁 400。
〔註65〕　《魏書》卷 16〈道武七王・京兆王黎傳〉，頁 401。
〔註66〕　參見《魏書》卷 2〈太祖紀〉，頁 43；卷 16〈道武七王・廣平王連傳〉，頁 400；
　　　　　卷 16〈道武七王・京兆王黎傳〉，頁 401。
〔註67〕　據《魏書》卷 4 上〈世祖紀上〉載拓跋燾生於天賜五年（408），故泰常七年
　　　　　（422）時為十五歲，頁 69。
〔註68〕　《魏書》卷 35〈崔浩傳〉，頁 807。

明元帝不謀而合。明元帝因「恒有微疾，怪異屢見。」〔註69〕乃透過中貴人密問崔浩身後之事時，崔浩提出他的建言，建議明元帝早定皇儲，《魏書・崔浩傳》載：〔註70〕

> 自聖化龍興，不崇儲貳，是以永興之始，社稷幾危。今宜早建東宮，選公卿忠賢陛下素所委仗者使爲師傅，左右信臣簡在聖心者以充賓友，入總萬機，出統戎政，監國撫軍，六柄在手。若此，則陛下可以優遊無爲，頤神養壽，進御醫藥。……今長皇子燾，年漸一周，明叡溫和，眾情所繫，時登儲貳，則天下幸甚。

從五胡亂華開始，北方長期陷入少數民族統治之下，而崔浩自己和其父、祖都在少數民族政權後燕、北魏出仕官職，對少數民族政權的特殊政情有很深刻的瞭解，故崔浩歷任魏廷諸官職都能升任，且很快獲得道武帝信任，《魏書・崔浩傳》載：〔註71〕

> 天興中，給事秘書，轉著作郎。太祖（道武帝）以其工書，常置左右。太祖季年，威嚴頗峻，宮省左右多以微過得罪，莫不逃隱，避目下之變。（崔）浩獨恭勤不息，或終日不歸。太祖知之，輒命賜以御粥。

崔浩瞭解少數民族進入中原建立政權後，常因繼承問題引發政治動盪，加上目睹道武帝末年的動亂，「是以永興之始，社稷幾危。」指的就是清河王紹弒逆，讓國家陷入傾覆危機。故崔浩建議明元帝預立太子，而立太子的標準是「立子以長」，所以應立長子拓跋燾爲太子。在太子確立後，應令其「入總萬機，出統戎政，監國撫軍。」崔浩也瞭解到拓跋氏在部落聯盟時以實力取向的繼位原則，若無實力，皇位容易爲他人所奪，故建議明元帝需培養拓跋燾政治實力，即建立太子監國的制度。崔浩對道武帝末年的政治動亂有深刻體認，所以他才能總結歷史經驗，參酌中原王朝的方式，針對明元帝憂心的皇位繼承問題，適時地提出建立太子制度並以太子監國的方式，解決皇位繼承問題。崔浩建議正好切中北魏皇位繼承問題核心，因此獲得明元帝的採納。

　　崔浩乃北魏漢臣之首，支持明元帝立拓跋燾爲太子，而明元帝在得到漢臣、代人貴族支持，和來自拓跋宗室的威脅也因拓跋燾幾位年長叔父相繼辭

〔註69〕《魏書》卷35〈崔浩傳〉，頁812。
〔註70〕《魏書》卷35〈崔浩傳〉，頁812～813。
〔註71〕《魏書》卷35〈崔浩傳〉，頁807。

世而減輕後，以拓跋燾爲太子，並以之爲監國的事就此確定。

　　崔浩建議建立太子制度獲得明元帝採納，而太子監國的儀式也是崔浩一手策劃，《魏書・崔浩傳》載：〔註72〕

　　　使（崔）浩奉策告宗廟，命世祖（太武帝）爲國副主，居正殿臨朝。司徒長孫嵩、山陽公奚斤、北新公安同爲左輔，坐東廂西面。浩與太尉穆觀、散騎常侍丘堆爲右弼，坐西廂東面。百僚總已以聽焉。

這段儀式進行，十分隆重又有規範，那是因策劃者乃熟悉古制之崔浩，崔浩對北魏早期政治影響極深，《魏書・崔浩傳》史臣曰：〔註73〕

　　　崔浩才藝通博，究覽天人，政事籌策，時莫之二，此其所以自比於子房也。屬太宗（明元帝）爲政之秋，值世祖（太武帝）經營之日，言聽計從，寧廓區夏。遇既隆也，勤亦茂哉。

北魏初期諸多政治措施，都由崔浩謀劃或由其推動，針對拓跋氏長久以來混亂的皇位繼承，崔浩提出參酌漢制建立太子制度，對拓跋氏皇位繼承是一項重大的改制，崔浩之功不可謂不大。

二、拓跋燾皇位繼承人之稱謂

　　明元帝於泰常七年（西元 422 年）立拓跋燾爲皇太子，據《魏書・太宗紀》所載：〔註74〕

　　　夏四月甲戌，封皇子燾爲泰平王，燾字佛釐，拜相國，加大將軍。

　　　……五月，詔皇太子臨朝聽政。是月，泰平王攝政。

明元帝以拓跋燾臨朝聽政，亦即行攝政之事，但是對於拓跋燾的身份卻前後記載不一，前面是「五月，詔皇太子臨朝聽政。」有皇太子名號出現，表示拓跋燾已被立爲皇太子，後面就不該出現「是月，泰平王攝政。」以泰平王稱呼拓跋燾。拓跋燾爲北魏首位太子，但是檢閱《魏書》〈太宗紀〉和〈世祖紀〉，卻找不到立拓跋燾爲皇太子的記載和確切時間，立太子向爲國之大事，史官必會記載其時間，有可能拓跋燾乃北魏首位太子，屬前所未有之創舉，導致史官記載有所疏漏也未可知。北魏一朝，皇位繼承人均稱皇太子，他們

〔註72〕《魏書》卷35〈崔浩傳〉，頁813。
〔註73〕《魏書》卷35〈崔浩傳〉，頁827。
〔註74〕《魏書》卷3〈太宗紀〉，頁61～62。

得立爲太子時間詳見下表：

表八：北魏各朝立皇太子時間表

皇太子	得立皇太子時間	是否繼位	出處：《魏書》
拓跋燾	（泰常七年、西元 422 年五月）詔皇太子臨朝聽政。是月，泰平王攝政。	是，繼位爲太武帝。	卷 3〈太宗紀〉，頁 62。
拓跋晃	延和元年（西元 432 年）春正月丙午，立爲皇太子。	否，憂死。	卷 4 下〈世祖紀下附恭宗景穆帝〉，頁 107。
拓跋濬	正平元年（西元 451 年）十有二月丁丑，車駕還宮。封皇孫濬爲高陽王。尋以皇孫世嫡，不宜在藩，乃止。	是，繼位爲文成帝。	卷 4 下〈世祖紀〉下，頁 106。
拓跋弘	（太安）二年（西元 456 年）二月丁巳，立皇子弘爲皇太子。	是，繼位爲獻文帝。	卷 5〈高宗紀〉，頁 115。
元 宏	（皇興）三年（西元 469 年）夏六月辛未，立爲皇太子。	是，繼位爲孝文帝。	卷 7 上〈高祖紀〉上，頁 135。
元 恂	太和十七年（西元 493 年）七月癸丑，立恂爲皇太子。	否，孝文帝賜死。	卷 22〈廢太子恂傳〉，頁 587。
元 恪	（太和）二十一年（西元 497 年）正月甲午，立爲皇太子。	是，繼位爲宣武帝。	卷 8〈世宗紀〉，頁 191。
元 詡	延昌元年（西元 512 年）十月乙亥，立爲皇太子。	是，繼位爲孝明帝	卷 9〈肅宗紀〉，頁 221。

　　太子晃及太子恂無法繼位原因，本書在後續章節有詳細論述。至於拓跋濬無皇太子稱號，及其未立皇太子原因，乃因其父太子晃薨後，其祖父太武帝有意以拓跋濬爲皇位繼承人，所以出現「皇孫世嫡」稱呼，可惜太武帝尙未冊立太子即遭宗愛所弒。由上表可知，北魏各朝立太子均有詳細時間，但《魏書》並未有立拓跋燾爲皇太子之記載，便突然出現「皇太子」這個名詞，且泰常七年（西元 422 年）九月〔註75〕、十一月〔註76〕的記載中，又出現「泰平王」的稱謂，泰常八年（西元 423 年），五月〔註77〕和七月〔註78〕的史料記載中，卻又以「皇太子」稱呼拓跋燾，拓跋燾皇太子名號最早出現是在泰常

〔註75〕《魏書》卷 3〈太宗紀〉，頁 62。
〔註76〕《魏書》卷 3〈太宗紀〉，頁 62。
〔註77〕《魏書》卷 3〈太宗紀〉，頁 63。
〔註78〕《魏書》卷 3〈太宗紀〉，頁 63。

七年（西元 422 年）「五月，詔皇太子臨朝聽政。」既已出現皇太子名號，代表拓跋燾已是法定皇位繼承人，以後就不能以泰平王稱呼拓跋燾。拓跋燾前後乖異的稱呼，讓人無法了解明元帝是先立拓跋燾為皇太子，再命拓跋燾臨朝聽政？還是明元帝令拓跋燾臨朝聽政時，同時立為皇太子，《魏書》如此記載是否有訛誤呢？《魏書》中記載拓跋燾臨朝聽政之事，除了〈太宗紀〉外，還有〈世祖紀〉：〔註79〕

> 泰常七年（西元 422 年）四月，封泰平王。五月，為監國，太宗（明元帝）有疾，命（太武）帝總攝百揆。

同樣無立皇太子記載，甚至未出現皇太子稱號。

至於其他史料記載又是如何？《北史》和《資治通鑑》即表達相當清楚，據《北史・魏本紀》所載：〔註80〕

> （泰常）七年（西元 422 年）……初，（明元）帝服寒食散，頻年發動，不堪萬機。五月，立太平王燾為太子，臨朝聽政。

另《資治通鑑》也明白記載「立太平王燾為皇太子，使之居正殿臨朝，為國副主。」〔註81〕該段記載司馬光繫於宋武帝永初三年（西元 422 年）五月，亦即北魏明元帝泰常七年。《北史》和《資治通鑑》都清楚記載拓跋燾被立為皇太子，之後馬上臨朝，說明明元帝立太子和監國乃同時舉行，因監國自古即為太子專屬權力與義務。以此來看《魏書・世祖紀》的記載便可明白，雖拓跋燾未出現皇太子稱號，卻出現明元帝命拓跋燾「監國」，接著更「總百揆」。監國、皇儲、儲君、東宮等稱呼都是和皇太子劃上等號，《魏書・世祖紀》僅書「監國」未言「為太子」之事，這是行文的忽略，但是也說明了，當時北魏是將「監國」與「為太子」同等看待。易言之，監國是太子專屬職守，命誰「監國」即等同立誰為太子，所以史傳行文時載監國即可，因為監國者即取得皇太子身份。另外，「監國」之後馬上「總百揆」，說明拓跋燾成為皇太子後立刻臨朝聽政，這和《北史》和《資治通鑑》記載相同，立拓跋燾為太子和監國這兩件事的儀式是同時進行的。

《魏書・太宗紀》為何會在泰常七年（西元 422 年）五月後出現「皇太子」和「泰平王」兩種稱謂前後交互出現的現象，拓跋燾被立為皇太子後，「皇

〔註79〕　《魏書》卷 4 上〈世祖紀上〉，頁 69。
〔註80〕　《北史》卷 1〈魏本紀・太宗紀〉一，頁 34。
〔註81〕　《通鑑》卷 119〈宋紀一〉，武帝永初三年，頁 3746。

太子」是拓跋燾此時的正確稱謂，錯誤的應是泰平王。據《魏書·太宗紀》校勘記所言，[註82]《魏書·太宗紀》並非魏收原文，因魏收原文已佚，故取魏澹《魏書》補上。這些錯誤很可能是後人在傳抄時發生的錯誤，可能在拿魏澹《魏書》補魏收《魏書·太宗紀》時，抄錄之人或對北魏太子監國制認識不清、或對拓跋燾身份認知錯誤，均有可能將拓跋燾皇太子、泰平王兩種稱謂參差錯亂，造成訛誤。

　　《魏書·太宗紀》前文未曾提到立太子事，行文中突然出現「詔皇太子臨朝聽政。」讓人無法明瞭拓跋燾眞正的稱謂，欲消除這樣的突兀，唯有參照《北史》和《資治通鑑》補上「立泰平王燾爲皇太子」之類的詞語，才能使行文更加順暢，而此句極有可能是後人以魏澹《魏書》修補時，脫漏此句。然而無論是否有此句，泰常七年（西元 422 年）五月，明元帝立拓跋燾爲皇太子並臨朝聽政之事可確定無疑。

三、拓跋燾太子監國

　　明元帝立拓跋燾爲太子，另外更賦予監國撫軍重任，而這權力卻與中原王朝古制不同，明元帝做了部分改變。對中原王朝而言，「監國」向來是太子專屬的權力與義務，《左傳》有載：[註83]

[註82] 《魏書》卷3〈太宗紀〉校勘記〔一〕，頁64～65。列有宋人校語：魏收書〈太宗紀〉亡，史館舊本帝紀第三卷上有白簽云：「此卷是魏澹史。」案《隋書·魏澹》傳，澹之義例多與魏收不同，其一曰諱皇帝名，書太子字；四曰諸國君皆書曰卒。今此卷書封皇子燾爲泰平王，燾字佛釐。姚興、李嵩、司馬德宗、劉裕皆書卒，故疑爲澹史。又案《北史》、《高氏小史》、《修文殿御覽·皇王部》皆抄略魏收書，其間事及日有此紀不載者，《北史》本紀逐卷後論，全用魏收史臣語而微加增損，惟論明元，即與此紀史臣語全不同。故知非魏收史明矣。《崇文總目》有魏澹書一卷，今亦亡矣。豈此篇乎？

「泰常七年四月，封皇子燾爲泰平王，五月，詔皇太子臨朝聽政，是月泰平王攝政。」重複不成文。其年九月、十月再書泰平王，明年五月、七月再書皇太子，前後乖戾。今據此紀，無立泰平王爲皇太子事。〈世祖紀〉云：「四月封泰平王，五月爲監國，亦不言曾立爲皇太子。」此紀初詔聽政，便云皇太子，後更稱泰平王。惟《北史》泰常七年五月立泰平王燾爲皇太子，臨朝聽政。《小史》、《御覽》亦無立皇太子事，而自臨朝聽政後，悉稱皇太子。彼蓋出魏收史，故與此不同。隋書稱魏澹書甚簡要，不應如此重複乖戾。疑此卷雖存，亦殘缺脫誤。

另，李憑對拓跋燾稱謂亦有詳細論證，參見氏著《北魏平城時代》，頁76～87。

[註83] 左丘明著、楊伯峻編著，《春秋左傳注》（台北：中華書局，1993 年 5 月）閔

晉侯使太子申生伐東山皋落氏。里克諫曰：「太子奉冢祀社稷之粢
盛，以朝夕視君膳食也。故曰：『冢子，君行則守，有守則從，從曰
撫軍，守曰監國，古之制也。』」

上述引文簡單明確，太子監國有其條件，中原王朝實施太子監國，是皇帝率
軍親征在外，社稷不可無主，故由國君代理人皇太子留守京城，代行天子職
務，一旦國君征戰完畢回朝，皇太子監國職務隨即消失，太子監國僅是一項
權宜措施。然而明元帝沒有出征在外，仍然將政事交付拓跋燾，並選定重臣
協助，賦予監國實質權力，《魏書·崔浩傳》：〔註84〕

太宗（明元帝）避居西宮，時隱而窺之，聽其決斷，大悅，謂左右
侍臣曰：「長孫嵩宿德舊臣，歷事四世，功存社稷；奚斤辯捷智謀，
名聞遐邇；安同曉解俗情，明練於事；穆觀達於政要，識吾旨趣；
崔浩博聞強識，精於天人之會；丘堆雖無大用，然在公專謹。以此
六人輔相，吾與汝曹游行四境，伐叛柔服，可得志於天下矣。」群
臣時奏所疑，太宗曰：「此非我所知，當決之汝曹國主也。」

如上所述，明元帝將朝中政事幾乎全部交予拓跋燾，並精選朝中重要得力大
臣輔佐，不遺餘力支持拓跋燾監國，拓跋燾因而權勢日隆，幾乎等同於皇帝，
因明元帝欲在生前即將皇權釋放給太子，而且也是北魏首度有計畫的預立太
子，實施父子相承的皇位繼承制。另外明元帝雖有「游行四境，伐叛柔服」
之語，但未率軍在外征戰時，拓跋燾仍然以太子身份監國，這可從「太宗避
居西宮，時隱而窺之。」得到印證，拓跋燾決斷國政時，明元帝並未離開平
城，這點與中原王朝古制不同，可知明元帝以拓跋燾監國是常態性的，已經
超越了古制暫時性的權宜措施。

　　明元帝將太子監國固定化，他和拓跋燾之間的權力分配如何，是否會有
衝突？由明元帝命拓跋燾「總百揆」來看，拓跋燾確實有內政裁決權，但是
明元帝畢竟是至尊皇帝，最後決定權還是掌握在明元帝手中。至於軍事，在
明元帝「游行四境，伐叛柔服」御駕親征時，拓跋燾的角色是留守平城監國，
軍隊的調度仍然由明元帝掌控，拓跋燾可能擔任後勤補給等次要的軍事工
作。誠如窪添慶文主張：重大的軍事問題由明元帝決定，重要性較低的案件
才交由監國處理。至於內政，從監國期間的內政決策皆可見詔這點來看，最

　　　　公二年，頁 268。
〔註84〕《魏書》卷 35〈崔浩傳〉，頁 813。

後的決定權還是由明元帝掌握。〔註85〕故明元帝時的太子監國，皇帝和監國的分工，應是重大決策交由皇帝裁斷，監國也負擔一部份軍事任務，皇帝則握有內政上的最終決策權。

明元帝是道武帝長子，但是他的皇位也是經過政變從清河王紹手中奪取。明元帝即位後，因親身經歷皇位奪權的政治動亂，對其中癥結了然於胸，所以才會想在生前確立皇位繼承人，這是他的主觀認知。至於明元帝的客觀條件，則因他「恒有微疾」且「療治無損」，還擔心「一旦奄忽」，可見明元帝身體狀況並非很好。在主觀認知與客觀條件下，促使明元帝急欲冊立太子，冊立太子後更積極鞏固太子地位，交付諸多政治權力，將皇權逐步釋放，慢慢轉移至拓跋燾手中。

明元帝建立太子監國制度，現實意義，即是在生前將最高政治權力轉移至太子身上，使太子繼承皇位成為既定事實，對天下有宣示作用，防止他人覬覦皇位。而更深一層意義則是以父子相承制取代拓跋舊俗的諸部大人推舉制，亦即以漢制改革了拓跋舊制，使皇位繼承穩定下來，事後證明明元帝高瞻遠矚。明元帝於泰常七年五月（西元 422 年）立拓跋燾為皇太子，並賦予監國重任，隔年十月明元帝即崩逝，年僅三十二歲，〔註86〕可見他對自己「恒有微疾」、「療治無損」、「一旦奄忽」的擔憂不是沒有道理。而此時拓跋燾剛好監國一年半，這段時間拓跋燾已逐漸掌握政治權力，故能順利即位，未發生任何政治動亂，也無任何宗室諸王有足夠力量與拓跋燾爭位，這都要歸功於明元帝的太子監國制度。

明元帝親身經歷「子貴母死」制之殘忍，他是否會奉行道武帝訂下的制度，擇定皇位繼承人時賜死其生母，拓跋燾生母為杜氏：〔註87〕

> 明元密皇后杜氏，魏郡鄴人，陽平王超之妹也。初以良家子選入太
> 子宮，有寵，生世祖（太武帝）。及太宗（明元帝）即位，拜貴嬪。

首先看幾段時間，拓跋燾生於天賜五年（西元 408 年）；〔註88〕得立皇太子是泰常七年（西元 422 年）；〔註89〕拓跋燾生母杜氏薨於泰常五年（西元 420 年），

〔註85〕 參見窪添慶文，《魏晉南北朝官僚制研究》（東京：汲古書院，2003 年 9 月），第七章〈北魏の太子監國制度〉，頁 196～197。

〔註86〕 參見《魏書》卷 3〈太宗紀〉，頁 64。

〔註87〕 《魏書》卷 13〈皇后・明元密皇后杜氏〉，頁 326。

〔註88〕 參見《魏書》卷 4 上〈世祖紀上〉，頁 69。

〔註89〕 參見《魏書》卷 4 上〈世祖紀上〉，頁 69。

〔註 90〕杜氏卒年與拓跋燾生年相差十二年，杜氏卒後兩年，拓跋燾才被立爲皇
太子，史傳並未詳載其死因：「泰常五年（西元 420 年）薨，謚曰貴嬪，葬雲中
金陵。」〔註 91〕《魏書》僅以薨字帶過，很難探究其死因。拓跋燾爲明元帝長
子，若明元帝欲以拓跋燾爲皇位繼承人，在拓跋燾出生至杜氏卒這十年間應該
就會賜死杜氏，不會長達十年皆無動作，有可能是明元帝對這種違反倫常的厭
惡，且不願以自身痛苦經驗加諸自己兒子身上，故不願執行道武帝訂下的「子
貴母死」制。若明元帝欲以拓跋燾爲太子賜死杜氏，何必於泰常五年（西元 420
年）殺杜氏後兩年（西元 422 年）再立拓跋燾爲皇太子，應該是賜死生母與立
皇太子同時進行，間隔兩年不甚合理。魏收讚揚明元帝「抱純孝之心」，〔註 92〕
可見明元帝生性仁慈，極有可能反對「子貴母死」制，但是因史籍記載簡略，
杜氏是死於「子貴母死」制？或因其他事故而薨？則難以判斷。〔註 93〕

四、拓跋燾順利即位之因素

泰常八年（西元 423 年）十一月，明元帝崩，以太子之位監國一年半的
拓跋燾在平和中繼位，是爲太武帝。太子監國制完成了使命，這也是北魏平
城時代沒有政變相隨的一次皇權交替，甚至是拓跋史上難得的皇位順利傳
承，由此可見明元帝建立的太子監國制度，對父子相承制起了很大的保障作
用，至於讓拓跋燾順利繼位的因素有哪些？表列如下：

表九：影響拓跋燾即位因素分析表

因　素	內　　容
明元帝意志	立長子拓跋燾爲皇太子，實行太子監國制，將皇權逐步轉移。
代人貴族	代人貴族領袖長孫嵩支持明元帝立拓跋燾爲皇太子。
官僚體系	拓跋燾監國後，逐漸掌握官僚體系。
拓跋宗室	拓跋燾自明元帝手中掌握政治權力，宗室諸王沒有人的實力能大過拓跋燾。

〔註 90〕《魏書》卷 13〈皇后・明元密皇后杜氏〉，頁 326。
〔註 91〕《魏書》卷 13〈皇后・明元密皇后杜氏〉，頁 326。
〔註 92〕《魏書》卷 3〈太宗紀〉，頁 64。
〔註 93〕李憑主張杜氏是因「子貴母死」制而死，見氏著《北魏平城時代》，頁 160～
161。另，蔡幸娟亦持相同看法，見氏著《北朝女主政治與內廷職官制度研究》
（台北：台灣大學歷史學研究所博士論文，1998 年 9 月），頁 128～129。

上述四個因素可說是環環相扣，其中最關鍵、最重要者乃明元帝意志。明元帝不僅以拓跋燾爲皇位繼承人，並以實際作爲將有可能妨礙拓跋燾繼位的因素排除，明元帝自身是經過政變擊敗清河王紹取得皇位，深知實力的重要，故明元帝平時雖在平城，並未率軍外出征戰，仍命拓跋燾監國，在生前逐步將皇權釋放，培養拓跋燾政治實力，明元帝的意志及其作爲，成爲拓跋燾順利即位最關鍵的因素。

能否得到拓跋宗室和代人貴族的支持也是一大關鍵因素，明元帝不敢輕忽這個因素，在長孫嵩表態支持立拓跋燾爲皇太子後，明元帝立儲之舉可謂成功大半，長孫嵩在代人貴族間享有極高聲望，從棄拓跋寔君之子投歸道武帝；清河王紹弑逆時雖暫表服從，仍暗中支持明元帝；到支持立拓跋燾爲皇太子，顯示皇位繼承之際，長孫嵩舉措成爲關鍵力量，也代表在北魏前期，這批代人貴族尚有部落聯盟時期諸部大人的影響力，國君必須重視他們對儲君的意見。至於拓跋宗室，宗室諸王雖是影響拓跋燾皇位最危險的因素，但隨著拓跋燾幾位年長有威望的叔父相繼死亡，加上拓跋燾監國後掌握官僚體系，政治權力勝過任何一位宗室諸王，況且拓跋氏建立北魏後，欲以中原王朝父子相承取代拓跋舊俗的繼承方式，已歷三代，父子相承已逐漸成爲準則，其餘旁支宗室也瞭解，想以實力競逐皇位，客觀環境已不允許。而拓跋燾諸弟，〔註94〕年紀均比他小，實力又不足，自然無法和拓跋燾競爭。

漢人士大夫在北魏沒有政治實權，對皇位繼承影響不大，但是在立太子的儀禮中，就需要漢臣參酌中原王朝之儀式，正如前文所述崔浩的角色，雖然崔浩亦贊成以拓跋燾爲皇太子，但是漢臣的意見，對北魏君主來說只能當作輔助性意見，無法和代人貴族長孫嵩的看法相比。至於官僚體系，在拓跋燾監國後已爲其服務，加上拓跋燾有皇太子名份，掌控官僚體系當然不成問題。

第三節　文成帝平定太武帝崩後之亂局

一、太武帝以拓跋晃爲嗣君

泰常八年（西元 423 年）十一月，明元帝崩，以太子之位監國一年半的拓跋燾順利繼位，是爲太武帝。太武帝即位過程平順祥和，沒有任何政治變

〔註94〕太武帝有六位弟弟。參見《魏書》卷 17〈明元六王列傳〉，頁 413。

動與不安，這都是明元帝實施太子監國制的結果，太武帝是太子監國制最大的受益者，見賢思齊，太武帝亦欲早立其長子爲太子，逐步轉移政治權力，實施太子監國制。

　　太武帝於延和元年（西元 432 年）春正月，立年僅五歲的長子拓跋晃爲皇太子，〔註 95〕賦予合法皇位繼承人名位，此時太子晃僅爲五歲幼童，無任何政治能力，但隨著年齡增長，太武帝亦逐漸增加其政治歷練。太延五年（西元 439 年）太武帝西征涼州，以太子晃監國：「西征涼州，詔恭宗（太子晃）監國。」〔註 96〕此時太子晃已十二歲，生理、心理逐漸成熟。接著，太武帝更在太平眞君四年（西元 443 年）十一月太子晃十六歲時，進一步以其總百揆，太武帝詔書云：〔註 97〕

　　　　朕（太武帝）承祖宗重光之緒，恩闡洪基，恢隆萬世。……夫陰陽
　　　　有往復，四時有代謝。授子任賢，所以休息，優隆功臣，式圖長久，
　　　　蓋古今不易之令典也。其令皇太子副理萬機，總統百揆。

但實際太子晃之視事，乃在次年正月，《魏書・世祖紀》載：〔註 98〕

　　　　（太平眞君）五年（444）春正月壬寅，皇太子始總百揆。侍中、中
　　　　書監、宜都王穆壽，司徒、東郡公崔浩，侍中、廣平公張黎，侍中、
　　　　建興公古弼，輔太子以決庶政。諸上書者皆稱臣，上疏儀與表同。

太武帝令太子晃總百揆詔書指出，北魏皇位繼承之原則，「授子任賢」已經成爲「古今不易之令典」，魏初三帝皇位繼承均是父子相承，加上北魏王朝已建立五十餘年，浸染漢化日久，受漢民族繼承制影響也漸深，故太武帝對繼承之觀念已完全是從漢民族父子相承的觀點出發，所以才會有「古今不易之令典」之語。太武帝立長子拓跋晃爲皇太子，並逐步轉移政治權力，乃欲貫徹父子相承制，避免部落聯盟時期兄弟相傳、叔姪相承之繼承亂象。

　　事實上，太武帝這封命太子晃總百揆的詔書，是在戎馬倥傯的情形下發布。據《魏書・世祖紀》所載，〔註 99〕太武帝北伐柔然，〔註 100〕尚未班師回到平城，

〔註 95〕《魏書》卷 4 下〈世祖紀下附恭宗景穆帝〉，頁 107。
〔註 96〕《魏書》卷 4 下〈世祖紀下附恭宗景穆帝〉，頁 108。
〔註 97〕《魏書》卷 4 下〈世祖紀下〉，頁 96。
〔註 98〕《魏書》卷 4 下〈世祖紀下〉，頁 96～97。
〔註 99〕參見《魏書》卷 4 下〈世祖紀下〉，頁 96。
〔註 100〕柔然，亦稱「蠕蠕」，東胡之苗裔也，乃位居北魏北方之游牧民族，經常入寇
　　　　魏邊，爲北魏北方大患。「柔然」之名源自其自稱，後太武帝以其無知，狀類
　　　　於蟲，故改其號爲蠕蠕。參見《魏書》卷 103〈蠕蠕傳〉，頁 2289。

即在朔方匆匆發布太子晃總百揆詔書，命太子晃總百揆是何等慎重之事，太武帝沒有理由不在平城發布，有可能是太武帝面臨政治危機，其皇位受到挑戰。太平真君四年（西元 443 年）九月，太武帝欲伐柔然，廷議時劉潔反對，但崔浩贊同，太武帝遂從崔浩意，發兵擊柔然。〔註101〕劉潔乃長樂信都人，屬勳臣八姓之一。太武帝尚為太子時，劉潔就選侍東宮，對綜機要，深得太武帝信任，太武帝即位後，更加重用，《魏書·劉潔傳》云：〔註102〕

> 世祖（太武帝）即位，……奇其有柱石之用，委以大任。及議軍國，
> 朝臣咸推其。於是超遷尚書令，改為鉅鹿公。

可見劉潔深受太武帝寵信。而劉潔反對北伐柔然的意見未得太武帝採納，憤恨不平，因此太武帝北伐一旦不測，劉潔將擁立新君，《魏書·劉潔傳》載：
〔註103〕

> 世祖（太武帝）之征也，（劉）潔私謂親人曰：「若軍出無功，車駕
> 不返者，吾當立樂平王。」潔又使右丞張嵩求圖讖，問：「劉氏應王，
> 繼國家後，我審有名姓否？」

可見劉潔不僅想掌握皇位繼承人選，更有自己當皇帝的企圖，因其掌握中樞權柄，「朝夕在樞密，深見委任，性既剛直，恃寵自專。」〔註104〕至於樂平王丕，明元帝七子中僅次於太武帝，「少有才幹，為世所稱。太宗（明元帝）以丕長，愛其器度，特優異之。」〔註105〕樂平王丕應當在拓跋宗室、群臣間甚有威望，才能成為劉潔擁立對象。

太武帝親征柔然，兵分四路出擊，「樂安王範、建寧王崇各統十五將出東道，樂平王督十五將出西道，車駕出中道，中山王辰領十五將為中軍後繼。」
〔註106〕四路軍將會師於鹿渾谷。劉潔因意見未得太武帝重視，心生不滿，不僅遲滯魏軍行動，更將此次遠征柔然徒勞無功，歸罪於崔浩：〔註107〕

> （太武帝）與諸將期會鹿渾谷。而（劉）潔恨其計不用，欲沮諸將，
> 乃矯詔更期，故諸將不至。……師次漠中，糧盡，士卒多死。……

〔註101〕參見《魏書》卷28〈劉潔傳〉，頁 688～689；卷35〈崔浩傳〉，頁 824。
〔註102〕《魏書》卷28〈劉潔傳〉，頁 687。
〔註103〕《魏書》卷28〈劉潔傳〉，頁 689。
〔註104〕《魏書》卷28〈劉潔傳〉，頁 688。
〔註105〕《魏書》卷17〈明元六王·樂平王丕傳〉，頁 413。
〔註106〕《魏書》卷103〈蠕蠕傳〉，頁 2294。
〔註107〕《魏書》卷28〈劉潔傳〉，頁 689。

潔以軍行無功，奏歸罪於崔浩。世祖（太武帝）曰：「諸將後期，及
賊不擊，罪在諸將，豈在於浩。」浩又言潔矯詔，事遂發。輿駕至
五原，收潔幽之。

劉潔一連串阻礙魏軍的舉動，使太武帝有所警覺，他可能秘密察知劉潔擁立新
君的陰謀，而中山王辰、樂安王範、樂平王丕也有參與劉潔陰謀的懷疑，從三
王之後的下場可得到合理的推論。劉潔遭太武帝夷三族，死者百餘人；〔註108〕
中山王辰，「以北伐後期，斬于都南。」；〔註109〕 樂平王丕，「後坐劉潔事，以
憂薨。」；〔註110〕 樂安王範，「後劉潔之謀，範聞而不告。事發，因疾暴薨。」
〔註111〕《魏書》所載樂安王範和樂平王丕死因頗為離奇，且是在劉潔事發後，
一個憂薨、一個暴薨，顯然非正常死亡，雖然《魏書》未載是遭太武帝所殺，
不過有可能是在太武帝的逼迫、壓力下而亡，雖二王都是太武帝親弟弟，一旦
對皇位有威脅時，手足之情亦不足恃了。

太平真君四年（西元 443 年）九月太武帝征討柔然的過程中，警覺到劉
潔和諸王圖謀皇位的陰謀，在軍行匆促尚未返抵平城之際，即下詔太子晃總
百揆，賦予他實際的政治權力。萬一太武帝真有不測，這封詔書等於宣布太
子晃是太武帝後唯一皇位繼承人，杜絕旁人的覬覦之望。北魏至太武帝時才
歷三代，長子繼承尚未成為準則，諸部擁戴傳統影響尚在，劉潔和諸王合謀
欲操縱廢立即是最明顯之例，而太武帝本身是太子監國制的受益者，在此關
鍵時刻，再次堅定太子晃的儲君之位，貫徹父子相承的繼承法則。

太子晃被立為皇太子，其生母是否因「子貴母死」制而薨？經詳細考察，
太子晃生於神䴥元年（西元428元），延和元年（西元432年）正月被立為皇
太子，而太子晃生母賀氏薨於神䴥元年（西元428年），〔註112〕可知賀氏在太
子晃出生後沒多久便薨，《魏書》未載其死因，僅以一「薨」字帶過。故賀氏
有可能因生產而卒、或生病而亡，其他任何因素皆有可能，《魏書》既未明載
賀氏死於「子貴母死」，限於史料不足，賀氏死因便不能歸類因「子貴母死」
而薨，但也有可能，只是沒有任何證據。

〔註108〕《魏書》卷 28〈劉潔傳〉，頁 689。
〔註109〕《魏書》卷 4 下〈世祖紀下〉，頁 97。
〔註110〕《魏書》卷 17〈明元六王・樂平王丕傳〉，頁 414。
〔註111〕《魏書》卷 17〈明元六王・樂安王範傳〉，頁 415。
〔註112〕《魏書》卷 13〈皇后・太武敬哀皇后賀氏傳〉，頁 327。

二、太武帝和太子晃父子衝突

太子晃雖然在太延五年（西元 439 年）監國，因年僅十二歲，名義重於實質，太平眞君五年（西元 444 年）總百揆時，年齡已十七歲，身心條件成熟，遂掌握眞正的政治權力，權勢逐漸膨脹：「自是恭宗（太子晃）所言軍國大事多見納用，遂知萬機。」〔註113〕太子晃是名正言順之皇位繼承人，太武帝又逐漸轉移政治權力，於是在太子晃發展權力的過程中，在他周圍慢慢形成東宮集團，東宮集團人數不少，〔註114〕遂蔚爲一股勢力。而東宮集團這批人，等於是太子晃嫡系部隊，多數非太武帝能直接掌握，太子晃等於自成集團。任何一位封建君王均欲掌握所有政治權力，太武帝無法掌握東宮官屬，自然容易引起太武帝猜忌，加上好事臣子搬弄是非，太子晃又不知韜光養晦暫時沉潛，太武帝和太子晃的衝突於焉產生。

太子晃總百揆後，對各級官員任免當然有自己意見，不免和太武帝及部分朝臣產生矛盾，太子晃和崔浩之間的衝突即是一例，崔浩是當時漢人士大夫領袖：〔註115〕

> 太祖（道武帝）以其工書，常置左右。……太宗（明元帝）初，拜博
> 士祭酒，賜爵武城子，常授太宗經書，……恒與軍國大謀，甚爲寵密。

崔浩自道武帝時即受重用，明元帝更令其參贊軍國大事，太武帝即位後更深受寵信：〔註116〕

> （太武帝）乃敕諸尚書曰：「凡軍國大計，卿等所不能決，皆先諮（崔）
> 浩，然後施行。」

崔浩深受太武帝信任，在北魏漢化過程中，協助釐定各項典章制度，貢獻頗大，然而他卻和太子晃因官員任免問題產生衝突，《魏書・高允傳》：〔註117〕

> 初，崔浩荐冀、定、相、幽、并五州之士數十人，各起家爲郡守。恭
> 宗（太子晃）謂浩曰：「先召之人，亦州郡選也，在職已久，勤勞未
> 答。今可先補前召外任郡縣，以新召者代爲郎吏。又，守令宰民，宜
> 使更事者。」浩固爭而遣之。（高）允聞之，謂東宮博士管恬曰：「崔
> 公其不免乎！苟逞其非，而校勝於上，何以勝濟。」

〔註113〕《魏書》卷4下〈世祖紀下附恭宗景穆皇帝〉，頁108。
〔註114〕《魏書》卷48〈高允傳〉：「今東宮誠曰乏人，儁乂不少」，頁1072。
〔註115〕《魏書》卷35〈崔浩傳〉，頁807。
〔註116〕《魏書》卷35〈崔浩傳〉，頁819。
〔註117〕《魏書》卷48〈高允傳〉，頁1069。

漢臣在少數民族政權北魏統治之下，無法掌握政治權力，而太子晃不僅為皇太子，更掌握實質政治權力，故崔浩與太子晃鬥爭的結果當然落敗，崔浩最後甚至被太武帝所殺，雖然崔浩被殺的主因並非是和太子晃的鬥爭，而是因「國史之獄」引起，〔註118〕還牽涉到複雜的胡漢民族情結，但是太子晃以太子身份在太武帝面前攻擊崔浩，起了推波助瀾的作用。由此事也反應出太武帝朝臣對權力失落的不滿，以往官員任免進退之權操之太武帝朝臣之手，在太子晃總百揆後，東宮集團介入，掌握官員任免進退，遂與原太武帝朝臣發生權力衝突。掌握官員任免權，可培養自身政治實力，這當然是東宮臣僚所欲掌控之權力。

　　太子晃不僅和外廷朝臣有所衝突，與內廷太武帝近臣宦官宗愛〔註119〕亦有很深的矛盾，據《魏書・宗愛傳》所載：〔註120〕

> 宗愛，不知其所由來，以罪為閹人，歷碎職至中常侍。……（太武帝）以愛為秦郡公。恭宗（太子晃）之監國也，每事精察。愛天性險暴，行多非法，恭宗每銜之，給事仇尼道盛、侍郎任平城等任事東宮，微為權勢，世祖（太武帝）頗聞之。二人與愛並不睦。

以一介閹宦能被太武帝封為秦郡公，可見宗愛甚受寵愛，加上以宦官身份常在太武帝左右，出入內廷方便，更容易上下其手，擅權而行非法之事。太子晃總百揆，對此情況自是無法忍受，雙方遂產生衝突。

　　高允對太武帝、太子晃因權力衝突而逐漸升高的對立有先見之明，他見宮廷內外對太子晃的流言愈來愈多，遂向太子晃諫言：〔註121〕

> 恭宗（太子晃）季年，頗親近左右，營立田園，以取其利。（高）允諫曰：「……今殿下國之儲貳，四海屬心，言行舉動，萬方所則，而營立私田，畜養雞犬，……與民爭利，議聲流布，不可追掩。……

〔註118〕關於崔浩被殺原因以及和太子晃之間的衝突，可參見周一良〈崔浩國史之獄〉一文，收於氏著《周一良集》第二卷（瀋陽：遼寧教育出版社，1998年8月）；孫同勛，〈北魏初期胡漢關係與崔浩之獄〉，收於氏著《拓拔氏的漢化及其他——北魏史論文集》（臺北：稻鄉出版社，2005年3月）；牟潤孫〈崔浩與其政敵〉，收於氏著《注史齋叢稿》（台北：台灣商務印書館，1990年6月）。

〔註119〕北魏宦官制度承襲自漢王朝，而北魏後宮制度的建立，是在北魏王朝建立的天興元年（398）之後，後宮制度之創立，是中宮制度建立之基礎，故北魏的中宮制度建立應該是在天興元年以後的事，參見鄭欽仁著，〈北魏中常侍稿——兼論宗愛事件〉，收在《北魏官僚機構研究續篇》（台北：稻禾出版社，1995年4月），頁171～185。

〔註120〕《魏書》卷94〈閹官・宗愛傳〉，頁2012。

〔註121〕《魏書》卷48〈高允傳〉，頁1071～1072。

故願殿下少察愚言，斥出佞邪，親近忠良，所在田園，分給貧下，

畜產販賣，以時收散。如此則休聲日至，謗議可除。」恭宗不納。

營立田園與民爭利對一位皇太子而言頗有可議之處，但並非大過。其實營立田園逐利並非什麼大忌，因為北魏皇帝自己也營立田園，與民爭利，〔註 122〕故太武帝對此不會有太大的反感。高允擔心真正犯太武帝忌諱的，乃太子晃過於親近左右，因東宮官屬太武帝無法直接過問，加上東宮集團勢力的不斷膨脹，佞邪之人進讒言慫恿太子晃，就更容易激起太武帝和太子晃之間的矛盾，雙方猜忌嫌隙亦愈來愈深，故高允才會建議太子晃斥逐奸邪之人，進用忠良之士，可惜太子晃並未採納。

太武帝和太子晃衝突的結果，太子晃最後憂懼而死：〔註 123〕

（宗愛）為懼（仇尼）道盛等案其事，遂構造其罪。詔斬道盛等於

都街。時世祖（太武帝）震怒，恭宗（太子晃）遂以憂薨。

太子晃之死似乎是因太武帝寵臣宗愛和東宮集團仇尼道盛、任平城之間宮廷鬥爭所引起，太子晃最後憂懼而薨。〔註 124〕然而事實並非如此單純，宗愛能夠橫行無忌，行多非法，乃是依賴太武帝對其寵愛，這和歷代宦官親近皇帝，假其威名行擅權之事如出一徹。在太子晃總百揆後，參與政事日深，對宗愛非法之事必然不滿，欲尋機加以懲戒，東宮官屬仇尼道盛、任平城與宗愛並不睦，所以宗愛和仇尼道盛、任平城之間的鬥爭，反應的是太武帝、太子晃長期以來存在的矛盾。

太武帝是太子監國制的得利者，即位之後自然也立太子，太子晃是個有

〔註 122〕《南齊書》卷 57〈魏虜傳〉，記載北魏平城宮中的情況：「妃妾住皆土屋。婢使千餘人，織綾錦販賣，酤酒，養豬羊，牧牛馬，種菜逐利。大官八十餘窖，窖四千斛，半穀半米。又有懸食瓦屋數十間，置尚方作鐵及木。其袍衣，使宮內婢為之。偽太子別有倉庫。」頁 984。

〔註 123〕《魏書》卷 94〈閹官‧宗愛傳〉，頁 2012。

〔註 124〕《北史‧宗愛傳》內容與《魏書》所記均同，太子晃均是憂懼而死，參見《北史》卷 92〈恩幸‧宗愛傳〉，頁 3029。而南朝史書對此事變卻有不同說法，《宋書》卷 95〈索虜傳〉：「（拓跋）燾至汝南瓜步，（拓跋）晃私遣取諸營，鹵獲甚眾。燾歸聞知，大加搜檢。晃懼，謀殺燾。燾乃詐死，使其近習召晃迎喪，於道執之。及國，單以鐵籠，尋殺之。」頁 2353；《南齊書》卷 57〈魏虜傳〉：「（拓跋）晃後謀殺佛狸（拓跋燾）見殺。」頁 984。《通鑑》雖採北朝史書看法，但仍然詳列《宋書》、《宋略》、《南齊書》的記載，並說明南朝史書皆傳聞之誤，因而採《魏書》說法。見《通鑑》卷 126〈宋紀八〉，文帝元嘉二十八年六月之考異，頁 3971。

膽識、有智謀且胸懷大志的太子，在他監國期間，史書上並未有其失職或能力不足之記載，可見太武帝的確是在諸多考量下選取拓跋晃為皇位繼承人，從《魏書‧世祖紀》所載太子晃對於太武帝討河西和北征蠕蠕這兩件事的建議，以及著名的「課畿內之田令」來看，太子晃對國政的用心與政治才能頗值得肯定，不料最後卻憂懼而死。如果太武帝沒有實施太子監國制，或許太子晃不會如此早卒。

太延五年（西元 439 年）太子晃監國前，太武帝父子相處和諧，太子晃監國後東宮集團應運而生，勢力迅速發展，威脅到太武帝皇權，太武帝當然不能忍受，於是藉宗愛構陷東宮官屬仇尼道盛、任平城等人，順勢消滅東宮集團：「魏主（太武帝）怒，斬道盛等於都街，東宮官屬多坐死，帝怒甚。」〔註 125〕太武帝有可能早欲壓制東宮集團氣焰，剛好藉宗愛構陷之舉順勢而為，始料未及的是太子晃竟因此憂懼而薨，太武帝僅想打擊東宮集團，因其實力膨脹太快，並非想置太子晃於死地，太武帝有可能藉此教訓太子晃，勿結黨培植勢力，詎料太子晃內心擔憂而薨，故太武帝事後頗為後悔，「是後，太武追悼不已。」〔註 126〕

三、太子監國之成功與失敗

北魏實行太子監國制僅有兩次，一次是明元帝以太子拓跋燾為監國；另一次是太武帝以太子拓跋晃為監國。首次太子監國制效果良好，明元帝以此來貫徹父子相承的繼承方式，生前逐步轉移政治權力，避免發生拓跋部由力強者爭位之舊習，使皇位繼承趨於穩定，它展現了拓跋氏逐漸接受漢化受漢民族繼承制影響，及從部落聯盟躍進封建王朝皇位繼承發展的需要，故明元帝實施太子監國實屬成功。

首次太子監國制對皇位繼承之穩定產生良好效果，不料第二次卻發生父子相殘悲劇。事實上，皇帝生前將大部分政治權力交與太子，意味著國家唯一的皇權遭到分化，這種分化正是對集所有權力於一身的封建皇帝，藉以進行專制統治的否定，既是如此，為何會有此情形出現，這需從拓跋部落舊俗尋求答案。

北魏王朝初期脫離部落時期未久，部落舊俗對這個新興封建王朝仍有濃厚影響，因此在北魏皇帝身上，便同時具有封建皇帝與部落聯盟領袖的特徵。部

〔註 125〕《通鑑》卷 126〈宋紀八〉，文帝元嘉二十八年，頁 3971。
〔註 126〕《北史》卷 92〈恩幸‧宗愛傳〉，頁 3029。

落聯盟領袖的特徵是他不僅身為政治上的最高統治者，同時也是軍事上的最高統帥，且部落聯盟領袖一般具有威武、氣概不凡的領導人特質，親自領軍對外作戰成為常態，更是他鞏固權力的一環。至於中原王朝的皇帝雖然也是政治、軍事上的最高領導者，不同的是，中原王朝皇帝一般不親自領軍作戰，御駕親征對歷朝歷代君主而言乃是少數，並非常態，不需藉對外征戰鞏固其權力。由此觀之，北魏皇帝都是實際領軍外出征伐的軍事統帥，故《魏書》中會記載道武帝、明元帝、太武帝諸多對外軍事活動就不難理解了。〔註127〕

　　北魏自登國元年（西元 386 年）道武帝復國後，歷明元、太武二帝，遲至太延五年（西元 439 年）太武帝滅北涼後始統一北方，前後歷經三位帝王、歷時五十三年，可見魏初三帝〔註128〕面對的內外情勢相當複雜。就內部而言，北魏統治廣大的漢族地區和草原地區，種族複雜動亂頻起，所以皇帝要不斷帶兵巡守〔註129〕或鎮壓動亂〔註130〕。而外部情況則更為險惡，東方的後燕、南燕、北燕；西方的後秦、大夏和諸涼政權；南方的東晉和劉宋；北方的柔然，上述敵國和北魏經常發生戰爭，北魏可謂面臨四面楚歌之境。故魏初皇帝要行使政治權力統治臣民，又要親自領軍對外征戰，有時又要利用外交關係，以和避戰，先求生存，再求發展，多邊忙碌的結果，當然精疲力盡，無法兼顧，《魏書・太祖紀》對這種情況說的很清楚：〔註131〕

　　　　驅率遺黎，奮其靈武，克剪方難，遂啟中原，朝拱人神，顯登皇極。

　　　　雖冠履不暇，棲遑外土，而制作經謨，咸存長世。

道武帝「冠履不暇，棲遑外土」既要治國又要拓邊，明元帝即位後亟思改變，將皇帝統治職能予以分化，以拓跋燾監國，行使政治權力，掌理內政並統率

〔註127〕魏初三帝領軍作戰的記載很多，以北征柔然為例，三帝均曾率軍對柔然作戰，如《魏書》卷 1〈太祖紀〉：「（登國六年、391）冬十月戊戌，北征蠕蠕，追之，及於大磧南床山下，大破之。」頁 24；卷 3〈太宗紀〉：「（神瑞元年、414）十二月丙戌朔，蠕蠕犯塞。丙申，（明元）帝北伐蠕蠕。」頁 54；卷 4 下〈世祖紀下〉：「（太平真君）十年（449）春正月戊辰朔，（太武）帝在漠南，……甲戌，北伐。二月，蠕蠕渠帥尒綿他拔等率其部落千餘家來降，蠕蠕吐賀真恐懼遠遁。」頁 103。

〔註128〕指北魏建國後前三位皇帝：太祖道武帝、太宗明元帝、世祖太武帝。

〔註129〕北魏因係游牧民族拓跋氏所建，歷代皇帝從道武帝至孝文帝經常出巡，故《魏書》從〈太祖紀〉至〈高祖紀〉記載了非常多的皇帝出巡事件，參見《魏書》〈太祖紀〉頁 19～38；〈高祖紀〉頁 135～190。

〔註130〕如太武帝親自領軍鎮壓蓋吳起義，參見《魏書》卷 4 下〈世祖紀下〉，頁 99～101。

〔註131〕《魏書》卷 2〈太祖紀〉，頁 45。

臣民，自己則掌握軍事權力，親率軍隊「遊行四境，伐叛柔服。」〔註132〕

明元帝將皇帝行政與軍事職能分工的情況相當成功，故太武帝即位後也仿效其父明元帝，將行政大權交與太子晃，自己率軍征伐開疆拓土，最後北方在太武帝手上統一，這都要歸功於太子監國此種太子與皇帝內外分工的制度，發揮了一定作用。但太子監國有利亦有弊，因太武帝不斷進行軍事行動，經常領軍在外，留駐京師的太子晃，藉由直接掌控官僚體系，使其行政權力愈來愈大，逐漸威脅到太武帝的皇權，由太子監國所引起的政治危機於焉出現。另外，雖然太子晃監國掌理內政，但窪添慶文認為，太武帝與明元帝一樣，對內政仍握有最後裁決權。〔註133〕

明元帝和太武帝實施太子監國時，都設有輔弼大臣，其目的雖為輔佐太子，實際上是怕太子權勢過重，故這些輔弼大臣都是君主信任之人。明元帝以拓跋燾監國時，以司徒長孫嵩、山陽公奚斤、北新公安同、太尉穆觀、散騎常侍丘堆、崔浩六人輔相，〔註134〕此六人甚為忠謹，皆與明元帝有密切關係。長孫嵩、奚斤、安同乃扶助明元帝繼位之功臣，穆觀在明元帝時，「綰門下中書，出納詔命。」〔註135〕而丘堆，「美容儀，以忠謹親侍。」〔註136〕至於崔浩，乃唯一漢人，明元帝需借重其對漢文物及中原王朝政治制度之熟悉，釐定北魏政制，明元帝曾讚譽六人：〔註137〕

> 長孫嵩宿德舊臣，歷事四世，功存社稷；奚斤辯捷智謀，名聞遐邇；
> 安同曉解俗情，明練於事；穆觀達於政要，識吾旨趣；崔浩博聞強
> 識，精於天人之會；丘堆雖無大用，然在公專謹。

可見六人皆為明元帝信任之臣。之後太武帝以太子晃總百揆時，任命侍中、中書監、宜都王穆壽；司徒、東郡公崔浩；侍中、廣平公張黎；侍中、建興公古弼等四位輔弼大臣，〔註138〕較明元帝少了兩位。穆壽乃太武帝尚為皇太子監國時輔弼大臣穆觀之子，「（穆壽）明敏有父風，世祖（太武帝）愛重之，擢為下大夫。敷奏機辯，有聲內外。」〔註139〕張黎，雁門平原人，當為漢人，

〔註132〕《魏書》卷35〈崔浩傳〉，頁813。
〔註133〕參見窪添慶文，前揭書，第七章〈北魏の太子監國制度〉，頁197～203。
〔註134〕《魏書》卷35〈崔浩傳〉，頁813。
〔註135〕《魏書》卷27〈穆觀傳〉，頁664。
〔註136〕《魏書》卷30〈丘堆傳〉，頁719。
〔註137〕《魏書》卷35〈崔浩傳〉，頁813。
〔註138〕參見《魏書》卷4下〈世祖紀下〉，頁96～97。
〔註139〕《魏書》卷27〈穆壽傳〉，頁665。

「世祖以其功舊，任以輔弼。……軍國大事，（張）黎常與焉。」〔註140〕古弼，太武帝爲太子時，就已選侍東宮，屬太武帝心腹之臣。至於崔浩的作用，同樣是因其嫻熟漢家文化制度，對剛由草原文化邁向封建政制的北魏，有迫切之需要。由上述輔弼大臣來看，太武帝和明元帝一樣，輔弼大臣皆爲自己信任之人，一方面輔佐太子熟悉政事與政制運作；一方面可藉由輔弼大臣觀察太子一舉一動，預防太子結黨培植己身勢力，威脅到自己的皇位。

太子監國在明元帝時成功、太武帝時卻失敗，其關鍵在於時間。從時間排比來看，明元帝於泰常七年（西元 422 年）五月立拓跋燾爲皇太子並臨朝聽政，〔註141〕逐步將政治權力交予監國的拓跋燾，一年半之後的泰常八年（西元 423 年）十一月明元帝就崩逝了，〔註142〕所以明元帝和拓跋燾並未發生權力矛盾與衝突，皇位順利傳承至拓跋燾手中。至於太武帝和太子晃之情況則不同，太子晃薨於正平元年（西元 451 年）六月，〔註143〕上距太延五年（西元 439 年）監國有十二年〔註144〕、太平眞君五年（西元 444 年）總百揆也有七年。〔註145〕若從總百揆時間算起有七年時間，太子晃東宮集團逐漸膨脹，形成與皇權抗衡的勢力，當封建專制最高的皇權受到挑戰時，父子間的鬥爭也就難以避免了。

太武帝爲太子監國僅有短短一年半，剛好熟悉政治運作時明元帝即崩逝，若太武帝監國時間也長達七年，權力集中的結果，是否會引發與明元帝的權力衝突，事實上有其可能性，不可謂全無。但明元帝的早逝，避免了此一危機。往後隨著北魏統治權的穩固，及太武帝後多是幼主即位的結果，太后專權，又是另一政治現象。太武帝後北魏皇帝即位年齡，今列表如下：

表十：太武帝後北魏皇帝即位年齡分析表

君　王	生　年	即位之年	即位年齡	出處：《魏書》
文成帝	太平眞君元年（西元 440 年）	正平二年（西元 452 年）	十三歲	卷 5〈高宗紀〉，頁 111。

〔註140〕《魏書》卷 28〈張黎傳〉，頁 693。
〔註141〕《魏書》卷 3〈太宗紀〉，頁 62。
〔註142〕《魏書》卷 3〈太宗紀〉，頁 64。
〔註143〕《魏書》卷 4 下〈世祖紀下附恭宗景穆帝〉，頁 109。
〔註144〕太子晃監國從太延五年（439）始，參見《魏書》卷 4 上〈世祖紀上〉，頁 89。
〔註145〕《魏書》卷 4 下〈世祖紀下〉，頁 96～97。

獻文帝	興光元年（西元454年）	和平六年（西元465年）	十二歲	卷6〈顯祖紀〉，頁125。
孝文帝	皇興元年（西元467年）	皇興五年（西元471年）	五歲	卷7上〈高祖紀上〉，頁135。
宣武帝	太和七年（西元483年）	太和二十三年（西元499年）	十七歲	卷8〈世宗紀〉，頁191。
孝明帝	永平三年（西元510年）	延昌四年（西元515年）	六歲	卷9〈肅宗紀〉，頁221。

文成帝尙未被太武帝立爲皇太孫，故未實施太子監國；而獻文帝、孝文帝、孝明帝即位時年齡甚輕，孝文帝、孝明帝更只有五、六歲，可見立爲太子時年齡更小，如何能行太子監國？且此三朝政治受文明太后、靈太后干政影響，皇帝尙無實權，又如何能賦予太子監國之權力。至於宣武帝，乃皇位繼承之變異，因其兄太子恂被廢，他才能成爲皇位繼承人，孝文帝有太子恂奔代北，與保守勢力結合之殷鑑，若賦予元恪太子監國之權，一旦孝文帝領軍征戰，太子監國大權在握，容易受有心者煽動引發政變，孝文帝自然不願行太子監國，故太子與皇帝間行政與軍事職能分工的太子監國制，自太武帝後再也沒有出現北魏舞台。

四、南安王余繼承皇位

太子晃死後，皇位繼承人出現空缺，太武帝需另立儲君。太武帝共有十一個兒子，其中小兒、貓兒、眞、虎頭、龍頭等五人皆早逝，晉王伏羅薨於太平眞君八年（西元447年）。太子晃薨於正平元年（西元451年）時，尙在世者有東平王翰、臨淮王譚、廣陽王建和南安王余等四王，〔註146〕但太武帝並未在其餘諸子中另擇一子立爲皇太子，卻於同年（正平元年、西元451年）十二月封太子晃之子拓跋濬爲高陽王，似乎有意以皇孫拓跋濬爲皇位繼承人，《魏書·世祖紀》載：〔註147〕

> （太武帝）封皇孫濬爲高陽王。尋以皇孫世嫡，不宜在藩，乃止。
> 封秦王翰爲東平王，燕王譚爲臨淮王，楚王建爲廣陽王，吳王余爲南安王。

太武帝對太子晃的死，內心必定感到懊悔與歉疚，所以在皇位繼承問題上屬

〔註146〕《魏書》卷18〈太武五王傳〉，頁417～434。
〔註147〕《魏書》卷4下〈世祖紀下〉，頁106。

意皇孫拓跋濬，胡三省認爲「魏世祖（太武帝）立孫之意定矣。」〔註148〕

太武帝屬意由拓跋濬承繼皇位，對太子晃的補償是一項重要因素，但不可排除太武帝有另外思考，太武帝未正式賦予拓跋濬皇太孫名號，代表太武帝心中尚有猶豫。一般而言，若太子早卒，可改立其餘諸子或立太子之長子爲皇儲，就改立其餘諸子而言，太武帝在世四子中，以東平王翰最長，立其爲太子乃依長幼之序，實屬合理；若以太子之長子爲太子，則爲皇孫拓跋濬，亦在情理之中，太武帝在兩人之間猶疑，可能傾向拓跋濬，但仍想繼續觀察一段時間再做最後決定。就在太武帝來不及爲立嗣問題做決定時，宦官宗愛因太武帝追悼太子晃且悔恨不已，害怕會遷怒於他，性命隨時不保，遂發動政變，弑殺太武帝。〔註149〕

太武帝遭弑後，因未明確指定拓跋濬爲儲君，皇位由誰繼承就成爲當時最大的問題。此時朝中大臣分成兩派，各自擁立繼承人選：一派認爲應由拓跋濬繼承，擁立大臣有侍中、太原公薛提；另一派則主張國家宜立長君，由太武帝諸子中最年長的東平王翰繼位，擁立者爲尚書左僕射蘭延和侍中、吳興公和疋。〔註150〕

魏廷諸大臣正爲皇位繼承人選商議未決時，宗愛以迅雷不及掩耳之姿再次發動政變：〔註151〕

> （蘭）延等猶豫未決。（宗）愛知其謀。始愛負罪於東宮，而與吳王余素協，乃密迎余自中宮便門入，矯皇后令徵延等。延等以愛素賤，弗之疑，皆隨之入。愛先使閹豎三十人持杖於宮內，及延等入，以次收縛，斬於殿堂。執秦王翰，殺之於永巷而立余。

宗愛殺害蘭延等大臣及東平王翰，另立其所喜之南安王余，朝中擁立拓跋濬、東平王翰兩派人馬同歸於盡，北魏政權落入宦官宗愛手中。類似此等廢立情形，拓跋氏在部落聯盟時期也曾出現，如沙漠汗事件及昭成帝什翼犍繼位時，〔註152〕只不過當時得以操縱廢立的是諸部大人及臣僚，此次除大臣外，另加

〔註148〕《通鑑》卷 126〈宋紀八〉，文帝元嘉二十八年，頁 3972。
〔註149〕參見《魏書》卷 94〈閹官·宗愛傳〉，頁 2012。
〔註150〕《魏書》94〈閹官·宗愛傳〉，頁 2012。
〔註151〕《魏書》94〈閹官·宗愛傳〉，頁 2012。另據鄭欽仁考證，宗愛與東平王翰非不協而殺之，其實是宗愛不欲立賢以便擅權，見氏著，〈北魏中常侍稿——兼論宗愛事件〉，收在《北魏官僚機構研究續篇》，頁 188。
〔註152〕參見本書第二章第一節。

入宦官勢力。

　　南安王余雖繼承皇位，但得位不正，且是依宦豎宗愛之力，更「非次而立」，〔註153〕所以他以大量財物賞賜臣下，藉以籠絡人心。南安王余更因宗愛擁立之功，封他為「大司馬、大將軍、太師、都督中外諸軍事，領中秘書，封馮翊王。」〔註154〕造成宗愛權力過於膨脹，「權恣日盛，內外憚之。」〔註155〕初即位權力基礎尚不穩的南安王余也開始對宗愛產生懷疑，欲削其權奪回皇帝應有之權力，宗愛不自安，於是發動第三次政變，趁南安王余夜祭東廟時，派小黃門賈周將其殺害。〔註156〕

　　宗愛以一介閹宦，卻能發動三次政變，連弒太武帝、東平王翰、南安王余，操縱皇位廢立，其因素筆者歸納有四：

　　第一，宗愛為宦官近臣，日夜貼近皇帝左右，進出宮禁本就較外廷朝臣方便，故宗愛利用此優勢，弒太武帝。之後在諸大臣於東平王翰和拓跋濬間猶疑由誰繼承皇位時，宗愛「乃密迎（南安王）余自中宮便門入。」〔註157〕可見宗愛將自由出入宮禁的優勢發揮的淋漓盡致，一般朝臣無法從中宮便門出入，且進出受管制。事實上，中原王朝之宦官同樣具有此優勢，故弒君者通常是宦官。另，宗愛在弒南安王余行動中，遣小黃門賈周弒南安王余，〔註158〕同樣因賈周為宦官，容易近身君主左右，故弒殺行動得以成功。

　　第二，宗愛矯皇后令誘騙蘭延等人入宮殺害。當蘭延等人欲以東平王翰接掌大位時，宗愛急欲殺蘭延等人阻止，但宗愛不可能調兵遣將出宮殺蘭延等人，如此太過明目張膽，蘭延等人在外也有自己力量在，最好方式是誘騙進宮，於宮內殺之最保險。若以宗愛之名邀蘭延等人入宮，蘭延陣營勢必有所防備，能令蘭延等人進宮無防備者，就是赫連皇后之命令，故「矯皇后令徵（蘭）延等。」〔註159〕此處皇后即是太武皇后赫連氏。太武朝皇后見諸

〔註153〕《通鑑》卷126〈宋紀八〉，文帝元嘉二十九年，胡三省注云：「（南安王）余以少子為宗愛所立，非次也。」頁3980。若以兄弟相繼來看，應該是臨淮王譚繼位，再次為廣陽王建，尚未輪到南安王余。

〔註154〕《魏書》卷94〈閹官・宗愛傳〉，頁2012～2013。

〔註155〕《魏書》卷94〈閹官・宗愛傳〉，頁2013。

〔註156〕參見《魏書》卷18〈太武五王・南安王余傳〉，頁434～435；卷94〈閹官・宗愛傳〉，頁2013。

〔註157〕《魏書》卷94〈閹官・宗愛傳〉，頁2012。

〔註158〕參見《魏書》卷94〈閹官・宗愛傳〉，頁2013。

〔註159〕《魏書》卷94〈閹官・宗愛傳〉，頁2012。

《魏書》者有惠太后竇氏與赫連皇后，惠太后竇氏即爲保太后，早崩於太平眞君元年（西元 440 年），〔註160〕而赫連皇后崩於文成帝時〔註161〕。宗愛應是將赫連皇后與朝臣隔絕，使其不知宮外眞實情況，並受宗愛欺瞞，宗愛才能矯赫連皇后令，而宗愛事後卻未因矯皇后令遭受任何懲處，可見赫連皇后受到相當蒙蔽，宗愛成功地利用赫連皇后這塊招牌，誘騙蘭延等人進宮予以殺害。

第三，宗愛掌控北魏內廷之宦官。閹宦族類有相當之同類意識，故易團結，宗愛幾次殺戮行動，都是以宦官爲之，首先以赫連皇后令誘騙蘭延等人進宮後，「以次收縛，斬於殿堂。」〔註162〕其後殺南安王余時，也是遣宦官賈周爲之。另一方面，弒君、殺大臣若遣他人爲之，容易失敗或走漏消息，因閹宦爲刑餘之人，常人賤之，故宗愛爲求謹愼，和同是閹宦族類合作，彼此認同度高且具封閉性，故行動不易外洩。

第四，蘭延、薛提等大臣過於輕忽宗愛。宗愛矯赫連皇后令召蘭延等人進宮，降低蘭延等人戒心，加上朝臣對宦者一向鄙夷，輕忽之結果，使蘭延、薛提等大臣爲宗愛所殺。

由上述四項因素的交互作用，使宗愛掌控太武帝崩後之皇位繼承，殘殺君王與大臣易如反掌，故在殺南安王余之後，仍欲繼續操縱廢立。

五、拓跋濬的即位

宗愛於承平元年（西元 452 年）十月丙午殺南安王余後，〔註163〕皇位繼承問題再次浮現。宗愛素與太子晃不協且有積怨，故宗愛對拓跋濬的繼承一直都持反對態度，但兩日後的戊申日，在朝中幾位大臣羽林中郎劉尼、南部尚書陸麗、殿中尚書源賀的策劃下，聯合另一位殿中尚書長孫渴侯迅速發動政變，〔註164〕擁立拓跋濬即位，改元興安，〔註165〕殺宗愛、賈周等人。

〔註160〕參見《魏書》卷 13〈皇后·太武惠太后竇氏傳〉，頁 326。
〔註161〕參見《魏書》卷 13〈皇后·太武皇后赫連氏傳〉，頁 327。
〔註162〕《魏書》卷 94〈閹官·宗愛傳〉，頁 2012。
〔註163〕《通鑑》卷 126〈宋紀八〉，文帝元嘉二十九年，頁 3980。
〔註164〕擁立皇孫拓跋濬爲帝的事變中，除劉尼、源賀、陸麗、長孫渴侯外，在原太子晃的東宮集團中，漢臣高允於正平事變中並未遭到誅殺，太子晃和高允有很深的情誼，從崔浩事件中太子晃極力營救高允即可看出。而《魏書》卷 48〈高允傳〉載：「允頗有謀焉。司徒陸麗等皆受重賞，允既不蒙褒異，又終身不言。」頁 1069〜1073。可見高允在擁立拓跋濬爲帝的事件上，用力甚深。

宗愛夜半於東廟派賈周襲殺南安王余時，魏廷眾臣尚不知真實情況，唯有羽林中郎劉尼知道詳情。劉尼勸宗愛立拓跋濬，宗愛和太子晃本就不睦，太子晃憂死亦是間接因宗愛而起，拓跋濬乃太子晃之子，故宗愛怕拓跋濬即位後對己不利，遂否定此議。宗愛殺南安王余後欲緊急還宮再從太武帝諸子中擇一立之，劉尼懼宗愛再行廢立會有殺戮之事，於是密告殿中尚書源賀。二人商議後與南部尚書陸麗商討，《魏書・劉尼傳》載曰：〔註166〕

> 宗愛既立南安，還復殺之。今不能奉戴皇孫，以順民望，社稷危矣。
> 將欲如何？（陸）麗曰：「唯有密奉皇孫耳」。

決定奉拓跋濬繼位後，源賀與長孫渴侯遂率禁軍守衛禁中，嚴禁他人進入，而劉尼與陸麗則迎拓跋濬於苑中，源賀開門迎拓跋濬，拓跋濬由禁軍保護進入宮中即皇帝位，是為文成帝。拓跋濬得以繼位成功，係掌握禁軍之將領，趁宗愛等人尚未返宮之際，先迎拓跋濬於宮中，造成既成之事實，再正式宣布拓跋濬即位。拓跋濬即位後，立刻進行剷除宗愛行動，命劉尼率禁軍馳還東廟，《通鑑》載：〔註167〕

> （劉）尼馳還東廟，大呼曰：「宗愛弒南安王，大逆不道。皇孫已登
> 大位，有詔：宿衛之士皆可還宮。」眾咸呼萬歲，遂執宗愛、賈周等。

連弒太武帝、南安王余兩位魏帝，權傾一時的宗愛終於垮台，「高宗（文成帝）立，誅愛、周等，皆具五刑，夷三族。」〔註168〕

六、影響拓跋濬繼位因素之分析

從宗愛之弒逆，以及文成帝之繼位，王吉林認為可清楚看出在皇位繼承中，屬於「內朝」〔註169〕之宦官，以及外廷之侍中、尚書與禁軍將領，處於決定性之地位，此種形勢，愈到後代愈為明顯，也就是說居這類職務的人，

可能一方面感於太子晃的知遇之恩，再者仍認為漢王朝的嫡長子繼承制優於北亞游牧民族的推選制，所以高允持續推動崔浩所構築的長子繼承制。

〔註165〕西元452年，北魏年號凡三變，先為太武帝正平二年，三月南安王余即位，改為承平元年，至十月文成帝即位，又改為興安元年。此年共有四次政變，宗愛弒太武帝、東平王翰、南安王余、文成帝殺宗愛，可見政局之動盪不安。

〔註166〕《魏書》卷30〈劉尼傳〉，頁721。

〔註167〕《通鑑》卷126〈宋紀八〉，文帝元嘉二十九年，頁3981。

〔註168〕《魏書》卷94〈閹官・宗愛傳〉，頁2013。

〔註169〕此處借勞榦之「論漢代的內朝與外朝」而立喻，收於《中央研究院歷史語言研究所集刊》第13本，1971年1月再版。

常因參預廢立的關係，使自己獲得實際利益。〔註170〕

首先看到在太武帝崩逝後的繼承問題，因太武帝未明確立拓跋濬爲皇位繼承人，故朝中大臣各有擁立對象，從《魏書》中出現的三個朝臣作分析，侍中薛提支持拓跋濬，尙書左僕射蘭延和侍中和疋支持東平王翰，上述三人對皇位繼承能發表意見，乃因他們的官職和實力，侍中和尙書左僕均是中樞要職。

中書、門下、尙書三省自魏晉以來逐漸成爲中央朝廷核心，五胡十六國時，少數民族建立之政權，亦大多承襲此一政治制度。皇始元年（西元 396 年）拓跋珪稱帝後自然也依此制建立中央機關，《魏書·太祖紀》載：〔註171〕

> 皇始元年（西元 396 年）……秋七月，左司馬許謙上書勸進尊號，（道
> 武）帝始建天子旌旗，……，初建台省，置百官。

「初建台省，置百官。」當然包括設置了三省，道武帝剛開始是任用漢族士人主持三省事務，但是三省制並沒有堅持下去，因漢人無法掌握實權，若主持三省的漢族士大夫被殺或被黜免，三省就形同虛設，故北魏前期尙書省廢置無常。至太武帝時，因不斷四出征討，北魏疆域擴張迅速，拓跋氏統治權逐漸穩固，封建化亦日益加深，使尙書省得到穩定發展：〔註172〕

> 神麚元年（西元 428 年）三月，置左右僕射、左右丞、諸曹尙書十
> 餘人，各居別寺。

左右僕射爲尙書省副貳，左僕高於右僕，尙書省長官爲尙書令，太武帝曾命劉潔爲尙書令。〔註173〕既然尙書省在太武帝時制度化，故時任尙書左僕之蘭延，下轄諸曹尙書掌管百政庶事，自然位高權重。

至於薛提、和疋皆爲侍中，侍中爲加官，在宮中與皇帝討論政事，官高權重。從漢魏以來尙書台典出納詔命，故容易親近皇帝接近權力核心。至曹魏時置中書，取代尙書典出納詔命之職。西晉末門下地位上升，也參與出納詔命，侍中重要性日增，開始與中書分權。至北魏時，門下仍掌出納詔命，因屬中央要職，故多由代人出任，如明元帝時，拓跋屈「居門下，出納詔命。」〔註174〕可見薛提、和疋任侍中一職位居要津，在政治動亂中居關鍵地位。

侍中薛提、和疋和尙書左僕射蘭延，因職務關係高居中樞，故在皇位懸缺

〔註170〕參見王吉林，〈北魏繼承制度與宮闈鬥爭之綜合研究〉，前揭書，頁 101。
〔註171〕《魏書》卷 2〈太祖紀〉，頁 27。
〔註172〕《魏書》卷 113〈官氏志〉，頁 2975。
〔註173〕參見《魏書》卷 28〈劉潔傳〉，頁 687。
〔註174〕《魏書》卷 14〈神元平文諸帝子孫·文安公泥附子屈傳〉，頁 364。

時刻，能決定皇位誰屬，只是在立太武帝皇孫拓跋濬和立子東平王翰之間猶豫。此時由朝臣議立君主情形，類似部落時期各部落酋首推舉遺風，只不過各部落酋首在離散諸部後，部落勢力已失，但這些部落酋首大多進入中央機構任要職，仍有重要影響力。《魏書・薛提傳》載其爲太原人〔註175〕，和疋、蘭延《魏書》雖無傳，但能議立皇位繼承人，應非漢人，據《魏書・官氏志》所載，和疋之和氏應爲素和氏所改〔註176〕、蘭延之蘭氏爲烏洛蘭氏所改〔註177〕、薛提之薛氏則爲叱干氏所改〔註178〕，故三人皆爲代人貴族出身，才能任職中樞並掌實權。雖然侍中也有漢人出任，如崔浩〔註179〕、張黎〔註180〕、李寶〔註181〕等人，不過漢人無法掌握實質政治權力，在皇位繼承時刻通常無法扮演關鍵角色。

　　文成帝能夠即位，是因羽林中郎劉尼、南部尚書陸麗、殿中尚書源賀與長孫渴侯的擁立，成功之因乃掌握禁軍兵權，羽林中郎與殿中尚書俱爲禁軍將領，《魏書・劉尼傳》：〔註182〕

　　　　宗愛既殺南安王余於東廟，……（劉尼）密以狀告殿中尚書源賀，
　　　　時與（劉）尼俱典兵宿衛。

由典兵宿衛來看，羽林中郎乃統領禁軍之職，胡三省亦言：〔註183〕

　　　　羽林郎，自漢以來有之。……，魏以劉尼爲羽林郎中，與殿中尚書
　　　　俱典兵宿衛，則其位任蓋重於漢朝也。

至於殿中尚書，據嚴耕望〈北魏尚書制度考〉一文，〔註184〕乃隸屬尚書省，張金龍指出，大約從太武帝時期開始，殿中尚書成爲北魏禁衛長官之一，〔註185〕而殿中尚書因事務甚繁故置二名，其主要事務爲「知殿內兵馬倉庫。」〔註186〕

〔註175〕《魏書》卷33〈薛提傳〉，頁795。
〔註176〕參見《魏書》卷113〈官氏志〉，頁3008。
〔註177〕參見《魏書》卷113〈官氏志〉，頁3014。
〔註178〕參見《魏書》卷113〈官氏志〉，頁3012。
〔註179〕參見《魏書》卷35〈崔浩傳〉，頁818。
〔註180〕參見《魏書》卷28〈張黎傳〉，頁693。
〔註181〕參見《魏書》卷39〈李寶傳〉，頁885。
〔註182〕《魏書》卷30〈劉尼傳〉，頁721。
〔註183〕《通鑑》卷126〈宋紀八〉，文帝元嘉二十九年，頁3980。
〔註184〕嚴耕望，〈北魏尚書制度考〉，收於《中央研究院歷史語言研究所集刊》第18本，1971年1月。
〔註185〕張金龍《魏晉南北朝禁衛武官制度研究》下冊（北京：中華書局，2004年11月），頁696。
〔註186〕《南齊書》卷57〈魏虜傳〉，頁985。

當時二名殿中尚書爲源賀與長孫渴侯，他們均贊成擁立拓跋濬。在劉尼、源賀、長孫渴侯控有禁軍情況下，趁宗愛回宮前早一步擁立拓跋濬，才使拓跋濬順利即位。

接著再看南部尚書陸麗。南部、北部尚書創於北魏初，屬尚書省，分別治理南部、北部州郡。北魏設立南、北二部尚書是十六國時期少數民族政權實行胡漢分治政策的沿續。北部尚書管理胡人，故全以代人貴族出任；南部尚書雖治理漢地，但卻非全以漢人任此職，歷任南部尚書漢族高門、代人皆有。〔註187〕太武帝時尚書省設十三曹，〔註188〕陳琳國指出其中殿中、南部二尚書在諸曹尚書中權力最大，因而曾經設二名尚書，這也是北魏前期尚書制度獨具的特點。〔註189〕由此可見南部尚書在中央機構之重要性不在殿中尚書之下，故劉尼與源賀才會與陸麗共謀，發動政變劖除宗愛，奉拓跋濬即皇帝位。

劉尼、源賀、長孫渴侯、陸麗均非漢人，乃代北人士，《魏書‧劉尼傳》載：〔註190〕

> 劉尼，代人也。本姓獨孤氏。曾祖敦，有功於太祖（道武帝），爲方面大人。父婁，冠軍將軍，卒，贈并州刺史。

劉尼之劉氏乃獨孤氏所改。〔註191〕而源賀事實上與拓跋氏是系出同源，《魏書‧源賀傳》載：〔註192〕

> 源賀，自署河西王禿髮傉檀之子。傉檀爲乞伏熾磐所滅，（源）賀自樂都來奔。……世祖（太武帝）聞其名，……謂賀曰：「卿與朕源同，因事分姓，今可爲源氏。」

禿髮即拓跋之異譯，其祖上源流，可追溯至聖武帝詰汾長子禿髮匹孤率眾從塞北遷居河西，據《魏書‧禿髮烏孤傳》載：〔註193〕

> 鮮卑禿髮烏孤，八世祖匹孤自塞北遷於河西。……因寢產於被中，乃名禿髮，其俗爲被覆之義。

〔註187〕關於歷任南、北二部尚書官員，可參見陳琳國，《魏晉南北朝政治制度研究》（台北：文津出版社，1994年3月），頁106。
〔註188〕陳琳國，《魏晉南北朝政治制度研究》，頁105。
〔註189〕陳琳國，《魏晉南北朝政治制度研究》，頁106。
〔註190〕《魏書》卷30〈劉尼傳〉，頁721。
〔註191〕參見《魏書》卷113〈官氏志〉，頁3007。
〔註192〕《魏書》卷29〈源賀傳〉，頁919。
〔註193〕《魏書》卷99〈禿髮烏孤傳〉，頁2200。

《晉書‧禿髮烏孤載記》則載：〔註194〕

> 禿髮烏孤，河西鮮卑人也。其先與後魏同出。八世祖匹孤率其部自
> 塞北遷於河西。

禿髮匹孤與北魏始祖神元帝力微是兄弟，而禿髮匹孤居長，〔註195〕後改姓爲源氏，故禿髮氏、源氏確與拓跋氏同源無疑。

至於長孫渴侯，雖然《魏書》無傳，但長孫氏乃獻帝隣七分國人時，其次兄拓拔氏所改，〔註196〕故長孫氏向來與拓跋皇室關係密切。〔註197〕而陸麗則爲陸俟之子，《魏書‧陸俟傳》載：〔註198〕

> 陸俟，代人也。曾祖幹，祖引，世領部落。父突，太祖（道武帝）
> 時率部民隨從征伐，數有戰功，拜厲威將軍、離石鎮將。

陸氏原爲步六孤氏，孝文帝遷洛後始改爲陸氏。綜合以上分析，文成帝之即位，實賴多位握有權力與禁軍兵力之代人貴族支持，表列如下：

表十一：影響拓跋濬即位因素分析表

因　素	內　容
獲得禁軍將領支持	禁軍將領羽林中郎劉尼、殿中尙書源賀與長孫渴侯支持拓跋濬繼位。
獲居權力核心之代人貴族支持	除劉尼、源賀、長孫渴侯等代人貴族外，尙有南部尙書陸麗，均任中樞要職。
太武帝有意以皇孫拓跋濬爲儲君	封拓跋濬爲高陽王，突顯世嫡皇孫之名得以與太武帝封王諸子並列。
宗愛恣意弒君激起反感	宗愛連弒太武帝、南安王余，引發政治動盪，必然引起朝臣、拓跋宗室、代人貴族的不安。

獲禁軍將領和代人貴族支持已如前述，而太武帝有意以拓跋濬爲皇位繼承人亦是一項重要因素，太武帝對太子晃之死，心存歉疚，欲在太子晃子拓跋濬身上做補償，故封爲高陽王，並以皇孫世嫡獲太武帝寵愛，雖太武帝未正式

〔註194〕《晉書》卷126〈禿髮烏孤載記〉，頁3141。
〔註195〕禿髮匹孤其人之淵源，據《新唐書》卷75〈宰相世系〉：「源氏出自後魏聖武帝詰汾長子匹孤九世孫禿髮傳檀。」頁3361；《元和姓纂》卷10：「聖武帝詰汾長子疋孤。」疋孤即匹孤。
〔註196〕拓拔氏當作拔拔氏，「拓拔」爲「拔拔」之訛。詳見《魏書》卷113〈官氏志〉，校勘記〔二十三〕，頁3019。
〔註197〕參見《魏書》卷113〈官氏志〉，頁3005～3006。
〔註198〕《魏書》卷40〈陸俟傳〉，頁901。

立為皇太孫，但太武帝種種作為，魏廷百官不會不知。皇孫拓跋濬地位突出，甚至高過太武帝諸子，才是太武帝和南安王余崩後，會有侍中薛提和劉尼、源賀、長孫渴侯、陸麗等人支持其繼位之依據。假設太武帝未賦予拓跋濬特殊地位，僅為諸皇孫之一，無高陽王之封號，拓跋濬能否被魏廷重臣擁立還是個問題。

宗愛弒君、殺拓跋宗室、擅殺大臣，魏廷朝臣、拓跋宗室均感惶恐不安，皆欲除之而後快，只是迫於無人出面整合反宗愛力量，故當拓跋濬在源賀等人擁立下即位，劉尼馳還東廟曉諭將士，僅曰拓跋濬已登大位一語，眾人即呼萬歲，立執宗愛、賈周等人，可見宗愛權力基礎並不穩，除其為閹宦素為百官鄙視外，殘忍嗜殺更激起普遍不滿，當其無法掌控皇帝時，即為垮台之日。

從太武帝崩後至文成帝即位之間的皇位繼承，多項中央官職因位高權重，突顯出在皇位繼承中的關鍵角色，這些官職約可分為兩類，其一：侍中、尚書左僕、南部尚書等職是中央三省要職，不僅權力大且容易親近皇帝，侍中、尚書左僕更擁有相當於宰相之權勢，其二：羽林中郎、殿中尚書統領禁軍，而禁軍兵權向來為宮廷政變之關鍵力量，掌握禁軍者通常能成功。上述多項職務，在往後皇位繼承動亂中經常出現，愈發突顯其重要性。

第四節　獻文帝之即位

一、拓跋弘即位之曲折

拓跋濬即位，是為文成帝，政治平順，沒有特別突出事件。文成帝崩於和平六年（西元 465 年），但早在太安二年（西元 456 年）二月丁巳時已立皇長子拓跋弘為太子，〔註199〕故文成帝崩後之皇位繼承人早已確認，關鍵在於太子弘能否順利即位。因和平六年（西元 465 年）時，太子弘僅十二歲，未經監國等政治歷練，且文成帝突然崩逝，並未妥善安排重臣輔佐太子，故容易讓有心人士啟覬覦之望，趁此權力真空之際奪權，因而有侍中、車騎大將軍乙渾控制皇宮，並且隔絕內外，外廷朝臣不知文成帝情況，百官震恐，但不知宮內詳情，亦無計可施。乙渾不欲太子弘即位，顯然有所圖謀，幸掌握禁軍之殿中尚書拓跋郁率數百衛士進入宮中欲殺乙渾，乙渾驚駭之下，只得

〔註199〕參見《魏書》卷 5〈高宗紀〉，頁 115。

奉太子弘即位，《魏書·順陽公郁傳》載：〔註200〕

> （拓跋）郁率殿中衛士數百人從順德門入，欲誅（乙）渾。渾懼，逆出問郁曰：「君入何意？」郁曰：「不見天子，群臣憂懼，求見主上。」渾窘怖，謂郁曰：「今大行在殯，天子諒闇，故未接百官，諸君何疑？」遂奉顯祖（獻文帝）臨朝。

乙渾圖謀爲何？可能欲廢太子弘另立新君，貪擁立之功趁機攬權，但史籍未載乙渾之圖謀，故不得而知。不過，太子弘總算在殿中尚書拓跋郁支持下繼位，是爲獻文帝。

乙渾爲何會有如此大之權勢，因《魏書》中乙渾無傳，何以受文成帝寵信掌握權勢無從得知，只能從他人紀傳參酌，《魏書·高宗紀》載：「（和平）三年（西元462年）春正月壬午，以車騎大將軍、東郡公乙渾爲太原王。」〔註201〕可知乙渾在文成帝末時，已成爲魏廷重臣，不僅爲車騎大將軍，且封王。異姓封王，地位自然顯赫，可以想見乙渾必然深受文成帝信任。而在文成帝崩後，乙渾竟然能隔絕內外，和其任侍中一職大有關係。〔註202〕因侍中一職前節已敘，爲三省中親近天子之中樞要職，故乙渾才能隔絕內外，阻止太子弘登基，欲有所圖謀。

太子弘在驚濤駭浪中繼位，一場宮廷政變消失於無形，太子弘即位成功之因素，可歸納爲三點，列表如下：

表十二：影響拓跋弘即位因素分析表

因　素	內　容
禁軍	禁軍統領殿中尚書拓跋郁支持太子弘。
皇太子名位	文成帝早已立皇長子拓跋弘爲太子，故獲得宗室、代人貴族、百官支持。
皇位繼承動亂之殷鑑	清河王紹弑逆及宗愛之亂殷鑑不遠，故魏廷內外均盼太子弘早日繼位，避免再生動亂。

第一，最大的力量乃禁軍之支持，宮廷禁軍向來是政變關鍵力量，乙渾雖爲車騎大將軍，但未掌握禁軍，當時禁軍統領爲宗室拓跋郁：〔註203〕

〔註200〕《魏書》卷14〈神元平文諸帝子孫·順陽公郁傳〉，頁347。
〔註201〕《魏書》卷5〈高宗紀〉，頁120。
〔註202〕參見《通鑑》卷130〈宋紀十二〉，明帝泰始元年，頁4073。
〔註203〕《魏書》卷14〈神元平文諸帝子孫·順陽公郁傳〉，頁347。

順陽公郁，桓帝之後也。少忠正亢直。初以羽林中郎內侍，勤幹有
稱。高宗（文成帝）時，位殿中尚書。

拓跋郁與太子弘同為拓跋氏子孫，關係比乙渾來的密切，乙渾之乙氏，乃乙
弗氏所改，屬神元帝時，餘部諸姓內入者。〔註204〕手握禁軍之拓跋郁，成了
太子弘即位之最大支持者。此外，羽林中郎與殿中尚書雖同掌禁軍，但殿中
尚書應在羽林中郎之上，因拓跋郁先為羽林中郎，勤幹有稱才受文成帝賞識，
升任殿中尚書。

第二，拓跋弘之皇太子名位。拓跋氏在部落聯盟時期君位繼承無序的亂
象，在進入北魏王朝後，經過道武帝、明元帝、太武帝、景穆帝、〔註205〕文
成帝五代皇位傳承，父子相承已成定律，成為代人貴族、拓跋宗室、魏廷百
官普遍遵守的法則，且立為皇太子就是法定皇位繼承人，成為魏廷內外的擁
戴對象，故文成帝崩逝、太子弘繼位成為百官遵循法則，不會出現文成帝兄
弟、太子弘叔父出來爭位的情形。

第三，北魏從道武帝至文成帝，皇位繼承時刻政變屢生，尤其清河王紹
弒逆時緊閉宮門隔絕內外，與乙渾作為頗為類似；另外，宗愛弒太武帝、南
安王余，不過短短十三年前，〔註206〕相信許多魏廷朝臣對此記憶猶新，故太
子弘應及早正位，避免乙渾效宗愛之行為，使魏廷再生動亂，也因此在拓跋
郁奉太子弘臨朝時，百官立即朝拜，確立太子弘已繼位為君主，避免皇位繼
承再生波折。

太子弘若與其父文成帝之即位相比，可謂順利許多，依《通鑑》時間排
比來看，「五月，癸卯，魏高宗（文成帝）殂。」接著在次日就有「甲辰，太
子弘即皇帝位」〔註207〕的記載，可見太子弘即位並未耽誤太久。宮廷政變講
究時間的掌握，乙渾雖然隔絕內外，但拓跋郁在第一時間率禁軍入內廷，擁
太子弘與群臣相見，若拓跋郁未即時提兵入奉太子弘，時間一長，在乙渾的
布置下，很可能太子弘即位會發生變化。

〔註204〕《魏書》卷113〈官氏志〉，頁3011。
〔註205〕拓跋晃乃太武帝長子，雖先太武帝而卒，但太武帝不僅立為太子，更以之
監國、總百揆，貫徹皇位傳承之決心，故拓跋晃當可視為北魏皇位傳承一
環。
〔註206〕文成帝於興安元年（452）即位，崩於和平六年（465），在位十三年。參見《魏
書》卷5〈高宗紀〉，頁111～123。
〔註207〕參見《通鑑》卷130〈宋紀十二〉，明帝泰始元年，頁4073。

二、文明太后馮氏的崛起

　　獻文帝雖然成功即位，但大權若入乙渾之手，恣意殺戮宗室大臣，擅權妄為，獻文帝皇位仍然不穩，極有可能遭乙渾所廢，但獻文帝年幼，初即位基礎未穩，尚無實力對付乙渾，此時文明太后馮氏挺身而出，密謀誅除乙渾行動，文明太后是如何平乙渾之亂？探討此問題前，需先瞭解文明太后之出身與背景。

　　文明太后，長樂信都人（今河北冀縣），五胡十六國中北燕（西元 407～436 年）皇室後裔，《魏書・文成文明皇后傳》載：〔註208〕

> 文成文明皇后馮氏，長樂信都人也。父朗，秦、雍二川刺史、西城郡
>
> 公，母樂浪王氏。后生於長安，有神光之異。朗坐事誅，后遂入宮。

文明太后曾祖馮安在西元四世紀末徙家昌黎（今熱河朝陽東南），道武帝天賜四年（西元 407 年），馮安子馮跋趁北方胡人諸國混亂之際，自立為北燕王，據有今遼東一帶：〔註209〕

> 海夷馮跋，字文起，小名乞直伐，本出長樂信都。慕容永僭號長子，
>
> 以跋父安為將。永為垂所滅，安東徙昌黎，家于長谷，後慕容熙僭
>
> 號，以跋為殿中左監，稍遷衛中郎將，後坐事逃亡。

馮跋趁亂自建政權，號大燕天王，時為明元帝永興元年（西元 409 年）。太武帝神䴙二年（西元 429 年），馮跋死，弟馮弘〔註210〕即位。延和元年（西元432 年），北燕內部發生動亂，領導階層內訌，馮弘子馮崇、馮朗、馮邈因權力鬥爭，盡皆降於北魏。四年後的太延二年（西元 436 年），北燕為太武帝所滅。〔註211〕

　　文明太后根據其父族來看確為漢人，《晉書・馮跋載記》載：「（馮跋）其先畢萬之後也。萬之子孫有食采馮鄉者，因以氏焉。」〔註212〕但是馮氏一族在馮安徙家昌黎（今熱河朝陽東南）時，逐漸胡化，史載：「既家昌黎，遂同夷俗。」〔註213〕永嘉之亂後，北方盡為胡人勢力，馮氏家族在胡人草原文化的影響包圍

〔註208〕《魏書》卷 13〈皇后・文成文明皇后馮氏傳〉，頁 328。

〔註209〕《魏書》卷 97〈海夷馮跋傳〉，頁 2126。

〔註210〕馮弘本名因犯獻文帝拓跋弘諱，故《魏書》稱馮文通。參見《魏書》卷 97〈馮文通傳〉，頁 2127。

〔註211〕參見《魏書》卷 4 上〈世祖紀上〉，頁 86～87。

〔註212〕《晉書》卷 125〈馮跋載記〉，頁 3127。

〔註213〕《魏書》卷 97〈海夷馮跋傳〉，頁 2126。

下，逐漸浸染胡俗，成爲胡化的漢人。馮跋建立北燕政權後，也仿效十六國胡族政權置單于台，以太子馮永領大單于。〔註214〕而北燕與諸多北方部族關係密切，如契丹、庫莫奚、高句麗、柔然等，這些部落民都曾歸附北燕，〔註215〕由此可看出，馮氏一族雖本爲漢人，但生活在胡俗之地，其政權又容納許多北方部族部落民，胡化乃理所當然之事。

至於文明太后母族，則爲樂浪王氏，〔註216〕樂浪本爲朝鮮地，漢武帝時屬中國，於其地設樂浪郡。〔註217〕而樂浪王氏據姚薇元考證，本姓拓王，乃高麗族，〔註218〕可見文明太后有一半高麗血統，非純粹漢人，乃胡化漢人與高麗人混血所生。是故，馮氏家族與高麗關係密切，在遭遇危難或欲尋退路時，總是以高麗爲第一選擇。如馮跋弟馮丕，「先是，因亂投於高句麗，跋迎致之，至龍城，以爲左僕射、常山公。」〔註219〕馮跋死後，其弟馮弘爲北燕主，太武帝派軍征討北燕，馮弘面對魏軍壓境，亦以高麗爲其退路，《魏書‧海夷馮文通傳》載：「吾（馮文通）未忍爲此，若事不幸，且欲東次高麗，以圖後舉。」〔註220〕而文明太后執政期間，據王曉衛統計，從天安元年（西元466年）至太和十四年（西元490年），二十五年間高麗遣使朝貢二十四次，在北魏史上可謂空前絕後，故北魏與高麗關係密切，主要原因乃文明太后擁有高麗血緣所致。〔註221〕

文明太后馮氏乃馮朗之女，太平眞君二年（西元441年）生於長安，不久，馮朗因事誅，〔註222〕馮朗被誅的原因應是受其弟馮邈投奔柔然之事牽連，馮氏也因罪犯子女被沒入宮中。太武帝多次發動對柔然戰爭，但太武帝最後

〔註214〕參見《晉書》卷125〈馮跋載記〉，頁3130。

〔註215〕參見《晉書》卷125〈馮跋載記〉，頁3130～3131。

〔註216〕參見《魏書》卷13〈皇后‧文成文明皇后馮氏傳〉，頁328。

〔註217〕《漢書》卷6〈武帝紀〉載：「朝鮮斬其王右渠降，以其地爲樂浪、臨屯、玄菟、眞番郡。」頁194。

〔註218〕參見姚薇元，《北朝胡姓考》，頁273。

〔註219〕《晉書》卷125〈馮跋載記〉，頁3132。

〔註220〕《魏書》卷97〈海夷馮文通傳〉，頁2128。

〔註221〕王曉衛，〈論文明太后的族屬及所受教育〉，收於《歷史教學》，1998年第1期，頁12。

〔註222〕馮朗因何事被殺，《魏書》中並沒有明確交代，但是在其子馮熙傳中可以看出些許端倪。馮熙幼年時其叔父馮邈因投降柔然，故馮熙不得不隨母親逃至氐羌之地，馮朗有可能是受其弟馮邈牽連而死，參見《魏書》卷83上〈外戚上‧馮熙傳〉，頁1818。

一次北伐柔然是太平眞君十年（西元 449 年）九月：〔註223〕

> 車駕北伐。……自是吐賀眞遂單弱，遠竄，邊疆息警矣。……世祖
> （太武帝）征伐之後，意存休息，蠕蠕亦怖威北竄，不敢復南。

吐賀眞爲柔然之主，由此可知，太武帝對柔然征戰於太平眞君十年（西元 449 年）結束，故馮氏入宮最遲應在太平眞君十年（西元 449 年），亦即她八歲之前。

馮氏入宮時是一名罪孥，本應不會有太好待遇，幸而她的姑姑當時已是太武帝的左昭儀，對馮氏妥爲照顧：「（馮）熙姑先入掖庭，爲世祖（太武帝）左昭儀。」〔註224〕《魏書・文成文明皇后傳》則載：〔註225〕

> 世祖左昭儀，后之姑也，雅有母德，撫養教訓。……（文明）太后
> 性聰達，自入宮掖，粗學書計。

這位馮左昭儀對馮氏幫助相當大，不過，其生平事蹟記載不多，馮左昭儀的伯父馮跋、父親馮弘先後爲北燕主，而馮左昭儀進入北魏後宮之過程，依《魏書・海夷馮文通傳》載：〔註226〕

> 文通遣其尚書高顒請罪，乞以季女充掖庭，世祖許之。徵其子王仁
> 入朝，文通不遣。其散騎常侍劉訓言於文通曰：「雖結婚和通，而未
> 遣侍子。」

由劉訓之言可知，馮弘雖未向北魏遣送侍子，卻「以季女充掖庭」，意義相同，而這位送到北魏的季女，即是馮左昭儀。馮弘遣尚書高顒向北魏請罪是在延和三年（西元 434 年）閏三月，〔註227〕故馮左昭儀入宮時間應在此時左右，距馮氏被立爲貴人的興安元年（西元 452 年）約有十八年。馮左昭儀在後宮的地位應相當穩固，左昭儀在魏初後宮僅居皇后之下：〔註228〕

> （道武帝）始立中宮，餘妾或稱夫人，多少無限，然皆有品次。世祖
> （太武帝）稍增左右昭儀及貴人、椒房、中式數等，後庭漸已多矣。

昭儀雖有左右，但左尊於右，能被太武帝賞識立爲左昭儀，必有相當才華與能力。當時後宮在馮左昭儀之上尚有惠太后竇氏和赫連皇后，但惠太后竇氏

〔註223〕《魏書》卷 103〈蠕蠕傳〉，頁 2295。
〔註224〕《魏書》卷 83 上〈外戚上・馮熙傳〉，頁 1819。
〔註225〕《魏書》卷 13〈皇后・文明皇后馮氏傳〉，頁 328。
〔註226〕《魏書》卷 97〈海夷馮文通傳〉，頁 2128。
〔註227〕參見《魏書》卷 4 上〈世祖紀上〉，頁 84。
〔註228〕《魏書》卷 13〈皇后列傳〉，頁 321。

在太平眞君元年（西元 440 年）崩，〔註229〕馮左昭儀僅居皇后之下，故馮左
昭儀在後宮之勢力，能給馮氏甚多保護，包括宗愛弒太武帝、南安王余，及
文成帝即位等幾次的宮廷政變，馮氏有可能都在馮左昭儀的保護之下。或許
由於馮氏親身經歷多次政變，對政治權力有深刻體會，深知控制皇帝乃掌握
權力最好方式，形成其日後臨朝時對皇帝及皇位繼承之掌控。

　　馮氏在入宮後、立爲貴人之前，一直在馮左昭儀的「撫養教訓」下，而「粗
學書計」應該就是馮左昭儀對馮氏「撫養教訓」中的重要內容。另外，馮左昭
儀對馮氏的漢化教育，對她漢化思維的形成，及日後推動北魏漢化改革影響很
大。而馮氏受漢文化影響的另一個來源是她身邊的漢臣，從道武帝建北魏入居
中原起，拓跋氏逐漸接受並採用一些漢制，漢族士人也進入北魏政壇，如道武
帝重用崔玄伯；崔浩深得明元帝、太武帝信賴；至文成帝、獻文帝時，高允、
高閭、賈秀已共參大政。其中在涼州入北魏後，河西漢族名儒紛紛參與北魏政
權。於是在馮氏臨朝稱制時，漢族儒臣進入魏廷愈來愈多，規模超過前代，爲
馮氏接受漢文化創造有利條件。之後馮氏執掌北魏政權後，重用漢臣，如李冲、
李安世等，積極推動漢化，建立許多封建制度、推行多項有益民生的政策，如
三長制、班祿制、均田制等，符合拓跋氏由草原文化邁向漢文化的步伐，這都
和她早期受馮左昭儀的教育及身邊漢臣的影響密切相關。

　　馮氏有了馮左昭儀的悉心照料，應在宮中過的還不錯，甚至還可能在馮氏
被選爲貴人的路上著力甚多，但其具體過程，因史籍記載闕漏，無法知其詳情。
文成帝興光元年（西元 454 年），馮氏被選爲貴人，兩年後的太安二年（西元
456 年）馮氏被立爲母儀天下的皇后，〔註230〕正式踏上北魏的政治舞台。

　　馮氏以一個罪犯子女的身分被沒入宮中，不久之後搖身一變而爲母儀天
下的皇后，其間的過程，限於史籍記載簡略，故無法完全明瞭。〔註231〕不過
代北之人尚貴戚，〔註232〕表現在婚姻上亦是如此，馮氏雖是以罪孥子女身份
進宮，但出身並不低，她乃北燕皇室之後，或許這點和她被立爲皇后亦有相
當之關係。

〔註229〕《魏書》卷 13〈皇后‧太武惠太后竇氏傳〉，頁 326。
〔註230〕參見《魏書》卷 13〈皇后‧文明皇后馮氏傳〉，頁 328。
〔註231〕李憑認爲馮氏姑姑太武帝左昭儀應該出了不少力，另外文成帝乳母昭太后常
　　　　氏也有一些影響，因爲後來常氏後人犯法，文明太后還特別予以赦免，參見
　　　　氏著《北魏平城時代》，頁 228～232。
〔註232〕參見《新唐書》卷 199〈儒學中‧柳冲傳〉，頁 5679。

三、文明太后誅乙渾

獻文帝雖然即位，暫時阻卻乙渾欲謀為亂之陰謀，但獻文帝畢竟只有十二歲，政治歷練不足，大權遂旁落乙渾之手。乙渾為進一步鞏固權力防止他人掣肘，遂謀殺朝廷重臣，先矯詔殺尚書楊保年、平陽公賈愛仁、南陽公張天度。〔註233〕接著更謀殺害陸麗，陸麗曾參與預立文成帝之舉，乃深受文成帝信任之元老重臣，「在朝者無出其右。」〔註234〕加上陸麗為侍中、撫軍大將軍、司徒公，名重當時，陸麗成為乙渾專權一大障礙。此外，乙渾和陸麗也曾有過節：「初，（乙）渾悖傲，每為不法，（陸）麗數諍之，由是見忌。」〔註235〕於是陸麗成為乙渾亟欲剷除之對象。不過當時陸麗於代郡醫治療疾，乙渾無法殺之，遂以文成帝之喪為名，遣穆多侯追陸麗返平城，穆多侯知乙渾欲殺陸麗，乃勸陸麗勿返平城：〔註236〕

> （穆）多侯謂（陸）麗曰：「（乙）渾有無君之心，大王眾所望也，去必危，宜徐歸而圖之。」麗不從，遂為乙渾所害，多侯亦見殺。

事實上，不僅穆多侯，陸麗左右也認為此去凶險，紛紛勸阻，《魏書·陸麗傳》載：〔註237〕

> 和平六年（465），高宗（文成帝）崩。……（陸麗）聞諱欲赴，左右止之……，（陸）麗曰：「安有聞君父之喪，方慮禍難，不即奔波者！」遂便馳赴。

乙渾謀殺多位朝廷重臣後，逐漸收攏權力，魏廷朝臣漸感不安，遂有拓跋郁謀殺乙渾之舉。拓跋郁見乙渾殘害臣僚，欲二次誅殺乙渾，但此時乙渾已盡攬大權，拓跋郁不僅失敗，還反被乙渾所殺，《魏書·順陽公郁傳》載：〔註238〕

> 後（乙）渾心規為亂，朝臣側目，（拓跋）郁復謀殺渾，為渾所誅。
> 顯祖（獻文帝）錄郁忠正，追贈順陽王，諡曰簡。

乙渾誅殺多位朝廷重臣後，終得掌握北魏政權，獻文帝成為傀儡皇帝《魏書·顯祖紀》載：〔註239〕

〔註233〕參見《魏書》卷6〈顯祖紀〉，頁125。
〔註234〕《魏書》卷40〈陸麗傳〉，頁907。
〔註235〕《魏書》卷40〈陸麗傳〉，頁908。
〔註236〕《魏書》卷27〈穆多侯傳〉，頁674。
〔註237〕《魏書》卷40〈陸麗傳〉，頁908。
〔註238〕《魏書》卷14〈神元平文諸帝子孫·順陽公郁傳〉，頁347。
〔註239〕《魏書》卷6〈顯祖紀〉，頁126。

（和平六年〔西元 465 年〕）秋七月癸巳，太尉乙渾爲丞相，位居諸王上，事無大小，皆決於渾。

從和平六年（西元 465 年）五月獻文帝即位至七月癸巳不過兩個月時間，乙渾即逐一消滅其奪權障礙，由「事無大小，皆決於渾。」來看，魏廷百官只能聽其號令，無人有膽量或實力對抗乙渾。

乙渾何以能在短短兩個月內誅殺多位朝廷重臣掌控朝政，除了他是車騎大將軍、太原王，並以侍中之職親近皇帝外，最大的原因是「矯詔」，殺尚書楊保年、平陽公賈愛仁、南陽公張天度是矯詔；誘陸麗返平城是以文成帝之喪爲名，其後殺陸麗應亦是以矯詔爲之，否則以陸麗在當時名望之重，兼有擁立文成帝之功，若非矯詔，乙渾實無法隨意殺陸麗，故乙渾應相當程度運用矯詔，不僅誅戮朝臣，亦進行奪權。乙渾之矯詔是以獻文帝之名爲之，獻文帝初即位，且僅有十二歲，政治歷練不足，容易遭乙渾所欺，雖然《魏書》並未記載乙渾如何矇蔽獻文帝，但在殺了多位朝臣後，包括文明太后、獻文帝、拓跋宗室、魏廷大臣等已有所警覺，所以才會有拓跋郁欲誅乙渾，不料拓跋郁反遭乙渾所殺。觀乎乙渾運用獻文帝意旨行事，和宗愛奪權做法相同，他們皆掌握當時擁有最高權力之人。宗愛掌握赫連皇后，赫連皇后是太武帝崩逝、新君未立時暫爲北魏之主，宗愛矯赫連皇后令徵蘭延等人入宮殺之。乙渾則掌控獻文帝，獻文帝爲皇帝至尊，乃封建王朝一切權力來源，乙渾控制住獻文帝，便能爲所欲爲。

乙渾專權擅殺，所做所爲超過一般人臣專權範圍，他有可能爲圖謀廢立預作準備，當時獻文帝已十二歲，愈來愈不容易控制，若獻文帝日後追究初即位時乙渾之矯詔，他恐怕難逃一死，故乙渾極有可能打算另立幼君以便掌控。此種圖謀，必然引起拓跋宗室與太后之恐慌。獻文帝即位後，立尊文成帝皇后馮氏爲皇太后，一般稱爲文明太后。〔註240〕拓跋宗室與文明太后必須力保獻文帝，假若乙渾操縱廢立成功，乙渾地位將無可動搖，如此會影響拓跋宗室之權力與政治地位，且新立君主若爲旁系皇族，與文明太后關係疏遠，文明太后勢將遠離權力中樞，可能成爲位尊權輕之皇太后，拓跋宗室與文明太后爲確保現有利益與權力，遂成爲對付乙渾之聯合陣線。

文明太后首先分乙渾之權，獻文帝即位後，詔以宗室東陽公丕爲侍中，此

〔註240〕參見《魏書》卷 6〈顯祖紀〉，頁 125。

舉可能出自文明太后授意，目的在對付乙渾。〔註241〕侍中爲親近君主而有權力之人物，名額六人，乙渾本人，即爲侍中，以東陽公丕爲侍中，可收制衡乙渾之效，先分乙渾專斷政事之權。東陽公丕爲侍中後，掌握一定權力，遂與文明太后密定大策，準備消滅乙渾，至於文明太后如何發動政變剷除乙渾，《魏書》有數條記載，但並未詳述其過程，《魏書・東陽王丕傳》載曰：〔註242〕

> （拓跋）提弟（拓跋）丕，……顯祖（獻文帝）即位，累遷侍中。丞相乙渾謀反，丕以奏聞。詔丕帥元賀、牛益得收渾，誅之。遷尚書令，改封東陽公。

《魏書・顯祖紀》亦載：〔註243〕

> 天安元年（西元 466 年）……，二月庚申，丞相、太原王乙渾謀反伏誅。

《魏書・文成文明皇后馮氏傳》則載：〔註244〕

> 顯祖（獻文帝）即位，尊爲皇太后。丞相乙渾謀逆，顯祖年十二，居于諒闇，（文明）太后密定大策，誅渾，遂臨朝聽政。

據上所載，「太后密定大策」，誅除乙渾的行動顯然是以文明太后爲主體，以文明太后日後展現的政治性格來看，她必定經過詳細策劃，因獻文帝僅十二歲，對政治鬥爭毫無經驗，文明太后則經歷宗愛之亂和文成帝即位的波折，對政治體驗甚深，故由文明太后領導實屬合理。

　由誅除乙渾行動出現的人來看，東陽公丕代表的是拓跋宗室力量，文明太后以東陽公丕爲侍中，除了分乙渾之權外，東陽公丕父兄佈滿中央地方，勢力雄厚：〔註245〕

> 武衛將軍謂，烈帝之第四子也。……常從太祖（道武帝）征討有功，……後謝老歸家，顯祖（獻文帝）善禮遇之。……子烏眞，……屢有戰功，官至鉅鹿太守。……子興都，聰敏剛毅。高宗（文成帝）時，爲河間太守。……子提，襲父侯爵。提弟丕。

東陽公丕之父武衛將軍謂由「顯祖善禮遇之」來看，至獻文帝時仍在，故爲元老重臣，在宗室間有號召力。其兩位兄長爲鉅鹿、河間兩地太守，可爲東

〔註241〕參見王吉林，〈北魏繼承制度與宮闈鬥爭之綜合研究〉，前揭書，頁 103。
〔註242〕《魏書》卷 14〈神元平文諸帝子孫・東陽王丕傳〉，頁 357。
〔註243〕《魏書》卷 6〈顯祖紀〉，頁 126。
〔註244〕《魏書》卷 13〈皇后・文明皇后馮氏傳〉，頁 328。
〔註245〕《魏書》卷 14〈神元平文諸帝子孫・武衛將軍謂傳〉，頁 357。

陽公丕後援，因東陽公丕雖爲侍中，但多數權力在乙渾手中，而乙渾專權殺戮宗室大臣，地方上應有不滿，而拓跋烏眞、拓跋興都可利用乙渾對地方控制不易之優勢，聯絡各處地方官員，組織反乙渾勢力。

　　乙渾從和平六年（西元 465 年）七月癸巳爲丞相開始，至天安元年（西元 466 年）二月庚申伏誅爲止，專權不過短短七個月時間，權勢未及鞏固，加上獻文帝即位後一連串人事佈局對乙渾起了制衡作用，除了上述東陽公丕外，《魏書‧顯祖紀》另載：〔註246〕

　　　　東安王劉尼爲司徒，尚書左僕射和其奴爲司空，壬子，以淮南王他

　　　　爲鎮西大將軍、儀同三司，鎮涼州，六月，封繁陽侯李嶷爲丹陽王，

　　　　征東大將軍馮熙爲昌黎王。

上述諸人都是忠於獻文帝之臣，如劉尼曾典禁軍參與文成帝擁立，必然忠於獻文帝；至於和其奴，《魏書‧和其奴傳》載：〔註247〕

　　　　和其奴，代人也。少有操行，善射御，……轉羽林中郎。……和平

　　　　六年（西元465年），遷司空，加侍中。高宗（文成帝）崩，乙渾與

　　　　林金閭擅殺尚書楊保年等。殿中尚書元郁率殿中宿衛士欲加兵於

　　　　渾，渾懼，歸咎於金閭，執金閭以付郁。時其奴以金閭罪惡未分，

　　　　乃出之爲定州刺史。

可見和其奴未黨於乙渾，乃忠義正直之士；而淮南王他爲宗室，忠誠度自然不容置疑；至於李嶷、馮熙雖然封王，但似乎未握有較大權勢。獻文帝甫即位，未握實權，這些人事安排可能出自文明太后之手，劉尼爲司徒、和其奴爲司空，兩人德高望重，名份上可壓制乙渾氣焰，再以宗室淮南王他鎮涼州，以地方勢力作爲剷除乙渾行動之外援。

　　乙渾專權期間，《魏書》未見文明太后有任何活動，僅有「密定大策」四個字，但事實上，上述的人事佈局，就是文明太后構築一張捕捉乙渾的網，中央以侍中東陽公丕、司徒劉尼、司空和其奴牽制乙渾；地方上以鎮涼州之淮南王他、鉅鹿太守拓跋烏眞、河間太守拓跋興都爲外援，待時機成熟，即由東陽公丕發動政變，誅除乙渾，若中央政變失敗，也還有涼州、鉅鹿、河間等地方武力可率軍勤王。

　　另外，分析上述諸人的背景，東陽公丕、淮南王他、拓跋烏眞、拓跋興

〔註246〕《魏書》卷6〈顯祖紀〉，頁125。

〔註247〕《魏書》卷44〈和其奴傳〉，頁993。

都均爲拓跋宗室，爲拓跋氏政權最堅強捍衛者；劉尼、和其奴則爲代人貴族，均爲神元帝時，各部諸姓內入者，劉尼之劉氏前文已述乃獨孤氏所改，〔註248〕而和其奴之和氏，則爲素和氏所改，〔註249〕據張繼昊的考察：「北魏王朝創建歷史中的『白部』與『和（素和）氏』，確實應該是前後相承的一個族群。」〔註250〕和氏在北魏政治中經常佔有重要地位，且連續在太武、文成兩帝崩後參與皇位繼承之事，和其奴明顯地不滿乙渾專權，支持獻文帝；太武帝崩後，侍中和疋支持東平王翰繼承皇位，其經過前節已述，和疋亦是出自白部之素和氏。〔註251〕

文明太后布置妥善後，待時機成熟，迅速發動政變，命東陽公丕收拿乙渾。乙渾伏誅後，獻文帝年齡尚幼，大權並未回到獻文帝手中，文明太后趁勢掌握大權，臨朝聽政，北魏「太后臨朝，自馮氏始也。」〔註252〕道武帝處心積慮爲防止婦人干政，不惜立下「子貴母死」制度，以殺嗣子之母爲手段，避免皇帝生母日後藉太后之名干政，不料卻遭致反效果。政治上的問題若涉及人事者，往往出現出人意料之外的發展，前人欲防止某弊端發生，遂積極創立一項制度令後世子孫遵行，雖成功地令此弊端不致發生，卻衍生其他弊端。道武帝創立「子貴母死」制，正反映了此種現象，殺皇位繼承人生母，原意在防止生母藉太后之名干政，造成皇權旁落。獻文帝即位後，其生母雖早於文成帝太安二年（西元456年），由保太后常氏依「子貴母死」制賜死，〔註253〕但文成帝正宮皇后馮氏卻以太后之名臨朝聽政，正是對道武帝「子貴母死」制最大的諷刺。

乙渾弄權可說是促成文明太后臨朝的客觀環境，乙渾殘殺朝廷重臣，獨攬大權，不僅獻文帝皇權旁落，生命亦岌岌可危，當時情勢險峻，北魏社稷傾危之事即將發生，胡三省曾評之曰：「主少國疑，姦臣擅命，屠戮忠賢，魏之不亡者幸也。」〔註254〕北魏處此危急存亡之秋，拓跋宗室、魏廷朝臣爲剷除乙渾，勢必有一領導中心。獻文帝初即位，年齡太輕，政治歷練不足，而

〔註248〕參見《魏書》卷113〈官氏志〉，頁3007。

〔註249〕《魏書》卷113〈官氏志〉，頁3008。

〔註250〕張繼昊《從拓跋到北魏——北魏王朝創建歷史的考察》（台北：稻鄉出版社，2003年12月），頁64。

〔註251〕張繼昊，前揭書，頁66註。

〔註252〕《魏書》卷105之3〈天象志三〉，頁2410。

〔註253〕《魏書》卷13〈皇后・文成元皇后李氏傳〉，頁331。

〔註254〕《通鑑》卷130〈宋紀十二〉，明帝泰始元年，胡注語，頁4073。

夠資格成為拓跋宗室、魏廷朝臣服膺的對象，即屬文明太后。在封建王朝裡，皇帝為一切權力來源，若皇帝無法視事，或皇位繼承中斷之際，太后、皇后就成為皇權暫時代理人，文明太后因此能收納所有反乙渾勢力，故當文明太后聯合拓跋宗室、魏廷朝臣，誅除叛逆，使國家轉危為安，北魏國祚得以綿延後，文明太后有此千秋萬世之功，遂啟其干預國政之機，故文明太后成為北魏第一個「臨朝聽政」之皇太后，其來有自。

第四章　孝文帝至孝明帝之皇位繼承

第一節　孝文帝皇位繼承之鬥爭

一、文明太后與獻文帝之鬥爭

　　文明太后於天安元年（西元 466 年）二月庚申〔註1〕誅除乙渾後臨朝聽政，掌握北魏政權，這是文明太后首次執政，獻文帝空有皇帝虛名，未有皇帝實權。不過，文明太后首次臨朝聽政為時不久。次年（西元 467 年）八月戊申拓跋宏生，〔註2〕此時獻文帝年僅十四，事實上游牧民族習於早婚，北魏亦不例外，故無足為奇。文明太后躬自撫養拓跋宏，至皇興三年（西元 469 年）六月辛未，拓跋宏得立為皇太子〔註3〕，文明太后乃歸政獻文帝：「及高祖（孝文帝）生，太后躬親撫養。是後罷令，不聽政事。」〔註4〕文明太后不聽政事，《魏書》、《北史》未確切載於何年，《通鑑》則繫於拓跋宏生之下：〔註5〕

　　　　頃之，還政於魏主。魏主始親國事，勤於為治，賞罰嚴明，拔清節、

　　　　黜貪污，於是魏之牧守始有以廉潔著聞者。

王吉林認為《通鑑》是因拓跋宏生而附記，文明太后還政未必是在此年，應當在皇興三年（西元 479 年）左右，亦即在文明太后親自撫養之拓跋宏被立

〔註1〕《魏書》卷6〈顯祖紀〉，頁126。
〔註2〕參見《魏書》卷7上〈高祖紀上〉，頁135。
〔註3〕《魏書》卷6〈顯祖紀〉，頁129。
〔註4〕《魏書》卷13〈皇后‧文成文明皇后馮氏〉，頁328。
〔註5〕《通鑑》卷132〈宋紀十四〉，明帝泰始三年，頁4141。

為皇太子後，文明太后始敢還政獻文帝。〔註6〕

　　獻文帝與文明太后之間，雖名為母子，但無任何血緣關係，獻文帝初親政時與文明太后的關係如何？雖然史傳無明確記載，不過以獻文帝當時僅十四歲而言，尚是個大孩子，必須依賴文明太后之處甚多，故不見得有多少自主行事的能力，彼此間的關係大概還不致太壞。但隨著年齡的增長，獻文帝急欲自文明太后手中取回旁落的皇權，而文明太后為了能親自、且專心一致撫育拓跋宏，遂歸政獻文帝。獻文帝當時年紀尚輕，政治歷練不深，所以彼此在政治上並無太大的衝突。但隨著太子宏漸脫離襁褓，文明太后不需投注太多心力於太子宏身上，遂將精神轉移至朝中政局。獻文帝雖然親政，但文明太后仍握有權力，而文明太后與獻文帝二人在政治上的看法，逐漸產生差異，開始出現相互爭權的情形。

　　皇興四年（西元 470 年）冬，獻文帝已十七歲，為了伸展君主威嚴與剷除文明太后勢力，遂誅殺慕容白曜及李敷、李弈兄弟。獻文帝殺慕容白曜理由，是因其黨於乙渾，乙渾之亂雖已時過境遷，卻為獻文帝所利用，《魏書‧慕容白曜傳》載：〔註7〕

　　　　慕容白曜，慕容元真之玄孫。……執法無所阿縱，高宗（文成帝）
　　　　厚待之。高宗崩，與乙渾共秉朝政，遷尚書右僕射，進爵南鄉公，
　　　　加安南將軍。

乙渾專權時，不少朝臣迫於情勢，必須與乙渾虛與委蛇，並非真心附於乙渾，獻文帝以此原因誅殺慕容白曜，理由不免牽強，天下咸以為冤：〔註8〕

　　　　（皇興）四年（西元470年）冬見誅。初，乙渾專權，白曜頗所俠
　　　　附，緣此追以為責。及將誅也，云謀反叛，時論冤之。

慕容白曜為北魏名將，遭此下場，乃獻文帝藉此樹立君主權威，遂以慕容白曜為犧牲品，挑戰文明太后權威。權力爭奪，已使獻文帝不得不與文明太后正面衝突，他接著下令誅殺李敷、李弈兄弟：「（文明）太后行不正，內寵李弈，顯祖（獻文帝）因事誅之，太后不得意。」〔註9〕以「顯祖因事誅之」一語，輕鬆帶過獻文帝誅殺李弈之事，事實上李氏兄弟被殺乃受李敷之至友李

〔註6〕　參見王吉林，〈北魏繼承制度與宮闈鬥爭之綜合研究〉，前揭書，頁 104～105。
〔註7〕　《魏書》卷 50〈慕容白曜傳〉，頁 1116～1117。
〔註8〕　《魏書》卷 50〈慕容白曜傳〉，頁 1119。
〔註9〕　《魏書》卷 13〈皇后‧文成文明皇后馮氏傳〉，頁 328。

訴連累，《魏書‧李訴傳》有言：〔註10〕

> （李訴）乃受納民財及商胡珍寶，兵民告言。……有司諷（李）訴以中旨嫌（李）敷兄弟之意，令訴告列敷等隱罪，可得自全。

《魏書‧李順附子敷傳》亦載：〔註11〕

> 李訴列其隱罪二十餘條，顯祖（獻文帝）大怒，皇興四年（西元470年）冬，誅敷兄弟，削順位號為庶人。敷從弟顯德、妹夫廣平宋叔珍等，皆坐關亂公私，同時伏法。……敷長子伯和。次仲良，與父俱死。

《通鑑》明載獻文帝因「（李）敷弟（李）弈得幸於馮太后，帝意已疏之。」〔註12〕。由此可知，李氏兄弟之被殺，雖是李弈受寵於文明太后，獻文帝不滿文明太后與李弈穢亂之關係，遂借故除之。此事件背後隱藏著獻文帝與文明太后的權力鬥爭，若是因文明太后內寵李弈，則獻文帝殺其兄弟即可，為何連坐李敷從弟、妹夫等家族，事實上，獻文帝懷疑李敷家族為文明太后陣營重要力量，故將其家族大舉誅殺，藉以削弱文明太后勢力。

　　李弈是文明太后的情人，李敷是文成、獻文兩朝重臣。文明太后品行不正，內寵李敷之弟李弈，魏廷內外早有傳聞，北魏至獻文帝時漢化已深，獻文帝無法忍受此宮廷穢聞，更不滿文明太后掌握權力。至於文明太后與獻文帝在朝政上的磨擦起於何時？史料並無明載，但皇興四年（西元470年）獻文帝誅李敷和李弈兄弟事件，應是雙方衝突的表面化，這也表示文明太后與獻文帝之政爭，在此之前已有一段時間，所以兩人政爭應該是略早於皇興四年（西元470年），只不過以前雙方是暗地裡的政爭，獻文帝誅李氏兄弟此舉意欲將雙方政爭公開化，為鞏固皇權而訴諸魏廷朝臣了。

二、獻文帝禪位事件

　　獻文帝殺李敷兄弟後，可說是對文明太后公開挑戰，同時也驚覺文明太后權勢之大，獻文帝可能為了避開與文明太后正面衝突，也為了脫離文明太后以「太后」威權對獻文帝「皇權」的箝制，於是在皇興五年（西元471年）八月，宣布欲將帝位禪於其叔父京兆王子推，魏廷百官譁然。由於皇叔年齡較長，且是和文明太后同輩，若禪讓成功，馮氏將無法成為太后。這種傳叔

〔註10〕　《魏書》卷46〈李訴傳〉，頁1040～1041。
〔註11〕　《魏書》卷36〈李順附子敷傳〉，頁834。
〔註12〕　《通鑑》卷132〈宋紀十四〉，明帝泰始六年，頁4154。

不傳子的皇位繼承方式，乃對拓跋氏從太祖道武帝以來推行「父子相傳」繼承制的一大挑戰，將會對北魏的皇位繼承帶來紛爭。此一事件，《魏書》所載理由為獻文帝「雅薄時務，常有遺世之心。」〔註 13〕這當然是表面理由，並非事實。從他退位為太上皇帝，至其過世的五年間，經常南征北討，實在很難看到他的「雅薄時務」及「遺世之心」，這其中大有文章，牽涉到獻文帝與文明太后的權力鬥爭。

　　獻文帝有兄弟六人：安樂王長樂、廣川王略、齊郡王簡、河間王若、安豐王猛、韓哀王安平，據《魏書》所載，「韓哀王安平，王早薨，無傳。」〔註 14〕、「河間王若，字叔儒。年十六，未封而薨，追封河間。」〔註 15〕除此二人早逝外，安樂王長樂、廣川王略、齊郡王簡、安豐王猛等四人在太和年間尚有其事蹟之記載，〔註 16〕足證獻文帝尚有四位弟弟在世。且此前獻文帝已於皇興三（西元 469 年）年六月辛未，立未足三歲的拓跋宏為皇太子，〔註 17〕為何不將帝位傳於太子或其兄弟，而欲傳位於其叔父京兆王子推。其實獻文帝另有盤算，京兆王子推是文成帝之弟、獻文帝叔父，與文明太后同輩，兩人是叔嫂關係。京兆王子推不僅歷任北魏諸要職，而且頗有威望：〔註 18〕

　　　　京兆王子推，太安五年（西元 459 年）封。位侍中、征南大將軍、

　　　　長安鎮都大將。……入為中都大官，察獄有稱。

論聲望與經驗，京兆王子推都有與文明太后抗衡的實力，更重要的是，若京兆王子推繼承皇位，文明太后與其同輩，文明太后將無法以皇太后之尊干預朝政，而京兆王子推和文明太后的叔嫂關係，比太子宏和文明太后的祖孫關係又隔了一層，可以想見，京兆王子推繼位後，文明太后和京兆王子推之間會因地位改變而造成關係的疏遠，如此一來，文明太后將喪失皇太后權威，而她所躬自撫養的太子宏亦將喪失皇位繼承權，將使文明太后在政治上無著力點，可見獻文帝挑選京兆王子推繼承帝位乃經過縝密思考。

　　獻文帝捨其親生太子，而欲禪位於其叔京兆王子推，可見他承受文明太后壓力之大，以致無法忍受，至於是否另有隱情，也值得懷疑。有一說為太

〔註 13〕《魏書》卷 6〈顯祖紀〉，頁 131。

〔註 14〕《魏書》卷 20〈文成五王列傳〉，頁 525。

〔註 15〕《魏書》卷 20〈文成五王列傳〉，頁 529。

〔註 16〕參見《魏書》卷 20〈文成五王列傳〉，頁 525～529。

〔註 17〕《魏書》卷 6〈顯祖紀〉，頁 129。

〔註 18〕《魏書》卷 19 上〈景穆十二王上・京兆王子推傳〉，頁 443。

子宏非獻文帝親生子，乃文明太后私生子，否則骨肉至親，獻文帝何忍不傳位於太子宏。最早提出此懷疑者乃呂思勉，大澤陽典〔註19〕、鄭欽仁〔註20〕分別就此論點加以析論。不過，李憑不同意此說法，他認為太子宏乃獻文帝親生子無疑。〔註21〕孫同勛也認為，太子宏不會是文明太后之子，若果真如此，北魏的皇統到孝文時已發生問題。〔註22〕獻文帝的確有可能因太子宏乃文明太后之子，故不願傳位太子宏，若傳位太子宏，等於拱手將政權讓出，此為獻文帝所不願，然而宮闈事祕頗難知悉，太子宏是否為文明太后之子？無確切證據可證明，如同最早提出懷疑的呂思勉所言：「此等事，固永無證據可得也。」〔註23〕

Andrew Eisenberg 認為，獻文帝初即位時，曾面臨拓跋道符的叛變：〔註24〕

皇興元年（西元 467 年）……庚子，東平王道符謀反於長安。……

丁未，道符司馬段太陽攻道符，斬之，傳首京師。道符兄弟皆伏誅。

拓跋道符為東平王翰之子，乃文成帝堂兄弟，《魏書》對拓跋道符的謀反原因沒有詳細記載，有可能是挑戰獻文帝之皇位，此亂事對獻文帝往後的禪位思維有所影響。獻文帝認為，若等到自己死後由太子宏繼位，太子宏是否有足夠能力應付諸王對其皇位的挑戰？還是先傳位太子宏，退位當太上皇帝，由自己掌握軍政大權，助太子宏坐穩皇位；或者是禪位於年齡較長之叔父京兆王子推，如此才能應付宗室諸王對皇位之覬覦。不論獻文帝是否曾思考上述情況，但拓跋道符的謀反，讓獻文帝開始思考提早禪位的相關問題。〔註25〕

獻文帝知其禪位京兆王子推牽涉甚廣，遂召集百官朝議，但「王公卿士，莫敢先言。」〔註26〕魏廷朝臣面對此種情況，若贊成禪位於京兆王子推，將得罪文明太后；反之，若不贊成又將得罪獻文帝，處兩難之間，只有緘默。

〔註19〕參見大澤陽典，〈馮氏與其時代──北魏政治史之一齣〉，刊於《立命館文學》192 號，1961 年 6 月。
〔註20〕參見鄭欽仁，〈北魏中給事（中）稿〉，前揭書，頁 199～208。
〔註21〕參見李憑，《北魏平城時代》，第四章，第一節：「孝文帝非私生辨」，頁 195～208。
〔註22〕孫同勛，〈孝文帝的遷都與漢化〉，收於氏著《拓跋氏的漢化及其他──北魏史論文集》（臺北：稻鄉出版社，2005 年 3 月），頁 83。
〔註23〕呂思勉最早提出懷疑，因此他論證甚詳，參見氏著，《兩晉南北朝史》上冊（香港：太平書局，1962 年 10 月），第十一章，第一節：「馮后專朝」，頁 504～512。
〔註24〕《魏書》卷 6〈顯祖紀〉，頁 127。
〔註25〕參見 Andrew Eisenberg，〈Retired Emperorship Medieval China: The Northern Wei〉，前揭書，頁 58～59。
〔註26〕《魏書》卷 19 中〈景穆十二王中・任城王雲傳〉，頁 461。

獻文帝不得已，遂「集諸大臣，以次召問。」〔註27〕如此諸朝臣不能不言，只得各抒己見，任城王雲先言：〔註28〕

> 陛下方隆太平，臨覆四海，豈得上違宗廟，下棄兆民。父子相傳，其
> 來久矣。皇魏之興，未之有革。皇儲正統，聖德風章，陛下必欲割捐
> 塵務，頤神清曠者，冢副之寄，宜紹寶曆。若欲捨儲，輕移宸極，恐
> 非先聖之意，駭動人情。又，天下是祖宗之天下，而陛下輒改神器，
> 上乖七廟之靈，下長姦亂之道，此是禍福所由，願深思慎之。

任城王雲此番議論，在提醒獻文帝正是年富力強之時，不宜禪位，且立有太子宏，皇位不可任意禪讓他人，若將皇位隨意授人，將會滋生動亂。另一進言者爲太尉源賀，源賀當時督軍屯漠南，獻文帝徵源賀入京與議禪位之事，源賀曰：〔註29〕

> 陛下今欲外選諸王而禪位皇叔者，臣恐春秋蒸嘗，昭穆有亂，脫萬
> 世之後，必有逆饗之譏，深願思任城之言。

源賀所言乃從宗廟昭穆觀點切入，支持父子相承繼位方式，不可叔姪相承，其立場與任城王雲並無二致。另，宗室東陽公丕亦言：〔註30〕

> 皇太子聖德凤彰，然實沖幼。陛下富於春秋，始覽機政，普天景仰，
> 率土傒心，欲隆獨善，不以萬物爲意，其若宗廟何，其若億兆何。

東陽公丕在乙渾之亂時與文明太后聯合誅殺乙渾，其立場偏向文明太后無疑，故其言論與任城王雲、源賀等相差無幾，均是不欲獻文帝禪位京兆王子推。

任城王雲、東陽公丕相當程度代表了拓跋宗室意見，至於源賀，則是掌握軍隊的實力派人物，屬代人貴族。他們的意見均是認爲已有太子宏，皇位後繼有人，不可禪位京兆王子推。至於其他魏廷百官的看法亦相去無幾，如選部尚書陸馛：〔註31〕

> 皇太子聖德承基，四海屬望，不可橫議，干國之紀。臣請刎頸殿庭，
> 有死無貳。

陸馛認爲僅有皇太子可接替皇位，獻文帝若將皇位傳予他人，陸馛誓死反對。從宗室任城王雲開始，至執掌兵權之源賀、重臣陸馛等人，不約而同反對獻

〔註27〕《魏書》卷48〈高允傳〉，頁1086。
〔註28〕《魏書》卷19中〈景穆十二王中·任城王雲傳〉，頁461。
〔註29〕《魏書》卷19中〈景穆十二王中·任城王雲傳〉，頁461。
〔註30〕《魏書》卷19中〈景穆十二王中·任城王雲傳〉，頁462。
〔註31〕《魏書》卷40〈陸馛傳〉，頁905。

文帝禪位之計畫，且義正辭嚴，乃至不肯奉詔。獻文帝尚未覓得贊成其意見之人，因拓跋宗室、代人貴族均反對，乃改變方向，詢問宦官趙黑，孰料趙黑亦持擁護皇太子立場，《魏書·趙黑傳》載：〔註32〕

> 臣愚無識，信情率意。伏惟陛下春秋始富，如日方中，天下說其盛明，萬物懷其光景，元元之心，願終萬歲。若聖性淵遠，欲頤神味道者，臣黑以死奉戴皇太子，不知其他。

獻文帝聞趙黑之言後，知情勢不利於己，但仍希望找到支持自己的人，續問漢人大臣中書令高允：〔註33〕

> 臣不敢多言，以勞神聽。願陛下上思宗廟託付之重，追念周公抱成王之事。

高允所言，明白表示皇位當傳太子，太子年齡雖幼，若慎選輔政大臣，有何不可！獻文帝眼見大勢已去，無法違背朝廷百官公論，拓跋宗室與魏廷朝臣幾乎一面倒支持太子，無人贊成禪位京兆王子推，獻文帝只好讓步，挑選賢臣輔佐太子，以陸馛為太保，與太尉源賀持節奉皇帝璽綬，傳位太子宏：〔註34〕

> （獻文）帝乃曰：「然則立太子，群公輔之，有何不可！」又曰：「陸馛，直臣也，必能保吾子。」乃以馛為太保，與源賀持節奉皇帝璽綬傳位於太子。丙午，高祖即皇帝位，大赦，改元延興。

高祖為孝文帝之廟號，在獻文帝禪位不成的情形下即位。另外，據《通鑑》所述，參與此次御前禪位會議的人員，有宗室任城王雲、東陽公丕；督軍於漠南的太尉源賀和尚書陸馛等代人重臣；漢人官僚代表高允；及宦者選部尚書趙黑等。〔註35〕分析其人員組成，似乎又回復到拓跋氏草原時期，推選部落聯盟領袖的部落大人會議，《通鑑》稱之為「公卿大議」，唯參與此次會議的有漢人官僚代表高允及宦官趙黑。

　　拓跋宗室及魏廷朝臣幾乎絕大部分都反對獻文帝禪位京兆王子推，但他們並不反對獻文帝禪位給太子宏，由此可見中原王朝皇位父子相承制及漢文化對拓跋政權之浸透，他們認為父子相傳乃天經地義之事。在獻文帝不肯妥協時，只有東陽公丕提出獻文帝暫緩退位之說，但不為諸大臣所認同。

〔註32〕　《魏書》卷94〈閹官·趙黑傳〉，頁2016。
〔註33〕　《魏書》卷48〈高允傳〉，頁1086。
〔註34〕　《通鑑》卷133〈宋紀十五〉，明帝泰始七年，頁4165。
〔註35〕　《通鑑》卷133〈宋紀十五〉，明帝泰始七年，頁4165～4167。

　　文明太后親自撫育太子宏其實別有用心，她深知掌握太子宏，就能擁有一切權力，因太子日後將繼承皇位，文明太后乃著眼於未來。在拓跋宏被立為皇太子後，文明太后願意還政獻文帝，是她已立於不敗之地，一旦獻文帝崩逝，太子宏必然繼位，文明太后又可臨朝聽政，故立僅三歲之拓跋宏為太子，應是出自文明太后之意。但獻文帝不願皇位繼承遭文明太后所箝制，乃改變策略，傳位其叔京兆王子推，但文明太后之勢力非獻文帝所能撼動，文明太后發動宗室、百官反對獻文帝禪位京兆王子推，逼獻文帝傳位太子宏，《魏書·天象志》載：「明年（皇興五年〔西元 471 年〕），上迫於太后，傳位太子，是為孝文帝。」〔註36〕「迫於太后」，道出獻文帝遭受文明太后之壓力。事實上，獻文帝以皇帝至尊，不致慘敗於文明太后，但獻文帝的戰略錯誤，欲傳位皇叔京兆王子推，對漢化已深的拓跋氏而言，父子相承、太子繼承皇位已成祖訓，從道武帝建國以來均是父子相傳，叔姪相傳是部落聯盟時期的過去之事，獻文帝違反祖訓，正好賦予文明太后及黨於其集團的宗室百官有利條件，具備了反對的理論依據。其實這些拓跋宗室及漢臣，他們大多數人並非反對獻文帝的退位，而是堅決反對由京兆王子推繼位，他們僅執著於宗法、禮法，並不了解獻文帝背後深層的意義。文明太后正好利用這批朝臣力量，借力使力，粉碎獻文帝傳位京兆王子推的計謀。在文明太后首次與獻文帝之鬥爭中，表面上雖然文明太后獲勝，但實際上，獻文帝也未盡輸，以太上皇帝掌握政權，夾在雙方之間的拓跋宏，成為二人鬥爭的工具，所幸拓跋宏年幼無知，避免了立場的問題。

三、拓跋宏即位之分析

　　太子宏能夠順利即位，魏廷內外除獻文帝外，幾乎全部支持，而影響獻文帝禪位太子宏之原因，如下表所示：

表十三：影響拓跋宏即位因素分析表

因　素	內　容
拓跋宗室	任城王雲、東陽公丕反對禪位京兆王子推，贊成太子宏繼位。
代人貴族	太尉源賀、選部尚書陸馛反對禪位京兆王子推，贊成太子宏繼位。
漢族士大夫	中書令高允贊成太子宏繼位。
宦官	趙黑贊成太子宏繼位。

〔註36〕《魏書》卷 105 之 3〈天象志三〉，頁 2412。

父子相傳的繼承法則	北魏建國以來均爲父子相承。
皇太子名位	拓跋宏既被立爲皇太子，自然取得法定皇位繼承人的資格。
文明太后	運作附己之拓跋宗室與魏廷朝臣反對禪位京兆王子推，力主太子宏繼位。

在上述因素中，可分有形及無形之因素。拓跋宗室、代人貴族、漢族士大夫、宦官皆爲有形因素，其中拓跋宗室、代人貴族較強；漢族士大夫、宦官較弱。任城王雲、東陽公丕代表宗室力量，任城王雲爲獻文帝之叔，在獻文帝詢問百官禪位京兆王子推意見時，無人敢回應，任城王雲率先發言反對，〔註37〕可見其甚有威望，《魏書》稱其「甚收時譽」，〔註38〕在宗室間之地位頗高；東陽公丕爲平定乙渾之亂的大功臣，「容貌壯偉，腰帶十圍，大耳秀眉，鬚鬢斑白，百僚觀瞻，莫不低聲。」〔註39〕可見他在宗室、朝臣間，威望夙著。

太尉源賀前文已敘乃擁立文成帝功臣，〔註40〕歷太武帝、文成帝、獻文帝三朝重臣，當時手握重兵督軍漠南，〔註41〕屬實力派將領；選部尚書陸馛，爲擁立文成帝功臣陸麗之子，襲父爵，「多智，有父風。」〔註42〕源賀和陸馛均反對禪位京兆王子推，堅決擁護太子宏繼位。

至於中書令漢人高允和宦官趙黑，對獻文帝而言並不具重大影響，因漢人無政治實權，趙黑亦無宗愛之權勢，獻文帝是在力量最大的拓跋宗室和代人貴族反對後，欲從漢人和宦官中找尋附和他之人，才有力道反擊拓跋宗室和代人貴族的意見，不料高允和趙黑亦不支持獻文帝。然而，高允和趙黑畢竟政治實力不足，所以兩人和獻文帝的對話中，不敢如任城王雲和源賀等人挑明反對禪位京兆王子推，怕得罪京兆王子推，僅以支持太子宏爲其觀點。

北魏建國以來皇位繼承均爲父子相傳，父子相傳成爲繼承法則，叔姪相傳已是部落聯盟時代的舊事，此爲魏廷上下共同之認知，加上獻文帝已立拓跋宏爲太子，皇帝無法視事或欲禪位時，太子當然是第一人選，獻文帝連續違反這兩項已成北魏普遍認知的繼承法則，理所當然遭到魏廷內外反對，最

〔註37〕《魏書》卷19中〈景穆十二王中・任城王雲傳〉，頁461。

〔註38〕《魏書》卷19中〈景穆十二王中・任城王雲傳〉，頁461。

〔註39〕《魏書》卷14〈神元平文子孫・東陽王丕傳〉，頁358。

〔註40〕參見《魏書》卷41〈源賀傳〉，頁920。

〔註41〕《魏書》卷41〈源賀傳〉，頁921。

〔註42〕《魏書》卷40〈陸馛傳〉，頁904。

後無疾而終。

文明太后反對禪位京兆王子推，有形、無形的策略兼而有之。她發動和自己關係密切之拓跋宗室與魏廷朝臣，反對獻文帝禪位京兆王子推，主張太子宏繼位，本人卻躲在幕後。事實證明，文明太后一派之宗室大臣，於廷議中堅決反對獻文帝禪位京兆王子推，逼使獻文帝不得不傳位太子宏，讓整個局勢按照文明太后的布局走，使她成為禪位事件的最大贏家。

獻文帝認為以自己皇帝至尊之權力，傳位京兆王子推應易如反掌，卻誤判情勢，高估自己、低估對手，不知父子相承的繼承法則已如此根深蒂固。獻文帝皇興五年（西元 471 年）上距道武帝登國元年（西元 386 年）已有八十六年歷史，北魏漢化已深，且皇位傳承已歷五帝，漢民族嫡長子繼承、立皇太子為儲君等觀念制度，已成北魏的繼承法則。獻文帝欲違反此一制度，回歸部落聯盟叔姪相傳的脫序行動，等於冒大不諱，無怪乎引起魏廷內外全面反對，獻文帝禪位其叔京兆王子推之議，因而胎死腹中。

孝文帝被立為皇太子且順利即位，其生母是否因「子貴母死」制而死呢？孝文帝為獻文帝長子，母為李夫人，孝文帝甫出生即由文明太后躬自撫養。皇興三年（西元 469 年）六月辛未被立為皇太子，生母李夫人亦薨於是年。〔註43〕《魏書》雖未詳述李夫人死因，但由「上下莫不悼惜。」〔註44〕來看，李氏應死於「子貴母死」制。當時文明太后和獻文帝已不和，且拓跋宏被立為皇太子，李夫人有可能為皇后甚至皇太后，文明太后權力將遭剝奪，故文明太后藉「子貴母死」冠冕堂皇理由，不僅可除去李夫人，亦可打擊獻文帝。孝文帝在文明太后有生之年，始終不知其所生，《魏書・文成文明皇后馮氏傳》載：「迄后之崩，高祖（孝文帝）不知所生。」〔註45〕文明太后刻意不讓孝文帝知其所生，更加肯定文明太后以「子貴母死」慣例處死李夫人，若孝文帝知曉其中原因，會影響與文明太后之情感，對文明太后掌握孝文帝而言，將增加不少阻力，從此點更可斷定李夫人之死，當為依例而卒。

四、獻文帝退位後之作為

獻文帝傳位太子宏，可說是文明太后一大勝利，因文明太后認為獻文帝

〔註43〕參見《魏書》卷 13〈皇后・獻文思皇后李氏傳〉，頁 331。
〔註44〕《魏書》卷 13〈皇后・獻文思皇后李氏傳〉，頁 331。
〔註45〕《魏書》卷 13〈皇后・文成文明皇后馮氏傳〉，頁 330。

傳位太子宏後，勢必退出權力核心，拱手無爲，屆時文明太后可以再掌政權。但獻文帝不會輕易放棄權力，他的因應之道，是皇位雖傳給太子，但仍掌握實際權力，小事不予過問，國政大事則仍掌握在手中，「國之大事咸以聞。」〔註46〕獻文帝以「太上皇帝」之名繼續執掌國家大事，以別於不管國政之太上皇，《通鑑》載：〔註47〕

> 群臣奏曰：「昔漢高祖稱皇帝，尊其父爲太上皇，明不統天下也。今皇帝幼沖，萬機大政，猶宜陛下總之。謹上尊號曰太上皇帝。」顯祖（獻文帝）從之。

獻文帝雖退居二線，但並非清靜無爲的「太上皇」，而是握有實權的「太上皇帝」，《魏書・刑罰志》載曰：〔註48〕

> 及傳位高祖（孝文帝），猶躬覽萬幾，刑政嚴明，顯拔清節，沙汰貪鄙。牧守之廉潔者，往往有聞焉。……先是諸曹奏事，多有疑請，又口傳詔敕，或致矯擅。於是事無大小，皆令據律正名，不得疑奏。合則制可，失衷則彈詰之，盡從中墨詔。自是事咸精詳，下莫敢相罔。

此段記載可作爲「國之大事咸以聞」一語之最佳註腳。此外，獻文帝仍緊握政權，尙可從萬安國的超遷中看出：〔註49〕

> 萬安國，代人也。祖眞，世爲酋帥。……安國少明敏，有姿貌。以國甥，復尚河南公主，拜駙馬都尉。遷散騎常侍。顯祖（獻文帝）特親寵之，與同臥起，爲立第宅，賞賜至巨萬。超拜大司馬、大將軍，封安城王。

萬安國深受獻文帝寵信，超授官爵，此事據《魏書・高祖紀》所載是延興二年（西元 472 年）三月戊辰，〔註50〕上距獻文帝禪位已七個月，可見獻文帝仍然掌握著最高權力。

　　孝文帝即位，獻文帝與文明太后之爭表面上似乎和平落幕，但實際上卻暗潮洶湧。從獻文帝退位稱「太上皇帝」至其崩逝的五年間，他不停的親自率軍南征北討，其征伐行爲表列如下：〔註51〕

〔註46〕　《魏書》卷 6〈顯祖紀〉，頁 132。
〔註47〕　《通鑑》卷 133〈宋紀十五〉，明帝泰始七年，頁 4165～4166。
〔註48〕　《魏書》卷 111〈刑罰志〉，頁 2876。
〔註49〕　《魏書》卷 34〈萬安國傳〉，頁 804。
〔註50〕　《魏書》卷 7 上〈高祖紀上〉，頁 136。
〔註51〕　《魏書》卷 7 上〈高祖紀上〉，頁 136～142。

表十四：獻文帝退位後領軍對外征伐表

年	月	內　　　容	出　處：《魏書》
延興二年 （西元 472 年）	正月	蠕蠕犯塞，太上皇帝次於北郊，詔諸將討之。虜遁走。……東部敕勒叛奔蠕蠕，太上皇帝追之，至石磧，不及而還。	卷 7 上〈高祖紀上〉，頁 136～137。
延興二年 （西元 472 年）	十一月	冬十月，蠕蠕犯塞，及於五原。十有一月，太上皇帝親討之。將度漠襲擊，蠕蠕聞軍至，大懼，北走數千里。以窮寇遠遁，不可追，乃止。	卷 7 上〈高祖紀上〉，頁 136～137。
延興三年 （西元 473 年）	二月	戊午，太上皇帝至自北討，飲至策勳，告於宗廟。	卷 7 上〈高祖紀上〉，頁 139。
延興三年 （西元 473 年）	十月	太上皇帝親將南討。詔州郡之民，十丁取一以充行，戶收租五十石，以備軍糧。	卷 7 上〈高祖紀上〉，頁 139。
延興四年 （西元 474 年）	二月	甲辰，太上皇帝至自南巡。	卷 7 上〈高祖紀上〉，頁 140。
延興五年 （西元 475 年）	十月	太上皇帝大閱於北郊。	卷 7 上〈高祖紀上〉，頁 142。

在這幾年當中，獻文帝盡情於征伐，不時御駕親征柔然，為鞏固北魏國防而努力，其目的就是為了要加強對政權及軍權的控制，避免權力完全被文明太后所奪。

獻文帝除了抓緊軍權與政權，對立場偏於文明太后陣營的人物，如源賀、東陽公丕、任城王雲等人，紛紛將其調離魏廷，如東陽公丕在延興五年（西元 475 年）外放雍州；〔註 52〕任城王雲在延興三年（西元 473 年）出任徐州刺史，中間雖一度因母喪還京，但不久又外放冀州；〔註 53〕另太尉源賀則在延興四年（西元 474 年）因病解職，是否獻文帝因病令其解職，史未明載，但可確定的是源賀遠離了權力核心。〔註 54〕這三人中，東陽公丕與文明太后的關係最為密切，在文明太后推翻乙渾的政變中，東陽公丕一直是此事件中

〔註 52〕東陽公丕出任雍州刺史在其本傳中並無相關記載，此處是據康樂推測所得。康樂認為，延興四年（474）九月，劉宋後廢帝劉昱在位，嬉戲無度、政治昏暗，北魏趁此時機詔將軍元蘭等五將率三萬騎，並以東陽公丕為後繼，伐蜀漢，東陽公丕疑於此時出任雍州刺史。參見氏著《從西郊到南郊》，頁 123～124。

〔註 53〕《魏書》卷 19 中〈景穆十二王中・任城王雲傳〉，頁 462。

〔註 54〕《魏書》卷 7 上〈高祖紀〉上，頁 140。

的靈魂人物，故東陽公丕很早就和文明太后有所合作，此外，在禪位事件中，東陽公丕反對獻文帝禪位京兆王子推，支持太子宏繼位。文明太后再度臨朝聽政後，東陽公丕升遷迅速，先進爵為東陽王，接著任司徒、太尉等顯職，在文明太后執政時期，東陽王丕一直有極大的影響力。

源賀與任城王雲對獻文帝禪位京兆王子推亦持反對立場，立場上應當是傾向文明太后的，從歸屬文明太后陣營的這三人情形來看，魏廷中文明太后的支持者，或至少是立場傾向她之人物，皆陸續外放離開平城或告老還鄉。易言之，文明太后陣營的實力在這幾年裡無疑受到相當大的削弱，獻文帝不斷削弱文明太后陣營人物的實力，激起文明太后的危機感，若此情況持續下去，文明太后將被剝奪一切權力，所以為了挽回劣勢，只有發動政變，奪回政權。

五、獻文帝暴崩與文明太后再度臨朝

獻文帝收攏權力的結果，和文明太后勢必會發生衝突，雙方政爭愈演愈烈，終於在孝文帝承明元年（西元 476 年）爆發政變，獻文帝突然暴崩，此次宮廷政變的經過，《魏書·高祖紀》記載頗為簡略，並未敘及政變之前因後果：〔註55〕

> 承明元年（西元 476 年）……六月甲子，詔中外戒嚴，分京師見兵
> 為三等，第一軍出，遺第一兵，二等兵亦如之。辛未，太上皇帝崩。

承明元年（西元 476 年）雖是孝文帝在位，但年僅十歲，政權掌握在獻文帝手中，故「詔中外戒嚴」應是獻文帝之意。獻文帝似乎正準備進行某種軍事行動，有可能是調動軍隊準備出征；或是重新整編禁軍；或是進行部隊操演。獻文帝能和文明太后抗衡是因掌握軍權，此時為了某種原因「軍出」，將軍隊調離平城。《魏書·高祖紀》在敘述禁軍調動後，緊接著就是「太上皇帝」崩，太過突然，似乎有某種隱諱，這個答案在《魏書·文成文明皇后馮氏傳》揭曉：「顯祖（獻文帝）暴崩，時言（文明）太后為之也。」〔註56〕據上所載獻文帝乃文明太后所暗算，或許文明太后實力雄厚，短時間無法一舉清除，故獻文帝想加強軍事實力，以便日後能一舉消滅文明太后，不料，因一時疏忽，「軍出」的結果，反遭文明太后所殺。

至於文明太后，為何也會急欲殺害獻文帝？因獻文帝雖交出帝位，仍掌軍政大權，尤其是掌控軍權，數度親率大軍南征北討，並非徒有虛名之太上

〔註55〕《魏書》卷 7 上〈高祖紀上〉，頁 142。
〔註56〕《魏書》卷 13〈皇后·文成文明皇后馮氏傳〉，頁 328。

皇，此點，引起文明太后的恐懼。文明太后傾全力逼迫獻文帝禪位孝文帝，
即是著眼孝文帝幼主繼位，大權易旁落，如此便易於獲得臨朝稱制之機會，
但獻文帝並不給文明太后任何干政機會，文明太后甚為憂心，若此局面長期
延續下去，極可能發展為獻文帝聯合孝文帝擊垮文明太后，孝文帝因父子親
情，有可能倒向獻文帝，則文明太后苦心經營之佈局，勢必全盤崩潰。再者，
孝文帝年齡漸長，對政治認識也愈深，若至其成年親政，獻文帝即使交出政
權，作個清靜無為的太上皇，文明太后也無再掌政權之機會，將永遠退出政
治舞台，這是權力慾望極深的文明太后無法接受的事實。文明太后在歷經乙
渾之亂、獻文帝禪位事件後，在朝中勢力愈來愈雄厚，獻文帝著手進行政治
佈局，文明太后必然知悉，遂趁此機會殺害獻文帝。文明太后對獻文帝之作
法，毫不避諱且公開行之，可見其勢力之穩固與雄厚。

　　由《魏書·高祖紀》的記載可知，獻文帝在調動禁軍後七日即暴崩，〔註
57〕有點猝不及防，推測應是文明太后陣營先下手為強，在獻文帝未發動政
變前即置獻文帝於死地。獻文帝死後，年僅十歲的孝文帝，能力、智慧各方
面都未臻成熟之境，無法執掌政權，如此一來，文明太后可以名正言順輔政，
「尊皇太后為太皇太后，臨朝稱制。」〔註58〕文明太后為孝文帝祖母，故為
太皇太后，而當時後宮無皇后、皇太后，孝文帝年僅十歲自無可能立皇后。
另據《魏書》所載，獻文帝生前並未立后，〔註59〕故未有皇太后，後宮遂無
人可和文明太后爭權，孝文帝又僅十歲，北魏政權又再度落入文明太后手
中，造就其再度臨朝聽政之事實。

　　獻文帝暴崩，當時魏廷傳言必然甚多，文明太后為了為緩和朝中的質疑
及獻文帝陣營的反撲，她運用高明的政治手腕，並沒有採取嚴厲手段對付立
場偏於獻文帝之朝臣，反而採懷柔政策予以尊寵，實際上是架空其權力，待
時機成熟後再予以清除。李惠、韓頹、李訢、萬安國、京兆王子推等人可確
定為政治立場傾向獻文帝。李惠為孝文帝生母李夫人之父，乃獻文帝岳父，
於太和二年（西元 478 年）〔註60〕遭文明太后所殺：〔註61〕

〔註57〕《魏書》卷 7 上〈高祖紀上〉，頁 142。

〔註58〕《魏書》卷 7 上〈高祖紀上〉，頁 142。

〔註59〕參見《魏書》卷 6〈顯祖紀〉，頁 125～134。

〔註60〕李惠被殺繫於太和二年（478）十二月癸巳。參見《魏書》卷 7 上〈高祖紀上〉，
　　　　頁 146。

〔註61〕《魏書》卷 83 上〈外戚上·李惠傳〉，頁 1824～1825。

李惠，中山人，思皇后之父也。……後爲開府儀同三司、青州刺
史，……惠素爲文明太后所忌，誣惠將南叛，誅之。惠二弟，初、
樂，與惠諸子同戮。

襄城王韓頹爲李惠岳父，太和四年（西元 480 年）遭削爵徙邊；〔註62〕李訢乃
助獻文帝殺李敷、李弈兄弟之關鍵人物，頗得獻文帝寵信，「參決軍國大議，兼
典選舉，權傾內外。」〔註63〕太和元年（西元 477 年）二月，文明太后以其有
反狀誅之；〔註64〕萬安國，「顯祖（獻文帝）特親寵之，與同臥起，爲立第宅，
賞賜至巨萬。」〔註65〕承明元年（西元 476 年）六月壬申，即獻文帝死後次日，
萬安國矯詔殺素與其不和的奚買奴於苑中，文明太后以此爲理由賜死萬安國，
《魏書・高祖紀》雖載孝文帝大怒，賜死萬安國，不過，當時孝文帝僅爲一十
歲孩童，文明太后掌握大權，賜死萬安國應是文明太后之意；〔註66〕至於獻文
帝禪位對象京兆王子推，或許因威望較著，因此文明太后將其外放爲青州刺史，
卻在太和元年（西元 477 年）年七月死於赴青州途中。〔註67〕文明太后再度執
政後，屬獻文帝陣營之人士，在短短三年內，遭文明太后徙邊、外放、殺害，
魏廷中獻文帝勢力遭徹底拔除。

孝文帝在位二十八年，〔註68〕期間可分爲三個階段。第一階段自皇興五年
（西元 471 年）秋八月丙午即位，至延興六年（即承明元年、西元 476 年）六
月，在這將近五年時間裡，雖說是孝文帝在位，但實際政治運作操在太上皇帝
獻文帝之手；第二階段自承明元年（西元 476 年）六月，至太和十四年（西元
490 年）九月，此十四餘年，政權由文明太后執掌；第三階段自太和十四年（西
元 490 年）九月，至太和二十三年（西元 499 年）四月，此九年則爲孝文帝親
政時期。在第二階段文明太后時期，孝文帝雖由文明太后躬自撫養，但直至太
和十年（西元 486 年）孝文帝開始聽政前，〔註69〕皇位仍然不穩，中間文明太

〔註62〕參見《魏書》卷 7 上〈高祖紀上〉，頁 148。
〔註63〕《魏書》卷 46〈李訢傳〉，頁 1041。
〔註64〕李訢之死可參見《魏書》卷 46〈李訢傳〉，頁 1042；卷 94〈閹官・趙黑傳〉，
　　　　頁 2016～2017。
〔註65〕《魏書》卷 34〈萬安國傳〉，頁 804。
〔註66〕參見《魏書》卷 7 上〈高祖紀上〉，頁 142。
〔註67〕參見《魏書》卷 19 上〈景穆十二王上・京兆王子推傳〉，頁 443。
〔註68〕孝文帝自皇興五年（西元 471 年）八月即位，至太和二十三年（西元 499 年）
　　　　四月崩逝，共在位二十八年。
〔註69〕張金龍認爲，孝文帝在太和十年（西元 486 年）前已在文明太后指導下學習

后一度還有廢孝文帝，另立咸陽王禧之念頭，《魏書·高祖紀》：〔註70〕

> 文明太后以（孝文）帝聰聖，後或不利於馮氏，將謀廢帝。乃於寒
> 月，單衣閉室，絕食三朝，召咸陽王禧，將立之，元丕、穆泰、李
> 沖固諫，乃止。

由此可知文明太后之權重，可任意廢立皇帝，對皇位繼承干預甚深，若非當
時重臣東陽王丕、穆泰及李沖之固諫，孝文帝可能早已被廢了。

分析此次孝文帝得以坐穩皇位的原因，表列如下：

表十五：文明太后廢孝文帝失敗之因素分析表

因　素	內　容
拓跋宗室	東陽王丕爲宗室，背後代表宗室意見，反對文明太后廢孝文帝。
代人貴族	穆泰爲代人貴族代表，勸諫文明太后不可任意廢孝文帝，另立新君。
漢族士大夫	李沖爲漢人士大夫，亦反對無任何原因廢孝文帝。
違反皇位繼承法則	廢長立幼違反北魏立國以來長子繼承法則。
孝文帝無過錯	孝文帝自繼位以來並無過錯。
孝文帝之服從	孝文帝對文明太后絕對順從。

孝文帝免於被廢，首先是東陽王丕、穆泰及李沖的勸諫，他們分別代表三種
力量：（一）東陽王丕代表拓跋宗室力量，前文已述其爲烈帝翳槐之孫，在宗
室之間輩份極高，獻文帝禪位事件中支持孝文帝繼位。（二）穆泰則爲穆崇之
孫，屬代人貴族：〔註71〕

> 穆崇，代人也。其先世效節於神元、桓、穆之時。……子眞，……
> 眞子泰。……文明太后幽高祖（孝文帝）於別室，將謀黜廢，泰切
> 諫乃止。高祖德之。

（三）至於李沖，則是漢人：〔註72〕

> 李沖，字思順，隴西人，敦煌公寶少子也。……高祖（孝文帝）初，
> 以例遷秘書中散，典禁中文事，以修整敏惠，漸見寵待。

聽政，太和十年後已獨立聽政，見氏著《北魏政治史研究》（蘭州：甘肅教育
出版社，1996 年 12 月），頁 146～156。

〔註70〕《魏書》卷 7 下〈高祖紀下〉，頁 186。
〔註71〕《魏書》卷 27〈穆崇傳〉，頁 661～663。
〔註72〕《魏書》卷 53〈李沖傳〉，頁 1179～1180。

李沖雖爲漢人，但因規劃執行三長制爲文明太后所寵信，其實李沖意見能得到文明太后重視，不是他漢人身分，也非籌畫三長制功勞，而是他和文明太后不可言喻的關係：〔註73〕

　　（李）沖爲文明太后所幸，恩寵日盛，賞賜月至數千萬，進爵隴西

　　公，密致珍寶御物以充其第，外人莫得而知焉。

任何人若和文明太后有特殊關係的話，其意見會相當程度受到文明太后重視，剛好李沖爲漢人，他反對廢孝文帝，也代表當時漢人士大夫的聲音，若非李沖和文明太后的特殊關係，李沖以一介漢人的身分，其意見是不會受到重視。在拓跋宗室、代人貴族、漢人士大夫的反對下，文明太后不得不打消廢孝文帝念頭。當然，就這三股力量而言，文明太后重視的是拓跋宗室和代人貴族代表的力量，李沖只是和文明太后的特殊關係而得到重視，且正好和東陽王丕、穆泰的看法一致。

　　其次，父子相承、長子繼承至孝文帝時已成皇位繼承法則，等於形成祖制，爲宗室、百官所認同，文明太后廢長立幼，〔註74〕勢必引起反對聲浪。另外，以孝文帝本身而言，自繼位以來並無過錯，政權分別操之於獻文帝、文明太后手中，孝文帝僅能俯首聽命，君無過錯而遭廢，自然引起百官反對。

　　此次廢立孝文帝，文明太后攻守易位，宗室百官所持的正是獻文帝欲以姪傳叔違反祖制，且非北魏的繼承法則，而文明太后欲廢長立幼，亦是違犯此繼承法則，故無法達成目的。文明太后當初攻擊獻文帝的理由，如今成爲自己欲操縱廢立的絆腳石，且孝文帝並無過錯，若強行廢立，恐引起朝臣震恐與政治風暴，將影響其執政威權，衡量得失之下，文明太后只好打消此意。

　　事實上，也因孝文帝對文明太后的服從，使文明太后廢孝文帝的心意並不堅持，若孝文帝爲鞏固皇權而發生與文明太后爭權之情形，文明太后爲鞏固權力必定除掉孝文帝，從獻文帝死於文明太后之手來看，文明太后連當朝皇帝都敢殺，何況當時毫無政治實權的孝文帝，孝文帝的沈潛不僅保全了皇位，也保住了自己性命。

〔註73〕《魏書》卷53〈李沖傳〉，頁1180。

〔註74〕獻文帝共有七男，孝文帝居長，咸陽王禧居次。參見《魏書》卷21上〈獻文六王列傳〉，頁533。

第二節　宣武帝以次子入繼大統

　　太和二十三年（西元 499 年）孝文帝崩逝，次子元恪繼位，是爲宣武帝。孝文帝先後曾立兩位皇太子，一位是長子元恂，另一位是次子元恪，因元恂被廢，元恪才得以成爲皇儲，在孝文帝崩後繼承大位，成爲北魏唯一次子繼位之君王。元恂被廢之原因，牽涉到孝文帝因遷都漢化引起的保守派與漢化派鬥爭，元恂成爲雙方爭鬥下的犧牲品，成爲北魏唯一被廢之皇太子。孝文帝遷都引起的政治動亂，間接引發繼承問題導致皇位繼承不穩，欲探究太子元恂的繼承問題，需先辨明元恂何以捲入漢化的紛爭中。

一、孝文帝遷都洛陽

　　太和十七年（西元 493 年）秋，孝文帝以南伐爲名，親統大軍南向，至洛陽時尙欲南下，群臣紛紛諫阻，《魏書・高祖紀》載：〔註75〕

> （孝文帝）戎服執鞭，御馬而出，群臣稽顙於馬前，請停南伐，帝
> 乃止。仍定遷都之計。

孝文帝爲一國之君，擁有絕對權力，爲何不能光明正大的宣布遷都洛陽，反而要以南伐爲名，其實，這和保守派勢力反彈有關，誠如《魏書・李沖傳》所載：〔註76〕

> 高祖（孝文帝）初謀南遷，恐眾心戀舊，乃示爲大舉，因以脅定群
> 情，外名南伐，其實遷也。舊人懷土，多所不願，內憚南征，無敢
> 言者，於是定都洛陽。

孝文帝明知遷都會引起極大反彈，爲何還將都城由平城遷往洛陽。首先，北方統一已久，平城不足以宰制中原，向南發展亦不便，平城當作北魏僅統治北方的都城尙可，若想成爲北魏滅南朝一統華宇的都城則深恐不足。北魏歷代君王均想消滅南方勢力統一全國，孝文帝有鑑於此，親政之後，乃定遷都大計。

　　其次，孝文帝欲大力推行漢化，平城宜於攻守，而非政治文化古都，孝文帝與任城王澄曾有一段對話，可知梗概：〔註77〕

> （孝文帝）乃獨謂澄曰：「今日之行，誠知不易。但國家興自北土，
> 徙居平城，雖富有四海，文軌未一，此間用武之地，非可文治，移

〔註75〕《魏書》卷 7 下〈高祖紀下〉，頁 173。
〔註76〕《魏書》卷 53〈李沖傳〉，頁 1183。
〔註77〕《魏書》卷 19 中〈景穆十二王中・任城王雲附子澄傳〉，頁 464。

　　　風易俗，信爲甚難。

平城久處游牧民族草原文化之下，尚武之風甚盛，客觀環境無法配合孝文帝
的漢化政策。洛陽是漢文化薈萃之地，孝文帝不僅愛慕漢文化，本身亦具有
極高文化素養，如他幸洛陽時，曾詠黍離之詩，因洛陽傾頹而傷感落淚，《魏
書・高祖紀》太和十七年（西元 493 年）九月載：〔註78〕

　　　庚午，幸洛陽，周巡故宮基趾。（孝文）帝顧謂侍臣曰：「晉德不修，
　　　早傾宗祀，荒毀至此，用傷朕懷。」遂詠黍離之詩，爲之流涕。壬
　　　申，觀洛橋，幸太學，觀石經。……冬十月戊寅朔，幸金墉城。詔
　　　徵司空穆亮與尚書李沖、將作大匠董爵經始洛京。

拓跋氏自道武帝登國元年（西元 386 年）至太和十八年（西元 494 年）孝文
帝遷都洛陽，已有一百餘年歷史，拓跋氏長期浸染漢文化，孝文帝有如此高
的漢文化素養亦不足爲奇。北魏在一百餘年漢文化薰陶下，至孝文帝時整個
漢化程度與時機均已成熟，在客觀環境與孝文帝主觀漢化心態下，遷都洛陽
遂成定局。

　　另外，孝文帝南遷洛陽尚有一重要原因，太和十四年（西元 490 年）文
明太后崩逝，孝文帝始得親政，但是文明太后的勢力仍深刻影響孝文帝施政，
孝文帝欲擺脫文明太后的陰影與束縛，加上孝文帝親政幾年後，許多改革在
平城受到保守勢力的阻礙無法實施，遂促成孝文帝遷都洛陽的決心，欲以洛
陽作爲實現他政治改革的新都城。

　　在孝文帝遷都洛陽的過程中，除了獲得新生力量漢化派與中原士族的支
持，相對的，保守派反對的力道非常大。他們反對漢化，是因爲他們認爲拓
跋氏所以能夠征服中原地區，完全是靠游牧民族的戰鬥方式和生活習慣，如
果遷都洛陽漢化後，拓跋氏原有之勇猛善戰性格將會消失，拓跋氏會被漢人
逐漸同化，如此一來，不僅無法維持北魏政權，反而會有滅國危機。且黃河
流域氣候炎熱，拓跋族人水土不服，死亡率一定很高。這股反彈力量非常大，
于烈曾對孝文帝云：「若隱心而言，樂遷之與戀舊，唯中半耳。」〔註79〕事實
上，恐怕是樂遷者寡、戀舊者眾，可見孝文帝面對保守派壓力之大。

　　保守派以穆泰、東陽王丕、陸叡等爲代表，東陽王丕是保守派首要人物，
他歷仕五朝，卒於宣武帝景明四年（西元 504 年），年八十二，孝文帝遷都時

〔註78〕《魏書》卷 7 下〈高祖紀下〉，頁 173。
〔註79〕《魏書》卷 31〈于栗磾附烈傳〉，頁 738。

已七十餘歲，《魏書‧東陽王丕傳》載：〔註80〕

> 丕聲氣高朗，博記國事，饗讌之際，恒居坐端，必抗音大言，敘列
> 既往成敗。帝后敬納焉。

東陽王丕助文明太后誅除乙渾，反對獻文帝禪位京兆王子推、反對文明太后廢孝文帝另立咸陽王禧，在政治上有極大影響力，他反對遷都和漢化，「丕雅愛本風，不達新式，至於變俗遷洛，改官制服，禁絕舊言，皆所不願。」〔註81〕為了順利遷都，及緩和保守勢力的抗爭，孝文帝不得不對保守派採取容忍的態度，作了相當程度的妥協，避免遷都過急激起政治動亂，《魏書‧東陽王丕傳》載：〔註82〕

> 至於衣冕已行，朱服列位，而丕猶常服列在坐隅，晚乃稍加弁帶，
> 而不能修飾容儀，高祖（孝文帝）以丕年衰體重，亦不強責。

另，《魏書‧常山王遵附暉傳》載：〔註83〕

> 初，高祖遷洛，而在位舊貴皆難於移徙，時欲和合眾情，遂許冬則
> 居南，夏便居北。

《魏書‧尒朱榮傳》亦載：〔註84〕

> 及遷洛後，特聽冬朝京師，夏歸部落。

《北史‧厙狄干傳》載：〔註85〕

> 以家在寒鄉，不宜毒暑，冬得入京師，夏歸鄉里。

這種冬季在京師，夏季聽其回歸北方或部落的情況，是因保守派人士習於草原氣候，不能適應南方洛陽酷熱氣候妥協下的產物，也因為孝文帝對保守派採取暫時的容忍，他的漢化改革措施才能持續下去。事實上，包含孝文帝的諸多漢化措施，對保守派也不是一體適用，如孝文帝雖對禁鮮卑語、改用漢語態度堅定，但是對保守派也有讓步，《魏書‧咸陽王禧傳》載：〔註86〕

> 今欲斷諸北語，一從正音，年三十已上，習性已久，容或不可卒改，
> 三十以下，見在朝廷之人，語音不聽仍舊，若有故為，當降爵黜官。

保守派份子，年紀幾乎都在三十歲以上，強求他們改用漢語，相當困難，必

〔註80〕《魏書》卷14〈神元平文諸帝子孫‧東陽王丕傳〉，頁358。
〔註81〕《魏書》卷14〈神元平文諸帝子孫‧東陽王丕傳〉，頁360。
〔註82〕《魏書》卷14〈神元平文諸帝子孫‧東陽王丕傳〉，頁360。
〔註83〕《魏書》卷15〈昭成子孫‧常山王遵附暉傳〉，頁358。
〔註84〕《魏書》卷74〈尒朱榮傳〉，頁1644。
〔註85〕《北史》卷54〈厙狄干傳〉，頁1956。
〔註86〕《魏書》卷21上〈獻文六王上‧咸陽王禧傳〉，頁536。

然招致反抗，於是只有准其仍操鮮卑語。

由孝文帝對保守派的妥協與容忍來看，當時保守勢力相當強大，逼使孝文帝不得不做出讓步，這也是孝文帝假南伐為名行遷都之實的原因。若是大張旗鼓進行遷都，保守勢力必定反對到底，孝文帝遷都洛陽能否成功，尚未可知。

二、保守勢力與太子恂結合

孝文帝雖對北方的保守勢力做了許多妥協與讓步，但仍無法獲得他們的諒解。保守派不能忍受孝文帝背離拓跋氏傳統草原文化，計畫發動政變推翻孝文帝，另立忠於草原文化之新君，於是保守派找上了太子恂，太子恂乃未來的皇位繼承人，有足夠號召力，而太子恂本人不似其父孝文帝愛慕漢文化，反而喜愛草原文化，「恂不好書學，體貌肥大，深忌河洛暑熱，意每追樂北方。」〔註87〕於是太子恂便成為保守派鎖定之目標。

太子恂為孝文帝長子，太和七年（西元 483 年）生，〔註88〕太和十七年（西元 493 年）七月癸丑立為皇太子。〔註89〕孝文帝對他寄望甚深，想把太子恂塑造成像他一樣的漢化君主，持續他的漢化事業，因此對他的漢化教育非常重視，由當時名重北魏的學者劉芳、李詔、游肇、李平、高道悅等人，以儒家思想教育太子恂。孝文帝希望在他們的教導下，太子恂能夠成為一位典型漢文化的君王，雖然孝文帝投入非常大的心力並寄予厚望，可惜最後還是失敗，太子恂不喜漢文化，加上無法適應南方酷熱的氣候，於是被北方的保守派視為可恢復他們草原文化的象徵，而太子恂的皇太子名位，更足以號召保守派勢力和孝文帝的漢化派對抗。保守派計畫以武力發動政變，擁太子恂為主，割據一方，《魏書‧東陽王丕傳》載：〔註90〕

> 高祖（孝文帝）之發平城，太子恂留於舊京，及將還洛，（安樂侯元）
> 隆與（驍騎將軍元）超等密謀留恂。因舉兵斷關，規據陘北。

太子恂從此捲入了保守派與孝文帝漢化派政爭的漩渦中。

平城的保守派計劃發動政變推翻孝文帝，但是孝文帝和整個官僚機構已經全部遷到洛陽，洛陽是漢化派勢力範圍，保守派欲在洛陽發動政變實不可能，

〔註87〕 《魏書》卷 22〈孝文五王‧廢太子恂傳〉，頁 588。
〔註88〕 參見《魏書》卷 7 上〈高祖紀上〉，頁 152。
〔註89〕 《魏書》卷 22〈孝文五王‧廢太子恂傳〉，頁 587。
〔註90〕 《魏書》卷 14〈神元平文諸帝子孫‧東陽王丕傳〉，頁 361。

因保守勢力幾乎全在平城，於是保守派計畫把孝文帝誘騙到北方來，要求孝文帝還都平城，而要如何讓孝文帝回到北方來？此時正好太師馮熙卒，東陽王丕、陸叡等人遂利用此機會表請孝文帝北上奔喪，「丕又以熙薨於代郡，表求鑾駕親臨。」〔註91〕、「叡表請車駕還代，親臨太師馮熙之喪。」〔註92〕孝文帝見東陽王丕、陸叡兩人聯袂上表，當然知道保守派在打什麼主意，但因為保守派勢力很大，孝文帝仍需他們支持，因此孝文帝不敢與北方保守派正式決裂，於是派太子恂為代表，北上弔喪，太子恂出發前，孝文帝更特別叮嚀他：〔註93〕

> 今汝（太子恂）不應向代，但太師薨於恒壤，朕既居皇極之重，不容經赴舅氏之喪，欲使汝展哀舅氏，拜汝母墓，一寫為子之情。

皇帝若無法親臨，以太子替代前往，此為自古以來慣例，孝文帝可不用親臨平城，對保守派也有所交代，避免和保守派硬碰硬的危險。不過，孝又帝心裡明白，保守勢力籠罩的北方，這種胡化環境對孝文帝欲積極培育太子恂為一漢化君主而言，當然不適合，他有可能在保守派的遊說下，被利用發動政變，或許孝文帝相信和太子恂父子至親，太子恂應不致發生背叛君父之情事。

太子恂赴代後，在北方保守勢力的包圍下，應與保守派有相當的接觸和計畫，加上太子恂不喜漢文化，遂與保守派一拍即合。太子恂從北方回返洛陽不久，趁孝文帝幸嵩山，自己留守金墉之際，欲逃奔北方，《魏書·廢太子恂傳》載：〔註94〕

> 高祖（孝文帝）幸嵩岳，恂留守金墉，於西掖門內，與左右謀欲招牧馬，輕騎奔代，手刃悅於禁中，領軍元儼，勒門防遏，夜得寧靜，厥明，尚書陸琇馳啟高祖，高祖聞之駭惋，外寢其事，仍止汴口而還，引恂數罪，與咸陽王禧等親杖恂，又令禧更代百餘，扶曳出外，不起有月餘，拘於城西別館，引見群臣於清徽堂議廢之。

太子恂招牧馬奔代揭開保守派政變的序幕，若太子恂順利回到北方，就有可能和保守派聯合以軍事力量舉起反旗，如此一來北魏將分裂成南、北兩部，北部成為保守派的草原文化勢力範圍，孝文帝苦心推行的漢化運動會受到嚴重摧殘，而太子恂竟然和北方保守派聯合為一，證明孝文帝對太子恂的漢化

〔註91〕 《魏書》卷 14〈神元平文諸帝子孫·東陽王丕傳〉，頁 360～361。
〔註92〕 《魏書》卷 40〈陸俟附孫叡傳〉，頁 912～913。
〔註93〕 《魏書》卷 22〈孝文五王·廢太子恂傳〉，頁 588。
〔註94〕 《魏書》卷 22〈孝文五王·廢太子恂傳〉，頁 588。

教育完全失敗。當太子恂行動失敗，且遭罷廢太子名位的消息傳到北方，保守派雖然失去具有號召力的標的人物，但行動並沒有因此而終止，他們轉而推舉其他宗室，《魏書‧穆泰傳》載：〔註95〕

> （穆）泰自陳久病，乞爲桓州，遂轉陸叡爲定州，以泰代焉。泰不願遷都，叡未及發而泰已至，遂潛相扇誘，圖爲叛。乃與叡及安樂侯元隆，撫冥鎮將、魯郡侯元業，驍騎將軍元超，陽平侯賀頭，射聲校尉元樂平，前彭城鎮將元拔，代郡太守元珍，鎮北將軍、樂陵王思譽等謀推朔州刺史陽平王頤爲主。頤不從，僞許以安之，密表其事。高祖（孝文帝）乃遣任城王澄率并肆兵以討之。澄先遣治書侍御史李煥單車入代，出其不意，泰等驚駭，計無所出。煥曉諭逆徒，示以禍福，於是凶黨離心，莫爲之用。泰自度必敗，乃率麾下數百人攻煥郭門，冀以一捷。不克，單馬走出城西，爲人擒送。澄亦尋到，窮治黨與。高祖幸代，親見罪人，問其反狀，泰等伏誅。

保守派雖然聲勢浩大，但孝文帝在保守派進一步行動前，搶得先機派任城王澄率兵平亂，任城王澄指揮得宜，很快就平定亂事。

東陽王丕等保守派原先的計謀是先誘騙孝文帝至北方，利用他們在北方掌握的軍事力量，逼迫孝文帝取消漢化、還都平城，若孝文帝不從，只好廢黜孝文帝，擁太子恂繼位。至於保守派有無可能弒孝文帝呢？筆者認爲，東陽王丕歷經多場宮廷政變，且是拓跋宗室領袖人物，應無弒君可能，或許在太子恂繼位後，尊孝文帝爲有名無實之太上皇，加以軟禁監視，此爲一可能方向。然而在太子恂奔代失敗後，保守派進行武裝叛變必須有足資號召的標的人物，遂準備從宗室諸王中擇立。他們認爲南安王禎最有號召力，然其隨孝文帝在洛陽，且贊成遷都，不得已，乃推陽平王頤爲主，若陽平王頤仍不從，將再逼樂陵王思譽。幸陽平王頤虛與委蛇，密報孝文帝，使孝文帝能及早應變，順利敉平這場叛亂。但樂陵王思譽「知而不告，恕死，削封爲庶人。」〔註96〕此事變聲勢之大，牽連之廣，正如《魏書‧于烈傳》所載：「是逆也，代鄉舊族，同惡者多，唯（于）烈一宗，無所染預。」〔註97〕幸而孝文帝先得消息，制敵機先，否則以保守派聲勢之大，若其主持得人、號召有方，勝負實難預料。

〔註95〕　《魏書》卷 27〈穆泰傳〉，頁 663。
〔註96〕　《魏書》卷 19 下〈景穆十二王下‧樂陵王胡兒附子思譽傳〉，頁 516。
〔註97〕　《魏書》卷 31〈于烈傳〉，頁 738。

三、太子恂之悲劇

孝文帝平定北方保守派叛變後，如何處理太子恂就成爲孝文帝的棘手問題。太子恂爲孝文帝的皇位繼承人，二人爲親生父子，有父子親情在，雖太子恂參與叛變，事實上，他只是被保守派利用作爲號召，涉入情況不深，孝文帝應不至於賜死太子恂，可是太子恂終遭賜死，其經過據《魏書·廢太子恂傳》載：〔註98〕

> 高祖（孝文帝）幸代，遂如長安，中尉李彪承間密表，告恂復與左右謀逆代。高祖在長安，使中書侍郎邢巒與咸陽王禧，奉詔齎椒酒詣河陽，賜恂死，時年十五。殮以粗棺常服，瘞於河陽城。二十二年（西元498年）冬，御史臺令史龍文觀坐法當死，告廷尉，稱恂前被攝左右之日，有手書自理不知狀，而中尉李彪、侍御史賈尚寢不爲聞。

太子恂奔代失敗被廢爲庶人後，即被囚禁於河陽：〔註99〕

> 高祖曰：「……古人有言，大義滅親，今恂欲違父背尊，跨據恒朔。天下未有無父國，何其包藏，心與身俱。此小兒今日不滅，乃是國家之大禍。脫待我無後，恐有永嘉之亂。」乃廢爲庶人，置之河陽，以兵守之，服食所供，粗免飢寒而已。

孝文帝「以兵守之。」可見廢太子恂幾乎等同囚犯遭監禁，如何能與左右密謀，李彪「告恂復與左右謀逆。」似乎別有用心，且廢太子恂曾爲自己辯駁，才有「有手書自理不知狀」的記載，不料李彪卻將廢太子恂的手書從中扣留，間接導致廢太子恂之死，李彪爲何對廢太子恂有如此惡意的行爲，逯耀東認爲其中隱然表達了漢族士大夫對於遷都與漢化的意見。〔註100〕漢人在北魏無政治實權，遷洛與否並無漢族士大夫置喙的餘地，但這並不表示漢人官員對遷都洛陽毫無意見。漢人士族可能是因爲在北方保守派的壓力下，害怕重蹈崔浩的悲劇，所以爲了避免引起拓跋宗室與代人貴族的不快，再一次的激起胡漢衝突，使崔浩悲劇重演，因此在整個遷都過程中，漢人士族很少表示他們的意見。但事實上，漢人士族心理上都支持孝文帝的遷都，不論族望高低或政治立場不同，他們均支持孝文帝遷都及推行漢化，亦即完成崔浩過去所

〔註98〕《魏書》卷22〈孝文五王·廢太子恂傳〉，頁588～589。
〔註99〕《魏書》卷22〈孝文五王·廢太子恂傳〉，頁588。
〔註100〕參見逯耀東，〈北魏孝文帝遷都與其家庭悲劇〉一文，收於氏著，《從平城到洛陽》（臺北：東大圖書公司，2001年1月）。

沒有實現的理想，將拓跋氏草原文化溶解於漢文化的洪流中，所以李彪雖然出身寒微，但是在政治見解上和世家大族的立場是一致的。

　　孝文帝是否真正需賜死廢太子恂，其中仍有討論空間，因廢太子恂遭看守於河陽時，內心已有悔悟，「恂在困躓，頗知咎悔，恆讀佛經，禮拜歸心於善。」〔註101〕從孝文帝日後與李韶的談語中，對賜死廢太子恂也頗感後悔：〔註102〕

　　　長子（李）韶，字元伯，學涉，有器量。……高祖（孝文帝）自鄴還洛，韶朝於路，言及庶人恂事。高祖曰：「卿若不出東宮，或未至此。」

孝文帝與廢太子恂畢竟還有父子天倫之情，即使孝文帝無意恢復他太子的地位，但赦免他的罪，並非不可能。李彪害怕一旦廢太子恂被赦免後，有可能在北方保守派殘餘勢力支持下，再度發動叛變，果真如此，漢化政策會遭遇相當大的阻礙。李彪為了完成漢人士族的理想，避免忠慕草原文化的保守派重新找到著力點，只有犧牲廢太子恂，遂居間用事扣留其手書，使廢太子恂遭到賜死命運。

　　廢太子恂之死，表面上是他不喜漢文化、樂於追慕草原文化，而成為保守派與漢化派鬥爭下的犧牲品，但就皇位繼承而言，漢化派與保守派介入了皇位繼承人的紛爭，孝文帝和廢太子恂同樣是此場文化衝突下的犧牲品。孝文帝遷都洛陽並持續推動漢化改革，卻隱隱然造成南北分裂，北方所留下的是一批主張保有草原文化的傳統保守派，以拓跋宗室、代人貴族為主；而洛陽漢化遷都集團，則是由掌握最高政治權力的孝文帝所培養的一批新生力量。孝文帝為實現拓跋氏漢化的理想付出很高的代價，犧牲了自己的皇位繼承人，北魏自建國後皇位繼承一直不穩，原本孝文帝立太子恂後，皇位將可由太子恂順利繼承，不料太子恂卻捲入遷都的紛爭中，使太子恂成為北魏第一位被廢及第二位無法繼位的皇太子。〔註103〕

四、元恪以次子即位

　　太子恂被廢後，皇太子之位並沒有懸缺太久，孝文帝在太和二十一年（西元497年）春正月丙申，立次子元恪為皇太子，〔註104〕正式成為孝文帝皇位繼承人，以次子而被立為皇太子，此為北魏前所未有之事，但現實狀況令孝

〔註101〕《魏書》卷22〈孝文五王‧廢太子恂傳〉，頁588。
〔註102〕《魏書》卷39〈李韶傳〉，頁886。
〔註103〕北魏第一位無法繼位的皇太子是拓跋晃，他薨於正平元年（451）六月戊辰，當時其父太武帝仍在位，參見《魏書》卷4下〈世祖紀下〉，頁105～106。
〔註104〕《魏書》卷7下〈高祖紀下〉，頁181。

文帝不得不如此。孝文帝以前，北魏從未有廢太子之事，因太子爲儲君，廢太子茲事體大，常會牽動政局，故北魏從未有此先例。而北魏廢太子之惡例，乃由孝文帝開始。元恪之所以能以次子而被立爲皇太子，另有一重要原因，即廢太子恂無子：〔註 105〕

> 初，（孝文）帝將爲恂娶司徒馮誕長女，以女幼，待年長。先爲娉彭城劉長文、榮陽鄭懿女爲左右孺子。時恂年十三四，高祖（孝文帝）泛舟天淵池，謂郭祚、崔光、宋弁曰：「人生須自放，不可終朝讀書。我欲使恂旦出省經傳，食後還內，晡時復出，日夕而罷。卿等以爲何如？」光曰：「孔子稱『血氣未定，戒之在色。』傳曰：『晝以訪事，夜以安身。』太子以幼年涉學之日，不宜於正晝之時，捨書御內，又非所以安柔弱之體，固永年之命。」高祖以光言爲然，乃不令恂晝入內。無子。

因廢太子恂無子，孝文帝欲依長子繼承法以廢太子恂之子爲儲君亦不可得，不似拓跋晃有子拓跋濬，太武帝另有以皇孫爲皇儲之選擇，孝文帝卻無如此之選擇，必須從其餘皇子中選一人爲嗣君。孝文帝共有七男，〔註 106〕既然長男太子恂被廢，依年齡排序由次子元恪爲太子，可減少爭議及免去諸皇子因爭位引起的政治動盪。若孝文帝立另一皇子爲太子，其上有兄長，勢必造成奪位紛爭，甚至引發政變，故在穩定皇位繼承的前提下，以次子元恪爲皇太子，乃合理之選擇；另外，因廢太子恂不喜漢文化，以致爲保守派利用發動政變，故孝文帝欲貫徹其華化事業，必須選擇對漢文化有熱誠與興趣的皇子，元恪正好符合此一條件，元恪與廢太子恂完全不同，他漢化程度頗深，《魏書》稱其「雅愛經史，尤長釋氏之義，每至講論，連夜忘疲。」〔註 107〕元恪於是脫穎而出成爲皇位繼承人。

太和二十三年（西元 499 年）春正月，南齊陳顯達攻荊州，孝文帝下詔御駕親征：〔註 108〕

> 是時高祖（孝文帝）不豫，引（任城王）澄入見清徽堂。詔曰：「顯達侵亂，沔陽不安，朕不親行，莫攘此賊。朕疾患淹年，氣力惙弊，

〔註 105〕《魏書》卷 22〈孝文五王・廢太子恂傳〉，頁 589。
〔註 106〕《魏書》卷 22〈孝文五王列傳〉，頁 587。
〔註 107〕《魏書》卷 8〈世宗紀〉，頁 215。
〔註 108〕《魏書》卷 19 中〈景穆十二王中・任城王雲附子澄傳〉，頁 470。

如有非常，委任城大事。是段任城必須從朕。」

由「高祖不豫」來看，孝文帝於三月南伐時，已病的很嚴重，至梁城（河高臨汝縣西南四十五里），孝文帝病篤，自知大限將至，乃對皇位繼承預作規劃，首先任命六位輔政大臣，輔助太子恪順利即位：〔註109〕

詔以侍中、護軍將軍、北海王詳爲司空公，鎮南將軍王肅爲尚書令，

鎮南大將軍、廣陽王嘉爲尚書左僕射，尚書宋弁爲吏部尚書，與侍

中、太尉公禧，尚書右僕射、任城王澄等六人輔政。

六位輔政大臣，宗室即占四人，勢力最大，其目的在確保拓跋氏統治。輔政大臣並無司徒、彭城王勰，而孝文帝最倚重的即是彭城王勰，孝文帝在病重時，彭城王勰侍病禁中，且攝百揆，孝文帝數度欲託孤於彭城王勰，彭城王勰自知樹大招風，《魏書·彭城王勰傳》載：〔註110〕

但臣出入喉脣，每跨時要，及於寵靈輝赫，聞之退逷。復參宰匠，

機政畢歸，震主之聲，見忌必矣。

彭城王勰深知急流湧退道理，孝文帝亦不勉強，手詔太子恪，「吾百年之後，其聽勰辭蟬捨冕，遂其沖挹之性。」〔註111〕如是之故，彭城王勰並未列入輔政大臣之中。

其次，孝文帝深受文明太后干政之苦，怕皇后馮氏趁機擅權攬政，在太子恪即位過程中從旁掣肘，因孝文帝一死，馮皇后隨即成爲皇太后，宮廷政爭瞬息萬變，她會不會效法文明太后藉機奪權干政，造成太后政治再度出現，無人知曉。爲避免太子恪大權旁落，孝文帝以皇后馮氏失德，下詔賜死。〔註112〕接著，孝文帝又遣彭城王勰迎太子恪於魯陽（河南魯山縣），加以保護。太和二十三年（西元499年）夏四月丙午朔，孝文帝崩於穀塘原之行宮，時年三十三。〔註113〕

孝文帝崩後魏軍雖漸次北返，但距南齊尙不太遠，彭城王勰與任城王澄認爲，若陳顯達知道孝文帝已死，必定趁機攻擊，故秘不發喪，不宣佈孝文帝的死訊，將孝文帝屍體仍置於皇帝車輿中趕路，僅彭城王勰、任城王澄及左右近侍數人知悉實情。彭城王勰出入其中神色如常，奉侍膳食湯藥，處理表奏，均一如往常。又派人將孝文帝崩逝消息秘密告知奉孝文帝之命留守洛

〔註109〕《魏書》卷7下〈高祖紀下〉，頁185。

〔註110〕《魏書》卷21下〈獻文六王下·彭城王勰傳〉，頁576。

〔註111〕《魏書》卷21下〈獻文六王下·彭城王勰傳〉，頁576。

〔註112〕參見《魏書》卷13〈皇后·孝文幽皇后馮氏傳〉，頁334～335。

〔註113〕參見《魏書》卷7下〈高祖紀下〉，頁185。

陽的領軍將軍于烈，孝文帝出征前，曾「執（于）烈手曰：『都邑空虛，維捍宜重。可鎮衛二宮，以輯遠近之望。』」〔註114〕于烈得知孝文帝死訊後，立即安排佈置，穩定洛陽局勢，防止一切政治變亂。太子恪到達魯陽，迎到孝文帝的靈柩，正式為孝文帝發喪，太子恪隨即即位，是為宣武帝。

　　太子恪既以皇太子身份即位，其生母是否死於「子貴母死」？太子恪生母高氏，為司徒高肇之妹，高氏生太子恪後，又生長平王懷、長樂公主等人。〔註115〕如前段所述，孝文帝在太和二十一年（西元 497 年）春正月丙申，立元恪為皇太子，高氏早在此之前已卒，雖避過了「子貴母死」之殘忍制度，但高氏並非因病而卒，乃馮昭儀所殺：〔註116〕

> 　　及馮昭儀寵盛，密有母養世宗（宣武帝）之意，后（指高氏）自代
> 　　如洛陽，暴薨於汲郡之共縣，或云昭儀遣人賊后也。

孝文帝正式遷都是在太和十八年（西元 494 年），平城所有官署及孝文帝後宮陸續均遷往洛陽，可能馮昭儀與高氏從平城同赴洛陽途中，為馮昭儀所害。故高氏遇害時間可能在太和十八年，或稍後。

五、元恪即位之分析

　　孝文帝雖然崩逝在外，且太子恪不在身邊，而太子恪能順利即位，未發生任何政治動盪，可歸納為下列幾個因素：

表十六：影響元恪即位因素分析表

因　　素	內　　容
皇太子名位	太子恂被廢後，孝文帝立元恪為皇太子，取得法定皇位繼承人身份。
輔政大臣輔助	孝文帝以北海王詳、尚書令王肅、廣陽王嘉、吏部尚書宋弁、咸陽王禧、任城王澄等六人為輔政大臣，力保太子恪繼位。
禁軍將領支持	領軍將軍于烈掌握禁軍，宿衛皇城，忠於孝文帝。
排除太后干政	孝文帝賜死皇后馮氏，免去馮氏干政疑慮。
權力銜接未中斷	隱瞞孝文帝死訊，待太子恪趕至孝文帝靈柩前，始為孝文帝舉哀發喪。

〔註114〕《魏書》卷 31〈于烈傳〉，頁 739。
〔註115〕參見《魏書》卷 13〈皇后·孝文昭皇后高氏傳〉，頁 335。
〔註116〕《魏書》卷 13〈皇后·孝文昭皇后高氏傳〉，頁 335。

　　元恪被孝文帝立為皇太子後，即成為孝文帝皇位繼承人，其地位為全國上下所公認，且此時北魏已遷都洛陽，漢化已深，皇太子為皇儲，早為拓跋宗室、代人貴族所認同，故孝文帝崩，太子恪繼位乃天經地義之事。而孝文帝在臨崩之際，為了讓太子恪順利繼位，特命六位輔政大臣輔助太子恪即位，事實上僅有五位，因吏部尚書宋弁不久即卒，並未輔政。〔註117〕餘下五位輔政大臣，權力集中在北海王詳、廣陽王嘉、咸陽王禧、任城王澄四人手中，由他們出身背景來看，王肅乃東晉名相王導之後，其父王奐為南齊尚書左僕射，王肅為當時之高門士族，孝文帝非常重視他，禮遇有加，但因王肅為漢人，政治上無法掌握實權，加上寵信他的孝文帝已崩，故王肅列輔政大臣僅聊備一格而已。

　　至於北海王詳、廣陽王嘉、咸陽王禧、任城王澄等四人均為宗室。廣陽王嘉輩分最高，乃太武帝之孫，與文成帝同輩；〔註118〕任城王澄次之，為景穆帝之孫，與獻文帝同輩；〔註119〕而北海王詳、咸陽王禧均為孝文帝之弟，〔註120〕孝文帝此種安排，除了保證太子恪順利即位外，也可確保拓跋氏政權，不會落入外姓、外族之手，造成改朝換代之事。孝文帝安排六位輔政大臣，且權力掌握在四位宗室手中，其高明處在於未將輔政權力集於少數一、二人，四位宗室互相制衡，若有人欲取太子恪之位而代之，其餘三人必然反對，正因權力分散，不會發生如宗愛、乙渾等一人獨攬朝政的弊端。若孝文帝僅指定一或二位輔政大臣，權力可能遭壟斷，容易造成政爭，皇位甚至有遭篡奪之可能。

　　孝文帝崩逝之際，他和太子恪均在外，負責宿衛京城安全的領軍將軍于烈，就成為洛陽的安定力量。于烈為代人貴族，乃于栗磾之孫、于洛拔之子，〔註121〕「（于）烈與高陽王雍奉遷神主於洛陽，高祖（孝文帝）嘉其勳誠。」〔註122〕由孝文帝命于烈負責護衛北魏宗廟由平城遷至洛陽來看，他深受孝文帝寵信，故于烈秘密得知孝文帝駕崩消息，立即安排佈置，預防各政治勢力蠢動，因于烈公忠體國，掌握禁軍，在孝文帝崩後皇位轉移時刻，成為一股支持太子恪的重要力量。

　　太后干政讓孝文帝深受其害，當時他的皇后馮氏乃文明太后之兄馮熙之

〔註117〕參見《魏書》卷63〈宋弁傳〉，頁1416。

〔註118〕參見《魏書》卷18〈太武五王‧廣陽王建附子嘉傳〉，頁428。

〔註119〕參見《魏書》卷19中〈景穆十二王中‧任城王雲附子澄傳〉，頁461～462。

〔註120〕參見《魏書》卷21上〈獻文六王上〉，頁533。

〔註121〕參見《魏書》卷31〈于栗磾傳〉，頁735、737。

〔註122〕《魏書》卷31〈于烈傳〉，頁738。

女：〔註123〕

> 文明太皇太后欲家世貴寵，乃簡（馮）熙二女俱入掖庭，時年十四。

> 其一早卒。后有姿媚，偏見愛幸。……拜爲左昭儀，後立爲皇后。

孝文帝懼太后干政之事重演，屆時太子恪皇位安穩與否恐非他自己所能控制，故孝文帝賜死馮氏，助太子恪消除太后干政因素。事實上，拓跋宗室對太后干政亦頗疑慮，若孝文帝未賜死馮氏，宗室間已有打算除去馮后，《魏書·孝文幽皇后馮氏傳》載：〔註124〕

> 高祖（孝文帝）疾甚，謂彭城王勰曰：「後宮久乖陰德，自絕於天。若不早爲之所，恐成漢末故事。吾死之後，可賜自盡別宮，葬以后禮，庶掩馮門之大過。」……梓宮次洛南，咸陽王禧等知審死，相視曰：「若無遺詔，我兄弟亦當作計去之，豈可令失行婦人宰制天下，殺我輩也。」

文明太后臨朝之事不遠，宗室印象深刻，爲了防止皇權再次旁落，不僅孝文帝，連宗室亦不願皇后馮氏成爲太后，操縱朝政。

孝文帝崩逝時，太子恪並不在身邊，若發布孝文帝死訊，不僅南齊會趁機反擊，洛陽後方亦可能引發政治動盪，故彭城王勰、任城王澄封鎖消息，並立即派遣中書舍人張儒召太子恪前來，此舉讓權力銜接未出現真空期，外界不知孝文帝已崩，野心之士不敢輕舉妄動，若孝文帝一死即行發喪，太子恪處境堪虞，或許在中途爲人截殺亦有可能。故彭城王勰、任城王澄隱瞞孝文帝死訊，可謂處置得宜，直到太子恪至魯陽時迎到孝文帝靈柩，才宣布孝文帝死訊，太子恪遂在隨行朝臣擁立下，於孝文帝靈柩前即位，成爲北魏的新君。

第三節　孝明帝之即位與靈太后干政

一、太子詡突破高肇政治勢力繼位

宣武帝於延昌四年（西元515年）正月丁巳夜駕崩，時年三十三。〔註125〕由於宣武帝崩逝過於突然，據《魏書·世宗紀》所載，甲寅日宣武帝不豫，不料三日後的丁巳日即崩，時太子詡年僅六歲，宣武帝未爲太子詡排除所有

〔註123〕《魏書》卷13〈皇后·孝文幽皇后馮氏傳〉，頁333。
〔註124〕《魏書》卷13〈皇后·孝文幽皇后馮氏傳〉，頁334～335。
〔註125〕《魏書》卷8〈世宗紀〉，頁215。

繼承障礙，故容易引起各方政治勢力蠢動。宣武朝擁有最大政治勢力者，首推深受宣武帝寵信的權臣高肇，但他當時率大軍伐蜀，不在洛陽，於是在洛陽高肇的政治勢力和反對高肇的政治勢力，咸稱爲「高肇集團」和「反高肇集團」，因皇位繼承問題展開激烈的權力爭奪。

高肇因係宣武帝母舅的關係而得寵信：〔註126〕

> 高肇，字首文，文昭皇太后之兄也。自云本勃海蓚人，五世祖顧，
> 晉永嘉中避亂入高麗。父颺，字法脩。……（孝文帝）遂納颺女，
> 是爲文昭皇后，生世宗（宣武帝）。颺卒。景明初，世宗追思舅氏，
> 徵肇兄弟等。

宣武帝因其生母早卒，前節已述爲馮昭儀所害，〔註127〕故宣武帝將對生母眷戀轉移至其母舅高肇身上。高肇受詔入朝後，數日之間，富貴顯赫，官職方面更是三級跳，擔任尙書令之職。〔註128〕

雖然高肇能力僅屬中庸，對於奪權鬥爭之事，卻具有相當旺盛的企圖心。因其深得宣武帝信賴，於是開始結黨，培養個人勢力，「頗結朋黨，附之者旬月超昇，背之者陷以大罪。」〔註129〕阿附高肇的朝臣有魏偃、高祖珍、〔註130〕高綽、〔註131〕高聰、〔註132〕李憲、崔楷、王世義、蘭氛之、〔註133〕程靈虬、〔註134〕高雙、〔註135〕宋維、〔註136〕邢巒、〔註137〕李世哲、〔註138〕王顯、孫伏連、〔註139〕甄琛〔註140〕等人，甚至部分拓跋宗室亦附於高肇，如宗室元珍因曲事高肇而得宣武帝寵信，〔註141〕由此可知，魏廷幾乎盡爲高肇勢力。

〔註126〕《魏書》卷83下〈外戚下·高肇傳〉，頁1829。
〔註127〕《魏書》卷13〈皇后·孝文昭皇后高氏傳〉，頁335。
〔註128〕參見《魏書》卷83下〈外戚下·高肇傳〉，頁1829～1830。
〔註129〕《魏書》卷83下〈外戚下·高肇傳〉，頁1830。
〔註130〕參見《魏書》卷21下〈獻文六王下·彭城王勰傳〉，頁582。
〔註131〕參見《魏書》卷32〈封懿附回傳〉，頁766。
〔註132〕參見《魏書》卷68〈高聰傳〉，頁1521～1522。
〔註133〕參見《魏書》卷68〈高聰傳〉，頁1522。
〔註134〕《魏書》卷60〈程駿附靈虬傳〉，頁1350。
〔註135〕參見《魏書》卷62〈高道悅附雙傳〉，頁1402。
〔註136〕參見《魏書》卷63〈宋弁附維傳〉，頁1416。
〔註137〕參見《魏書》卷65〈邢巒傳〉，頁1446。
〔註138〕參見《魏書》卷66〈李崇附世哲傳〉，頁1475。
〔註139〕參見《魏書》卷31〈于栗磾附忠傳〉，頁742～743。
〔註140〕參見《魏書》卷68〈甄琛傳〉，頁1515。
〔註141〕《魏書》卷14〈神元平文諸帝子孫·元莫附珍傳〉，頁354。

因高肇的政治勢力是建立在宣武帝的專寵上，而宣武帝暴崩，無可避免的會爲高肇帶來衝擊。

　　宣武帝共有皇子二人，長子元昌乃于皇后所生，但三歲夭折。〔註142〕次子元詡爲靈太后所生，宣武帝早於延昌元年（西元 512 年）十月乙亥即立元詡爲皇太子，〔註143〕故宣武帝雖崩，太子詡理當繼位，但高肇集團卻有意阻撓：〔註144〕

> 侍中、中書監、太子少傅崔光，侍中、領軍將軍于忠與詹事王顯，中庶子侯剛奉迎肅宗（孝明帝元詡）於東宮，入自萬歲門，至顯陽殿，哭踊久之，乃復。王顯欲須明乃行即位之禮。崔光謂顯曰：「天位不可暫曠，何待至明？」顯曰：「須奏中宮。」光曰：「帝崩而太子立，國之常典，何須中宮令也。」光與于忠使小黃門曲集奏置兼官行事。於是光兼太尉，黃門郎元昭兼侍中，顯兼吏部尚書，中庶子裴儁兼吏部郎，中書舍人穆弼兼謁者僕射。光等請肅宗止哭，立于東序。于忠、元昭扶肅宗西面哭十數聲，止，服太子之服。太尉光奉策進璽綬，肅宗懇受，服皇帝袞冕服，御太極前殿。太尉光等降自西階，夜直群官於庭中北面稽首稱萬歲。

從上述引文分析，高肇集團的王顯，不希望太子詡在宣武帝崩逝後立即登基，故欲上奏高皇后拖延時間，等隔天清晨再行即位之禮，高皇后爲高肇姪女、宣武帝表妹：〔註145〕

> 宣武皇后高氏，文昭皇后弟偃之女也。世宗（宣武帝）納爲貴人，……
> 後拜爲皇后，甚見禮重。性妒忌，宮人希得進御。

宣武帝崩逝、太子詡即位前，高皇后乃北魏最高領導人，而高皇后與高肇關係如此親密，若太子詡延遲登基，其處境堪慮，崔光當然知道王顯的意圖，時間拖得愈久，高肇集團愈容易發動政變，另立新君。於是崔光和握有禁軍的領軍將軍于忠挺身而出，迎立太子詡，阻止王顯的陰謀，使太子詡順利即皇帝位，是爲孝明帝。

　　太子詡雖然繼位成功，不過魏廷政爭並未因此而結束，因孝明帝生母靈

〔註142〕參見《魏書》卷13〈皇后・宣武順皇后于氏傳〉，頁336。
〔註143〕《魏書》卷9〈肅宗紀〉，頁221。
〔註144〕《魏書》卷184〈禮志四〉，頁2806。
〔註145〕《魏書》卷13〈皇后・宣武皇后高氏傳〉，頁336。

太后胡氏，當時尚爲貴嬪，但有可能被孝明帝尊爲皇太后，與剛由皇后升格
爲太后的高太后爭權，〔註146〕如此一來，高肇集團權力會遭剝奪，於是高太
后欲殺胡貴嬪，據《魏書·于栗磾附忠傳》載：〔註147〕

> 劉騰以告侯剛，剛以告（于）忠。忠請計於崔光，光曰：「宜置胡嬪
> 於別所，嚴加守衛，理必萬全，計之上者。」忠等從之，具以此意
> 啓靈太后，太后意乃安。故太后深德騰等四人，並有寵授。

靈太后賴劉騰、侯剛、于忠、崔光四人保全，免於被高太后殺害。侯剛爲太子
中庶子，〔註148〕和太子少傅崔光均侍奉過太子詡；于忠是支持太子詡繼位功臣
之一，故不可能倒向高太后；劉騰則爲宦官，〔註149〕出入宮禁方便，所以才能
將高太后計謀「以告侯剛」，雖然因記載之簡略無法得知其倒向靈太后的原因，
可能是劉騰比較雙方實力後，覺得于忠等人勝算較大，因此選擇靈太后一方。

　　高肇集團欲延遲太子詡登基，及殺害靈太后等計謀均遭失敗，反高肇集
團逐漸掌握政治權力，而高肇集團首腦爲領軍在外的高肇與在朝中的高太
后，爲徹底消滅高肇集團，高肇與高太后必須除去。孝明帝即位後，立刻召
回伐蜀大軍，高肇接到消息後大驚失色，朝夕悲泣，其被殺經過，《魏書·高
肇傳》載：〔註150〕

> 太尉高陽王先居西柏堂，專決庶事，與領軍于忠密欲除之。潛備壯
> 士……十餘人於舍人省下。（高）肇哭梓宮訖，於百官前引入西廊，
> 清河王懌、任城王澄及諸王等皆竊言目之。肇入省，壯士搤而拉殺
> 之。下詔暴其罪惡，又云刑書未及，便至自盡，自餘親黨，悉無追
> 問，削除職爵，葬以士禮。及昏，乃於廟門出其尸歸家。

高肇死後，高太后不久亦爲靈太后所殺，雖然其墓誌云：「（宣武）帝崩，志
願道門，出俗爲尼。」〔註151〕但事實並非如此，高太后在高肇死後被迫出家
爲尼，徙御金墉，〔註152〕但靈太后並未滿足，欲殺高太后：〔註153〕

〔註146〕《魏書》卷9〈肅宗紀〉：「二月庚辰，尊皇后高氏爲皇太后。」頁221。
〔註147〕《魏書》卷31〈于栗磾附忠傳〉，頁745。
〔註148〕參見《魏書》卷93〈恩倖·侯剛傳〉，頁2004。
〔註149〕參見《魏書》卷94〈閹官·劉騰傳〉，頁2027。
〔註150〕《魏書》卷83下〈外戚下·高肇傳〉，頁1831。
〔註151〕趙超，《漢魏南北朝墓誌彙編》（天津：天津古籍出版社，1992年6月）〈魏
　　　　瑤光寺尼（高皇后）墓誌銘〉，頁102。
〔註152〕《魏書》卷9〈肅宗紀〉，頁221。
〔註153〕《魏書》卷13〈宣武皇后高氏傳〉，頁337。

神龜元年（西元 518 年），太后出覲母武邑君。時天文有變，靈太后
欲以后當禍，是夜暴崩，天下冤之。

由「是夜暴崩，天下冤之。」可知，高太后明顯死於靈太后之手。

　　高肇因宣武帝之寵任，大權獨攬，早為拓跋宗室、魏廷朝臣不滿；而高
皇后更在後宮防止其他嬪妃為宣武帝生太子，以達專寵目的，不料胡氏入宮，
為宣武帝生下皇子元詡並立為皇太子。宣武帝崩逝後，不滿高肇集團的朝臣，
他們以孝明帝和其生母靈太后為首，一舉除去高肇與高太后。在反高肇集團
打擊高肇集團的過程中，靈太后巧妙地運用其為皇帝生母的身份，慢慢收攬
權力、逐漸壯大力量，使高肇集團消滅後，靈太后得以臨朝稱制，執掌北魏
大權，這或許是反高肇集團當初始料未及的。

二、元詡即位之分析

　　太子詡之即位過程，雖遭高肇集團之阻撓，依然順利繼位。高肇集團失
敗原因，亦即太子詡繼位成功之因，表列如下：

表十七：影響元詡即位因素分析表

因　素	內　　容
皇太子名位	宣武帝立元詡為皇太子，取得法定皇位繼承人身分。
高肇不在洛陽	高肇率軍伐蜀遠離洛陽，使其在魏廷政治影響力大減。
禁軍將領支持	領軍將軍于忠支持太子詡即皇帝位。
拓跋宗室支持	高陽王雍、清河王懌、任城王澄等宗室諸王均支持太子詡。
代人貴族支持	于忠為代人貴族，且因其為領軍將軍，乃代人貴族中最有實際力量者。
靈太后	靈太后以太子詡生母身分，成為對抗高太后一項利器。

北魏皇位繼承至宣武帝時，乃遷洛後首次皇位繼承，孝明帝則是第二次。孝
文帝遷都洛陽後，漢化成為主流思想，皇位繼承也不折不扣轉變為漢民族的
父子相承制，誰有皇太子之名位，就是嗣君，故宣武帝立元詡為皇太子，標
誌著太子詡乃未來皇位繼承者，且為北魏上下所公認。故宣武帝崩逝，元詡
以太子之名繼位，高肇集團找不到攻擊的著力點。

　　宣武帝末年，高肇權勢愈來愈大，宣武帝已感到如芒刺在背，便以伐蜀
為由，任命高肇為平蜀大都督，調離洛陽。其實，朝臣中對伐蜀有不同意見，

游肇曾以蜀地險隘、水旱災頻頻發生，且北魏內部亦動亂頻繁，應與民休息，不宜征伐，但宣武帝不聽，堅持伐蜀。〔註154〕宣武帝有可能不滿高肇專權，故意將其調離魏廷，準備剪除其勢力，這可從宣武帝命于忠爲領軍將軍一事看出。于忠，字思賢，本字千年，因處理咸陽王禧謀亂之事得宜，宣武帝賜名忠。〔註155〕領軍將軍典掌禁軍，宿衛宮廷安全，宣武帝將領軍一職授與于忠，除了欲分高肇之權外，更突顯對于忠的信任。高肇遠離洛陽，政治勢力大打折扣，黨於高肇之朝臣，無法和握有禁軍之于忠抗衡，而于忠乃宣武帝所提拔，必然忠於魏室，故能在皇位繼承關鍵時刻，奉戴太子詡繼位。于忠之父于烈，乃孝文帝時之領軍將軍，在宣武帝繼位過程中穩定洛陽政局，對魏室忠謹，于忠對此應有體認，且于忠爲代人貴族，于氏乃勿忸于氏所改，〔註156〕不可能倒向其祖上落難高麗，再由高麗逃奔而來的高肇身上，故于忠的政治立場與態度是相當明確的。

高肇仗著宣武帝寵信，必定得罪不少拓跋宗室，這從殺高肇乃高陽王雍和于忠主謀即可看出，且殺高肇時，「清河王懌、任城王澄及諸王等皆竊言目之。」〔註157〕可見清河王懌、任城王澄和其餘宗室諸王均採同意立場，拓跋宗室在高肇權勢極盛時，當受過其欺壓，故對高肇充滿憤恨，且以拓跋宗室立場，必須支持太子詡繼位，此爲無庸置疑之事。

靈太后是北魏「子貴母死」制度下唯一不死者，她的存在對高太后而言是個極大威脅。雖然宣武帝崩逝時高肇不在洛陽，但是其姪女高太后，仍爲後宮之主，即使太子詡繼位，因年僅六歲，勢必由高太后臨朝聽政，高肇集團仍擁有政治資本，靈太后的存在，成爲反高肇集團對抗高太后的絕對力量。靈太后乃太子詡生母，能爲皇太后是中原王朝普遍的慣例，後宮如有兩位太后，高太后就不能獨掌政權，且高太后身邊沒有握實權的朝臣支持，靈太后卻得到拓跋宗室、禁軍將領于忠支持，故能一舉除掉高太后。靈太后的存在會有如此大的影響，這也是當初未依祖制賜死靈太后的宣武帝始料所未及！

〔註154〕參見《魏書》卷55〈游明根附肇傳〉，頁1217。
〔註155〕《魏書》卷31〈于栗磾附忠傳〉，頁741。
〔註156〕《魏書》卷113〈官氏志〉，頁3007。
〔註157〕《魏書》卷83下〈外戚下・高肇傳〉，頁1831。

三、靈太后臨朝稱制與孝明帝之關係

　　宣武帝延昌元年（西元 512 年）十月，元詡被立爲皇太子，但是太子詡生母胡氏，卻未因「子貴母死」制而死，宣武帝未依祖制賜死胡氏，使胡氏成爲「子貴母死」制度下的倖存者，此後終至北魏亡，均未再實行過此制。宣武帝終結了北魏此項殘忍的陋習，司馬光言：「始不殺其母」，胡三省則認爲此爲靈太后亂北魏政治的開端。〔註 158〕

　　靈太后胡氏爲安定臨涇（今甘肅地區）人，安定胡氏於北魏並非高門大族，其父胡國珍，祖父胡淵，〔註 159〕曾爲赫連屈丐給事黃門侍郎，太武帝平統萬時降北魏。〔註 160〕《魏書》中提到的安定臨涇胡姓，除了胡國珍之外，還有胡方回與胡叟。胡方回，赫連屈丐中書侍郎，太武帝破赫連昌後入北魏；〔註 161〕胡叟「世有冠冕，爲西夏著姓。」〔註 162〕隨沮渠牧犍降入北魏。他們和靈太后祖父一樣，原非北魏人士，因其所事君主投降才進入北魏，由「西夏著姓」觀之，安定胡氏，雖無法與崔、盧、李、鄭、王等世家大族分庭抗禮，但當時在甘肅地區，應有其相當的勢力。至於靈太后母皇甫氏，乃安定朝那人，〔註 163〕此地位於臨涇西北，皇甫氏亦爲當地著姓，〔註 164〕胡氏、皇甫氏兩家族在安定頗有盛名，故胡國珍與皇甫氏在的講究門當戶對的情況下聯姻，生下了胡氏。

　　靈太后的入宮，其姑媽似乎在過程中出了不少力，《魏書·宣武靈皇后胡氏傳》載：〔註 165〕

> 産（靈太）后之日，赤光四照。京兆山北縣有趙胡者，善於卜相，（胡）
> 國珍問之，胡云：「賢女有大貴之表。方爲天地母，生天地主，勿過
> 三人知也。」后姑爲尼，頗能講道。宣武初，入講禁中，積數歲，
> 諷左右稱后有姿行。世宗（宣武帝）聞之，乃召入掖庭爲充華世婦。

靈太后的姑媽爲出家人，爲宣武帝講道數年，「諷左右稱后姿行」，使宣武帝有

〔註 158〕參見《通鑑》卷 147〈梁紀三〉，武帝天監十一年，胡注語，頁 4602。
〔註 159〕《北史》作深。參見《北史》卷 80〈外戚·胡國珍傳〉，頁 2687。
〔註 160〕《魏書》卷 83 下〈外戚傳下〉，頁 1833。
〔註 161〕《魏書》卷 52〈胡方回傳〉，頁 1149。
〔註 162〕《魏書》卷 52〈胡方回傳〉，頁 1149。
〔註 163〕參見《北史》卷 80〈外戚·皇甫集傳〉，頁 2692。
〔註 164〕鄭樵，《通志》（臺北：新興書局，1959 年 7 月），卷 27〈氏族三〉，頁 461。
〔註 165〕《魏書》卷 13〈皇后·宣武靈皇后胡氏傳〉，頁 337。

所耳聞，故能召入掖庭。一位尼姑能對宣武帝說道，可見其受宣武帝之尊重，由其口中宣揚靈太后美德，自然容易令宣武帝信服。至於靈太后幾歲入宮？何時入宮？史無明載，根據蔡幸娟的研究，靈太后入宮時應為十七歲。〔註166〕另外元詡生於宣武帝永平三年（西元 510 年）三月，以懷胎十月計算，最遲應於永平二年（西元 509 年）六月之前入宮。

靈太后入宮後至宣武帝崩逝前，除生下元詡外，《魏書》並無靈太后活動記載，有可能是受到高皇后壓抑，但不論如何，太子詡生母的身分，賦予她成為反高肇集團推舉的目標人物。反高肇集團能獲得勝利，所憑藉的正是封建王朝的兩大象徵力量：皇帝與太后，靈太后得以臨朝，與其說是其個人的努力，不如說是拓跋宗室與魏廷朝臣的力量結合。在消除高肇集團勢力後，于忠等人奏請靈太后臨朝稱制，可見靈太后能夠臨朝，主要出自于忠之意，魏廷在前已有文明太后之例情況下，拓跋宗室方面並沒有反對，且靈太后是孝明帝生母，曾與宗室諸王合作除去高肇，靈太后臨朝稱制對拓跋宗室的利益而言並無不妥。

靈太后雖然臨朝，但于忠掌握大部分權力，「忠既居門下，又總禁衛，遂秉朝政，權傾一時。」〔註167〕于忠專權非為，甚至連宗室也不放在眼裡，太尉、高陽王雍；司徒、清河王懌；司空、廣平王懷，三人俱為宗室，竟也害怕于忠的威權。于忠為門下侍中、領軍將軍，手握禁軍，還可矯詔皇命，任命他喜好之官吏，靈太后雖被尊為皇太后，並無實權，靈太后是個權力慾極深的人，對于忠之專權無法忍受，故在她臨朝之後，開始收回于忠的權力，首先解除于忠侍中、領軍、崇訓衛尉等職，止為儀同三司、尚書令，接著出為外州，調離魏廷：〔註168〕

> （于）忠為令旬餘，靈太后引門下侍官于崇訓宮，問曰：「忠在端右，聲聽何如？」咸曰：「不稱闕位。」乃出忠使持節、都督冀定瀛三州諸軍事、征北大將軍、冀州刺史。

于忠被靈太后整肅後，靈太后才真正掌握北魏政權。而于忠是否真的不適任，從擁護孝明帝繼位、保護靈太后、除去高肇及高太后等一連串的事件觀之，于忠雖專權，卻未引起大規模的政爭，為何于忠垮台如此之快，可能專權不

〔註166〕蔡幸娟，〈北朝后妃選擇與入宮方式研究〉，收於《國立成功大學歷史學報》，第 22 號，1996 年 12 月，頁 257。

〔註167〕《魏書》卷 31〈于栗磾附忠傳〉，頁 743。

〔註168〕《魏書》卷 31〈于栗磾附忠傳〉，頁 743。

久，尚未形成一有力之政治集團，加上拓跋宗室、魏廷朝臣了解靈太后欲除于忠，只好見風轉舵，倒向靈太后。另外于忠的專擅妄爲，確實引起拓跋宗室、魏廷朝臣對他不滿，太傅、清河王懌認爲于忠擅殺大臣，雖有擁立孝明帝之功，但功過無法相抵，應追回之前所有賞賜；〔註169〕另一宗室高陽王雍，亦上表劾于忠之罪，〔註170〕而于忠雖被外放出州，也知朝中多人上表加害，多次請求靈太后，欲回京自救。但靈太后並沒有讓他回到朝廷，可能是靈太后尚感其保全之恩，或是保留于忠，使拓跋宗室、魏廷朝臣和于忠間自相爭鬥，而自己處於雙方中間之平衡點，有利於站在權力制高點鞏固權力。〔註171〕

在靈太后權力不斷鞏固與集中的過程中，周圍逐漸聚集一批人，這些靈太后寵信之人勢力逐漸壯大。在孝明帝熙平、神龜四年多的時間裡，靈太后親信元叉、劉騰是其中勢力最大者，二人於正光元年（西元520年）秋七月丙子發動政變奪取政權，「幽皇太后於北宮，殺太傅、領太尉、清河王懌，總勒禁旅，決事殿中。」〔註172〕元叉政變成功，靈太后遭幽禁，政權遂入元叉、劉騰之手。

元叉，字伯儁，江陽王繼之長子，宣武帝時僅爲員外郎。自靈太后臨朝後，宦途一路平步青雲，乃因其娶靈太后妹，爲靈太后妹婿之故：〔註173〕

> 靈太后臨朝，以（元）叉妹夫，除通直散騎侍郎。……加領軍將軍。

> 既在門下，兼總禁兵，深爲靈太后所信委。

元叉、劉騰專權並沒有多久，劉騰之死給了靈太后奪回政權的機會。劉騰死於正光四年（西元523年）三月，自政變以來，元叉、劉騰掌握宮廷內外，控制靈太后與孝明帝，元叉、劉騰一主外朝、一主內廷，掌控所有政治勢力。但劉騰死後，因過去三年時間風平浪靜，使元叉過於自信，失去應有的警戒心，靈太后首先和孝明帝密謀，準備奪回政權，《魏書·京兆王黎附叉傳》載：〔註174〕

> 從劉騰死後，防衛微緩，（元）叉頗亦自寬，時宿於外，每日出遊，留連他邑。靈太后微察知之。……正光五年（西元524年）秋，靈太后對肅宗（孝明帝）謂群臣曰：「隔絕我母子。不聽我往來兒問，

〔註169〕《魏書》卷31〈于栗磾附忠傳〉，頁743～744。

〔註170〕《通鑑》卷148〈梁紀四〉，武帝天監十四年，頁4619。

〔註171〕魏收對此曾論之：「苟非女主之世，何以全其門族？」可謂直接了當。參見《魏書》卷31〈于栗磾附忠傳〉史臣曰，頁749。

〔註172〕《魏書》卷9〈肅宗紀〉，頁230。

〔註173〕《魏書》卷16〈道武七王·京兆王黎附叉傳〉，頁403～404。

〔註174〕《魏書》卷16〈道武七王·京兆王黎附叉傳〉，頁405～406。

復何用我爲？放我出家，我當永絕人間，修這於嵩高閑居寺。」……
欲自下髮。肅宗與群臣大懼，叩頭泣涕，殷勤苦請。靈太后聲色甚
厲，意殊不回。肅宗乃宿於嘉福殿，積數日。遂與太后密謀圖叉。
肅宗內雖圖之，外形彌密，靈太后瞋忿之言，欲得往來顯陽之意，
皆以告叉。又對叉流涕，敘太后欲出家，憂怖之心。如此密言，日
有數四。叉殊不爲疑，乃勸肅宗從太后。於是太后數御顯陽，二宮
無復禁礙。

元叉當初隔絕靈太后母子，就是避免兩人互通聲息，但此時元叉竟同意靈太
后能與孝明帝見面，等於自毀長城。其實更重要的一點，是元叉負責外朝，
劉騰監視內廷，在劉騰死後，等於內廷少了一道極爲重要的防線，元叉已無
法明確掌握靈太后母子的行動，讓其母子經常會面對元叉而言是相當危險的
行爲，而元叉竟然不以爲意，可見元叉不僅對靈太后母子防衛逐漸鬆懈，連
政治敏感度也降低了。

　　靈太后接著進一步結合拓跋宗室力量，此時位居丞相的高陽王雍，欲圖
元叉，乃與孝明帝、靈太后結合，《魏書・京兆王黎附叉傳》載：〔註175〕

　　會（靈）太后與肅宗（孝明帝）南遊洛水，（高陽王）雍邀請，車駕
　　遂幸雍第。日晏，肅宗及太后至雍內室，從者莫得而入，遂定圖叉
　　之計。

靈太后、孝明帝、高陽王雍計畫先取回禁軍控制權，以免再遭元叉監控，甚
至隔絕內外，靈太后於是決定削去元叉領軍將軍之職，遂召見元叉，史載：
〔註176〕

　　太后曰：「然。元郎若忠於朝廷而無反心。何故不去此領軍，以餘官
　　輔政？」叉聞之。甚懼，免官求解。乃以叉爲驃騎大將軍、儀同三
　　司、尚書令、侍中、領左右。

領軍將軍掌握禁軍，宿衛宮廷安全，故靈太后先解除元叉領軍一職，但元叉
仍握有朝政大權，爲了取回所有權力，靈太后有廢黜元叉的打算。之後乘元
叉外宿時，趁機解除其侍中職務，隔天早晨元叉回宮，始知遭解職，且不得
其門而入。孝昌元年（西元 525 年）四月辛卯，靈太后終於再度臨朝聽政，
取回政權，至於元叉，孝明帝以「叉之罪狀，誠合徽纆，但以宗枝舅戚。特

〔註175〕《魏書》卷 16〈道武七王・京兆王黎附叉傳〉，頁 406。
〔註176〕《魏書》卷 16〈道武七王・京兆王黎附叉傳〉，頁 406。

加全貸，可除名爲民。」〔註177〕但不久在朝臣的固諫下，靈太后和孝明帝還是殺了元乂：〔註178〕

> 群臣固執不已，肅宗（孝明帝）又以爲言，太后乃從之。於是乂及弟爪並賜死於家。太后猶以妹故，復追贈乂侍中、驃騎大將軍、儀同三司、尚書令、冀州刺史。

消滅元乂得以成功之因，除了元乂日漸鬆懈之外。另一原因，乃孝明帝年齡日增，有感於皇權不張，且不滿元乂專權，母子二人有志一同，共同合作消滅元乂。

靈太后二次臨朝聽政時，孝明帝已有十三、四歲之齡，非懵懂無知之幼童，對靈太后之專權自難忍受，他亟欲伸展自己的皇權，但靈太后不欲孝明帝握權，且靈太后行爲不修，爲免孝明帝知曉，故想盡辦法蒙蔽孝明帝：〔註179〕

> 魏肅宗年浸長，太后自以所爲不謹，恐左右聞之於帝，凡帝所愛信者，太后輒以事去之。務爲壅蔽，不使帝知外事。

靈太后爲達專斷朝政之目的，對孝明帝防範控制甚嚴，主要在防止孝明帝組織朋黨形成政治力量。孝明帝於是師法獻文帝與文明太后鬥爭故智，先掌握兵權，欲率軍親討各地亂事，《魏書・肅宗紀》：〔註180〕

> （孝昌元年〔西元525年〕）十有二月壬午，詔曰：「高祖（孝文帝）以大明定功，世宗（宣武帝）以下武寧亂，……朕幼齡纂曆，夙馭鴻基，戰戰兢兢，若臨淵谷。闇於治道，政刑未孚，權臣擅命，亂我朝式。致使西秦跋扈，朔漠構妖，蠢爾荊蠻，氛埃不息。孔熾甚於涇陽，出軍切於細柳。而師旅盤桓，留滯不進，北淯懸危，南陽告急，將虧荊沔之地，……朕將躬馭六師，掃蕩逋穢。……今先討荊蠻，疆理南服；戈旗東指，掃平淮外。然後奮七萃於西戎，騰五牛於北狄。

孝明帝接著在孝昌二年（西元526年）五月丁未；孝昌三年（西元527年）正月己丑、三月甲子、三月戊辰等，均欲率軍出討，皆不果行。〔註181〕靈太后勢力相當龐大，孝明帝連率軍出京城的機會都沒有，更遑論與靈太后抗衡，既然洛陽的魏廷盡爲靈太后勢力所籠罩，孝明帝只有對外尋求外援。

〔註177〕《魏書》卷9〈肅宗紀〉，頁240。
〔註178〕《魏書》卷16〈道武七王・京兆王黎附乂傳〉，頁407～408。
〔註179〕《通鑑》卷152〈梁紀八〉，武帝大通二年，頁4737。
〔註180〕《魏書》卷9〈肅宗紀〉，頁242。
〔註181〕參見《通鑑》卷151〈梁紀七〉，武帝普通七年，頁4712～4723。

四、孝明帝的家庭悲劇

　　靈太后與孝明帝權力爭奪日趨激烈，母子漸生嫌隙，然而兩人實力強弱分明，孝明帝自始即處不利之地位，靈太后不僅誅除孝明帝親信，更在鄭儼等人的煽風點火下，爲保有權力，竟不惜置親生兒子孝明帝於死地，《魏書‧宣武靈皇后胡氏傳》載：〔註182〕

> 母子之間，嫌隙屢起。鄭儼慮禍，乃與太后計，因潘充華生女，太后詐以爲男，便大赦改年。

靈太后等人的計謀是，以皇女爲皇太子，之後若不得已殺孝明帝，皇位繼承便不成問題，因是幼帝繼位，靈太后仍可繼續臨朝稱制，但孝明帝並非事事無知，妃子、女兒都是自己的，孝明帝當然看的出靈太后的陰謀。孝明帝既被孤立，魏廷又全是靈太后勢力，爲求自保必須仰賴外援，此外援必須有軍事實力，且不受靈太后集團控制，尒朱榮具備上述條件，遂與孝明帝結合，成爲其外援：〔註183〕

> 于時魏明帝（孝明帝）銜鄭儼、徐紇，逼靈太后，未敢制，私使（尒朱）榮舉兵內向。榮以神武（高歡）爲前鋒。至上黨，明帝又私詔停之。及帝暴崩，榮遂入洛。

孝明帝也自知鄭儼等人陰懷不軌，自己生命將有危險，故求外援以自重，但不知是何緣故，孝明帝又令尒朱榮停止前進，可能是孝明帝也怕尒朱榮揮軍入京，尾大不掉，才令尒朱榮暫駐洛陽外，藉其兵力逼迫靈太后，但尒朱榮一駐軍，反而宣判了孝明帝的死刑，《通鑑》載：〔註184〕

> （鄭）儼、（徐）紇恐禍及己，陰與（靈）太后謀酖（孝明）帝，（武泰元年、528，二月）癸丑，帝暴殂。甲寅，太后立皇女爲帝，大赦。
>
> 既而下詔稱：「潘充華本實生女。故臨洮王寶暉世子釗，體自高祖（孝文帝），宜膺大寶。」

孝明帝崩時年僅十九，〔註185〕從鄭儼等人詐稱潘充華之女爲皇子時，靈太后集團其實已打算殺害孝明帝。孝明帝暴崩隔日，假皇子繼位，靈太后懼怕假皇子遲早會曝光，乃下詔承認假皇子的問題，並由臨洮王寶暉世子元釗接替

〔註182〕《魏書》卷13〈皇后‧宣武靈皇后胡氏傳〉，頁340。

〔註183〕《北齊書》卷1〈神武紀上〉，頁3。

〔註184〕《通鑑》卷152〈梁紀八〉，武帝大通二年，頁4739。

〔註185〕孝明帝生於宣武帝永平三年（西元510年）三月丙戌，參見《魏書》卷9〈肅宗紀〉，頁221。

皇位。靈太后爲了掩飾皇位繼承的紊亂，且需穩定政局收買人心，遂將魏廷文武百官、宿衛升階封賞，減低反對力量的政治衝擊。

　　孝明帝暴崩的消息傳到秀容川，死因可疑，尒朱榮認爲是被鄭儼、徐紇所殺，於是下令全軍爲孝明帝縞素，以清君側爲名，兵向洛陽。靈太后得知尒朱榮率軍將入洛陽，大懼，立即召集拓跋宗室、魏廷重臣商討對策，竟無人願意獻計。由於靈太后大失人心，尒朱榮軍幾乎沒有遇到任何抵抗，洛陽守將鄭季明、李神軌不戰而降，尒朱榮順利進入洛陽，鄭儼、徐紇等靈太后集團人士紛紛逃逸，尒朱榮遂殺靈太后，史載：〔註186〕

> 尒朱榮稱兵渡河，（靈）太后盡召肅宗（孝明帝）六宮皆令入道，太
> 后亦自落髮。榮遣騎拘送太后及幼主於河陰。太后對榮多所陳說，
> 榮拂衣而起。太后及幼主並沉於河。

這位曾經臨朝稱制、自稱曰朕、影響北魏長達十三年的靈太后，最終死在叛軍尒朱榮之手，之後由其妹馮翊君「收瘞於雙靈佛寺」，〔註187〕孝武帝太昌元年（西元532年）十一月己酉以后禮安葬，並追諡號曰「靈」。〔註188〕

　　靈太后先後兩次執政，孝明帝面對靈太后這兩次執政的作爲有很大的不同。首次執政時年紀還小，孝明帝尚不知權力爲何物，靈太后再度臨朝聽政後，孝明帝逐漸長大成熟，尤其和靈太后聯手除去元叉，其政治表現令人讚賞！而孝明帝不甘做個傀儡君主，此對靈太后而言實爲一大威脅。在靈太后第二次執政時，一改過去的用人原則，任用佞臣，組織一個以利益爲基礎的靈太后集團。第一次執政時，靈太后尚不失大體，任用能臣，忠諫直言，但二次執政後，只聽信親暱之人的讒言，對諫己者多加拒斥，不僅排除有志之士，甚至打擊異己。靈太后集團爲維持政權，必須防止孝明帝對政權的覬覦，於是孤立孝明帝，進而除去與孝明帝交善者。孝明帝爲了伸展皇權，取回原本屬於自己的權力，企圖率軍征討各地叛亂，藉以掌握軍權威逼靈太后，但靈太后勢力過於龐大，孝明帝終究無法領軍出征。拓跋宗室雖對靈太后的行爲深感不滿，卻無力阻止。而孝明帝掌控軍權的計畫相繼失敗後，只好尋求魏廷之外的力量，這股力量只能寄託於尒朱榮身上。

　　尒朱榮軍是北魏末年少數具有戰力的軍隊，但尒朱榮心懷異志，對北魏

〔註186〕《魏書》卷13〈皇后·宣武靈皇后胡氏傳〉，頁340。
〔註187〕參見《魏書》卷13〈皇后·宣武靈皇后胡氏傳〉，頁340。
〔註188〕參見《魏書》卷11〈出帝紀〉，頁286。

的忠誠度頗令人懷疑，孝明帝或許也瞭解這一點，故未讓尒朱榮直接進京，令其駐紮於京城外以逼靈太后還政。不料，靈太后先發制人，在鄭儼的計畫下謀害孝明帝。拓跋宗室忍無可忍，只好與尒朱榮合作，尒朱榮揮軍進入洛陽，靈太后集團瞬間瓦解，其核心人士李神軌投降，鄭儼、徐紇逃離洛陽，僅剩靈太后與其所立的幼帝，失去一切的靈太后，最後在尒朱榮的逼迫下投河，為其一生畫下句點。

靈太后殺孝明帝後，先以孝明帝與潘充華所生皇女冒充皇子繼位，但冒牌皇子日後逐漸長大，一定會被發現，於是再以臨洮王寶暉世子元釗繼位。綜觀孝明帝死後的皇位繼承，均由靈太后所掌控，她立幼君的目的，在於能續掌政權。另一方面，北魏皇位繼承至此，父子相承已成不變法則，但孝明帝尚未生育皇子即遭靈太后所殺，在沒有皇太子情形下，靈太后無法以世嫡皇孫為皇位繼承人。從孝明帝之皇女繼位來看，若孝明帝育有皇子，靈太后應會以其接替皇位，當然前提需是幼君。至於兄弟相傳，不論主觀、客觀皆不可行，客觀上，兄弟相傳此時已不為拓跋宗室、魏廷朝臣接受，若靈太后立孝明帝兄弟，必然會有反對聲浪，將會引起政治動盪。主觀而言，孝明帝並無兄弟，宣武帝之子長成者，唯孝明帝一人而已，故靈太后欲立孝明帝兄弟亦不可得。於是靈太后必須從宗室間尋找皇位繼承者，因此才有元釗的繼位。

靈太后雖能如願掌控皇位繼承，但終究無力抗衡尒朱榮。河陰之變後，北魏宗室、朝臣慘遭誅殺，政權落入尒朱榮之手，之後魏室諸帝或立、或廢、或見殺，完全操之於尒朱氏、高歡、宇文泰等權臣之手，北魏已名存實亡了。

第五章　影響皇位繼承不穩定因素之分析

第一節　皇太后

拓跋氏從部落聯盟到北魏王朝，太后介入皇位繼承從未間斷。太后能影響皇位繼承，憑藉的是太后身分，「太后」在封建王朝，當皇帝年幼即位或無法視事時，乃唯一能代行天子職權者，姑不論其是否為皇帝生母，但太后在名義上是皇帝母親，故能名實相符代行天子事。在太后執掌政權後，往往不願放棄權力，故當皇帝崩逝時，皇位繼承人選常遭太后干預，太后常立年幼之君以便繼續攬權。不過，部落聯盟和北魏王朝時期，太后因背後支持勢力不同，介入皇位繼承的方式與層面也不同。部落聯盟時期太后對聯盟君位介入甚深，影響較大者有拓跋普根、惠帝賀傉、煬帝紇那之母祁氏；北魏時期則有文明太后和靈太后。

一、身　份

祁氏是桓帝猗𢓜之妻，「桓帝皇后祁氏，王三子，長曰普根，次惠帝，次煬帝。」〔註1〕祁氏三子均曾任部落聯盟君長，事實上，拓跋普根之子亦曾任部落聯盟君長：〔註2〕

> 普根立月餘而薨。普根子始生，桓帝后（祁氏）立之。其冬，普根

〔註1〕《魏書》卷13〈皇后·桓帝皇后祁氏傳〉，頁322～323。
〔註2〕《魏書》卷1〈序紀〉，頁9。

子又薨。

祁氏三子一孫任部落聯盟君長時間，以長子拓跋普根在位最短，他死後，聯盟君位由拓跋普根之子繼立，由「桓帝后立之。」來看，幕後推手實爲祁氏。

祁氏的身分有皇太后與太皇太后兩種，拓跋普根、惠帝賀傉任部落聯盟君長時，祁氏仍在。拓跋普根僅在位月餘，且史籍缺乏記載，不知祁氏掌政情形，不過由惠帝賀傉在位時，「未親政事，太后（祁氏）臨朝。」〔註3〕來看，拓跋普根時應仍是祁氏執掌政權，拓跋普根和惠帝賀傉爲祁氏之子，故此二人在位時，祁氏之身分爲皇太后。另外，拓跋普根之子繼其父爲部落聯盟君長，史籍未載其姓名，但他爲祁氏之孫應無疑義，故拓跋普根之子在位時，祁氏之身分爲太皇太后，太皇太后自然比皇太后高一輩，且拓跋普根之子是幼君即位，相關史料未見皇太后，亦即拓跋普根之妻的記載，故大權當然掌握在祁氏手中。

北魏王朝創建後，第一位影響皇位繼承的太后乃文明太后，其影響表現在獻文帝欲禪位京兆王子推；文明太后欲廢孝文帝另立咸陽王禧等事件上，在這兩次皇位繼承事件中，文明太后身份分別是皇太后與太皇太后。

文成帝崩逝，太子弘雖然繼位，但乙渾專權，雖然不久後文明太后誅除乙渾，卻也造成文明太后臨朝聽政，獻文帝爲奪回皇權，不惜禪位其叔京兆王子推，展開與文明太后之鬥爭。獻文帝在位時，文明太后身分爲皇太后，獻文帝非文明太后所生，文明太后乃文成帝正宮皇后，故在文成帝之子太子弘繼位爲獻文帝後，文明太后遂升格爲皇太后。

獻文帝禪位京兆王子推失敗，太子宏即位，是爲孝文帝，此乃文明太后一大勝利，而孝文帝爲獻文帝之子，名義上是文明太后之孫，故孝文帝在位時，文明太后身分是太皇太后。獻文帝和文明太后鬥爭的結果，文明太后獲得勝利，獻文帝最終還是遭文明太后所殺。此外，孝文帝雖由文明太后躬自撫養，但直至太和十年（西元 486 年）孝文帝開始聽政前，文明太后一度還有廢孝文帝，另立咸陽王禧之念頭。〔註4〕咸陽王禧爲孝文帝之弟，〔註5〕故不管是孝文帝或咸陽王禧爲帝，文明太后太皇太后身分均不會改變。

靈太后是北魏「子貴母死」制下的倖存者，也是北魏第二位臨朝聽政的

〔註 3〕 《魏書》卷 1〈序紀〉，頁 10。
〔註 4〕 參見《魏書》卷 7 下〈高祖紀下〉，頁 186。
〔註 5〕 參見《魏書》卷 21 上〈獻文六王列傳〉，頁 533。

太后，她對皇位繼承的影響，均表現在其子元詡身上。宣武帝崩於延昌四年（西元515年）正月丁巳夜，時年三十三。〔註6〕太子詡在高肇集團與反高肇集團激烈的政爭中即位，是為孝明帝。靈太后乃孝明帝生母，故其身分為皇太后，不過靈太后並非宣武帝正宮皇后，宣武帝高皇后剛由皇后升格為高太后，靈太后殺了高太后後，才成為唯一皇太后，之後便以皇太后之名臨朝聽政。

靈太后兩次臨朝聽政久握大權，孝明帝不滿欲奪回皇權，母子二人權力爭奪日趨激烈。靈太后欲置孝明帝於死地，但是孝明帝死後皇位繼承便發生問題，因孝明帝無子，靈太后遂以孝明帝與潘充華之皇女為皇太子，〔註7〕如此一來，殺孝明帝後皇位繼承便不成問題，因是幼帝繼位，靈太后仍可繼續臨朝稱制。孝明帝遭靈太后殺害時年僅十九，〔註8〕潘充華之女即位，而孝明帝與潘充華之女乃靈太后之孫，故靈太后此時身份應為太皇太后。但不久靈太后即意識到日後隨假皇子年齡漸長，其為皇女之事實遲早會曝光，乃下詔承認假皇子的問題，並由臨洮王寶暉世子元釗接替皇位，時元釗年僅三歲。〔註9〕臨洮王愉最早封京兆王，因謀逆被高肇所殺，靈太后執政後赦免臨洮王愉及其四子：〔註10〕

> 後靈太后令愉之四子皆附屬籍，追封愉臨洮王。子寶月襲。……寶
> 月弟寶炬，……從出帝（元脩）沒於關西。宇文黑獺害出帝，寶炬
> 乃僭大號。

臨洮王愉有四子，元寶月先襲爵，另一子元寶炬宇文泰立為西魏文帝，臨洮王愉以寶字輩命名，故另一子應為元寶暉，他有可能在其兄元寶月之後襲臨洮王爵，而臨洮王愉與宣武帝為兄弟關係，故臨洮王愉子元寶暉與宣武帝子孝明帝為堂兄弟關係，元寶暉子元釗乃孝明帝子姪輩，靈太后以元釗繼承大位，其身份應為太皇太后。

茲將祁氏、文明太后、靈太后影響皇位繼承時之身份表列如下：

〔註6〕《魏書》卷8〈世宗紀〉，頁215。
〔註7〕《魏書》卷13〈皇后·宣武靈皇后胡氏傳〉，頁340。
〔註8〕孝明帝生於宣武帝永平三年（510）三月丙戌，參見《魏書》卷9〈肅宗紀〉，頁221。
〔註9〕參見《魏書》卷13〈皇后·宣武靈皇后胡氏傳〉，頁340。
〔註10〕《魏書》卷22〈孝文五王·京兆王愉傳〉，頁590～511。

表十八：祁氏、文明太后、靈太后影響皇位繼承時之身份比較表

祁氏、文明太后、靈太后	君　主	兩人之關係	祁氏、文明太后、靈太后之身份
祁氏	拓跋普根	親母子	皇太后
祁氏	拓跋普根之子	親祖孫	太皇太后
祁氏	惠帝賀傉	親母子	皇太后
文明太后	獻文帝	母子輩	皇太后
文明太后	孝文帝	祖孫輩	太皇太后
靈太后	孝明帝	親母子	皇太后
靈太后	孝明帝之女	親祖孫	太皇太后
靈太后	元釗	祖孫輩	太皇太后

二、影響之皇帝

　　部落聯盟時期祁氏雖有三子一孫先後繼任部落聯盟君長，但仔細分析，並非每位繼任部落聯盟君長均受祁氏影響。首先是拓跋普根，因平定六脩之亂而繼位，「普根先守外境，聞難來赴，攻六脩，滅之。……普根立月餘而薨。」〔註11〕拓跋普根乃祁氏之子孫首位任部落聯盟君長者，由其平定六脩之亂來看，拓跋普根應有相當實力與武力，故其任部落聯盟君長，應是憑藉自己力量，而祁氏先前在其夫桓帝猗㐌在位時，《魏書》中並無祁氏相關記載，可見祁氏在拓跋普根繼位後，以部落聯盟君長母親身分，逐漸掌握權力，拓跋普根月餘而薨，其勢力為祁氏所接收，為方便繼續攬政，遂立拓跋普根幼子繼位，由此可知，拓跋普根之子得立，完全是祁氏的影響。

　　拓跋普根之子死後，部落聯盟君位由平文帝鬱律繼承，但祁氏並未就此退出政治舞台，「桓帝后（祁氏）以（平文）帝得眾心，恐不利於己子，害帝，遂崩，」〔註12〕祁氏殺害平文帝，以己子拓跋賀傉繼位，政權再度落入祁氏之手，惠帝賀傉拱手而已，由上可知，惠帝賀傉之繼位乃受祁氏之影響。至於祁氏另一子煬帝紇那，因其繼位時祁氏已死，雖然《魏書》〈序紀〉〔註13〕和〈皇后

〔註11〕　《魏書》卷1〈序紀〉，頁9。
〔註12〕　《魏書》卷1〈序紀〉，頁9～10。
〔註13〕　《魏書》卷1〈序紀〉，頁9～10。

傳〉〔註14〕均未載祁氏死於何時，但由惠帝賀傉四年「帝始臨朝」〔註15〕來看，祁氏當死於此時，因政權操於祁氏之手，若非祁氏卒，惠帝賀傉無法親政，而煬帝紇那是在惠帝賀傉之後繼位，祁氏早已死亡，故煬帝紇那之即位未受祁氏之影響。

　　文明太后影響皇位繼承之皇帝，計有獻文帝與孝文帝，但兩人受文明太后影響之程度與力道均不同。以獻文帝而言，文成帝崩逝，太子弘繼位乃天經地義之事，雖然乙渾有所阻撓，但在拓跋宗室、代人貴族的支持下，太子弘得以即位，此時文明太后扮演的角色，象徵意義大於實質意義。文成帝崩後，其皇后成為魏廷內外標的人物，於是文明太后成為宗室百官鞏固領導之目標，而文明太后當然也希望太子弘繼承皇位，遂順勢與他們結合，故文明太后在獻文帝即位過程中，因此時尚未掌握權力，只能以被動態度配合宗室與朝臣。

　　至於獻文帝之禪位則不同，文明太后持主動態度。文明太后聯合宗室朝臣誅乙渾後臨朝聽政，收納北魏所有政治勢力，所以在獻文帝欲禪位京兆王子推時，除因名不正得不到拓跋宗室、代人貴族和魏廷朝臣的支持外，文明太后的政治集團布滿魏廷內外亦是一主要原因。文明太后對孝文帝之繼位，是持主動積極、且完全操之在我的態度，她對孝文帝掌控有其計畫與步驟，自孝文帝出生後即「躬自撫養」，〔註16〕因孝文帝為獻文帝長子，日後必立為太子，文明太后如此作為，早已顯露掌控未來皇位繼承之意圖，這也是獻文帝所以敗且不及文明太后之處。

　　靈太后影響皇位繼承之皇帝，其模式與文明太后大同小異，在宣武帝崩逝、太子詡繼位過程中，因高肇集團強力掣肘，反高肇集團以太子詡生母靈太后為標的人物，對抗高肇集團及宮中的高太后，故靈太后在孝明帝即位過程中，並無多大實力展現，她此時尚未掌握真正權力，只是被動配合反高肇集團，但她當然希望自己兒子元詡即位，如此才能成為皇太后進而掌握權力，所以靈太后對孝明帝的即位，和文明太后對獻文帝即位相同，初始僅作為宗室百官的精神號召，等到孝明帝即位後，因為係幼君在位，遂促成靈太后臨朝聽政，執掌北魏政權。

〔註14〕參見《魏書》卷 13〈皇后・桓帝皇后祁氏傳〉，頁 322～323。
〔註15〕《魏書》卷 1〈序紀〉，頁 10。
〔註16〕《魏書》卷 13〈皇后・文成文明皇后馮氏傳〉，頁 328。

　　靈太后真正主控皇位繼承，是殺了孝明帝後，演出由孝明帝之女詐稱皇子繼位的鬧劇，接著承認錯誤改由元釗繼承皇位，在這兩次皇位繼承中，靈太后經歷兩次臨朝聽政，已形成一政治集團，掌握所有權力，魏廷內外均在靈太后掌控之中，故能輕易操縱廢立。靈太后此時之權力和態度與孝明帝即位時不同，靈太后積極主導皇位繼承，其目的在於由她決定由誰繼承皇位，此皇位繼承人必須是年齡幼小者，因靈太后著眼於幼主繼位，如此方能繼續臨朝聽政，掌握政權。

三、太后操縱皇位繼承之力量

　　在拓跋普根及其子先後去世後，部落聯盟君位由平文帝鬱律繼承，祁氏無干政之機會，遂沈寂了一段時間。平文帝鬱律乃思帝弗之子，而思帝弗為沙漠汗和蘭妃所生，祁氏丈夫桓帝猗㐌為沙漠汗和封后所生，故思帝弗和桓帝猗㐌是同父異母兄弟。顯而易見，部落聯盟君位傳承在封后系子孫與蘭妃系子孫異母兄弟間爭奪，雖然拓跋普根子死後，祁氏暫時失去權力，但祁氏仍積極奪回君位繼承的主控權，遂決定謀害平文帝鬱律。〔註 17〕殺害部落聯盟君長非常人可為之，祁氏能有此作為，顯見有相當的實力，她不但可擅殺部落聯盟君長，還可操縱廢立，祁氏為何擁有如此大的力量，其力量可能來自其外家部落。拓跋氏在部落聯盟時期，尚未具備中央集權之威權與實力，故各部落與拓跋部實力相差不遠，另外在重視婦女的北俗風氣之下，部落聯盟君長之母族或妻族之外家部落，常干預部落聯盟政治及君位繼承，至於祁氏所屬部落為何？史傳並未明載，因此很難確知祁氏屬於那個部族，李明仁曾對此作過相關研究，他推測祁氏可能是祁氏縣的匈奴人，〔註 18〕若據此觀點延伸，支持祁氏介入拓跋部皇位繼承的力量，極有可能是其外家部落。

　　平文帝鬱律統治部落聯盟時，不僅擊退入侵的前趙，同時，在前趙劉曜與後趙石勒遣使請和、或請為兄弟友邦之際，更是斷然拒絕，平文帝鬱律對匈奴部族如此不友善行為，除了因平文帝鬱律「姿質雄壯，甚有威略」，〔註 19〕使拓跋部安定並逐漸強盛外，一部份很大的原因是圍堵祁氏勢力，因平文

〔註17〕《魏書》卷 1〈序紀〉，頁 9～10。

〔註18〕李明仁，〈拓跋氏早期的婚姻政策〉，收於《嘉義技術學院學報》第 53 期，1997年 8 月，頁 142。

〔註19〕《魏書》卷 1〈序紀〉，頁 9。

帝鬱律之前的部落聯盟君位是由祁氏子、孫先後繼承，祁氏有可能已培養雄厚政治實力，爲了防止祁氏再度介入拓跋部政治，平文帝鬱律乃積極削弱並斷絕與祁氏有關勢力。因祁氏乃匈奴人，由平文帝鬱律對匈奴部系的前趙與後趙如此厭惡來推測，匈奴與祁氏應有非常親密的關係。另外，再從祁氏立惠帝賀傉重掌政權後，隨即遣使與石勒通好來看，〔註20〕祁氏馬上建立與匈奴部系的勢力連線，可見祁氏能操縱部落聯盟君位繼承的力量，應該是來自於其外家匈奴部族的力量支援。

祁氏處心積慮保護桓帝猗㐌一系之拓跋君位傳承權，從拓跋普根、拓跋普根子、惠帝賀傉、煬帝紇那，三子一孫均曾任部落聯盟君長，在拓跋史上可謂空前絕後。雖然其間被平文帝鬱律一度繼承部落聯盟君位，但祁氏在殺害平文帝鬱律後奪回拓跋君位之繼承權，祁氏能夠掌控此時期多次的部落聯盟君位繼承，在於她以部落聯盟君長母親之姿干政攬權，並獲得其外家匈奴系部落的支持，故能操縱部落聯盟君位之繼承。

文明太后和靈太后能操控皇位繼承，其力量均相同，在於掌握了政權，相對於部落聯盟時期外家部落對政治的影響，進入北魏王朝時已不復見。以文明太后而言，她雖是北燕皇室後裔，但文明太后是因罪孥子女被沒入宮中，加上北燕早已走入歷史，其外家不可能有力量對文明太后有所幫助，且按《魏書》〈馮熙傳〉〔註21〕、〈馮誕傳〉〔註22〕所載，馮氏家族顯赫，不僅任北魏高官，且男娶公主、女爲皇后，〔註23〕都是從文明太后臨朝執政時開始，反而是文明太后外家依賴她的權勢而得以享受權力，故文明太后依賴外家力量干涉皇位繼承實不可能，眞正的力量是掌握國家機器，在臨朝執政時取得與至尊皇帝相等之權力。

皇太后具有「與朕同體，共承宗廟」的身分，幼主即位，皇太后輔政是極自然之事。獻文帝即位後，文明太后誅除乙渾得以臨朝聽政，文明太后臨朝後，開始發展其政治勢力，如東陽王丕、拓跋道符、任城王雲、拓跋他、

〔註20〕參見《魏書》卷1〈序紀〉，頁10。
〔註21〕參見《魏書》卷83上〈外戚上·馮熙傳〉，頁1818～1820。
〔註22〕參見《魏書》卷83上〈外戚上·馮誕傳〉，頁1820～1823。
〔註23〕如《魏書》卷83上〈外戚上·馮熙傳〉：「（馮熙）尚恭宗（拓跋晃）女博陵長公主。」頁1819；同卷〈馮誕傳〉：「（馮誕）尚（孝文）帝妹樂安長公主。」頁1821；另馮熙兩女俱爲孝文帝皇后，參見卷13〈皇后·孝文廢皇后馮氏傳〉，頁332、〈皇后·孝文幽皇后馮氏傳〉，332～333。

拓跋石等拓跋宗室；太尉源賀、慕容白曜、劉尼、和其奴、陸叡等代人貴族；還有中書令高允、中書監李敷、高閭、李沖等漢人士大夫，上述諸人皆屬文明太后陣營之政治勢力。另外像宦官、外戚與近侍，也依附文明太后之下，對其效忠，「時文明太后臨朝，中官用事。」〔註24〕如杞道德、王遇、張祐與符承祖等人。〔註25〕至於外戚，前段已述馮氏家族在北魏之顯赫，另外據《魏書‧馮熙傳》載：〔註26〕

> 文明太后臨朝，……，以（馮）熙為侍中、太師、中書監、領祕書
> 事。……由是馮氏寵貴益隆，賞賜累巨萬。高祖（孝文帝）每詔熙
> 上書不臣，入朝不拜。

在文明太后刻意提攜下，馮氏一族之貴盛堪稱北魏外戚之冠。至於近侍部分，如王叡常「出入臥內。」〔註27〕不數年便為宰輔；楊椿兄弟則是擔任文明太后眼線，「十日仰密得一事。」〔註28〕文明太后設置密告系統偵伺魏廷內外，這些密告者由文明太后近侍擔任。由上述所列人名、人數及其擔任職務看來，其實已掌握魏廷內外所有的勢力。

文明太后事實上已等同皇帝，她已用皇帝專屬之文書形式「敕」〔註29〕、「詔」〔註30〕、「制」〔註31〕等，且文明太后臨朝具有至尊皇帝「專權」與「長期」之統治特性，北魏在文明太后如此「長期」而「專權」之臨朝統治下，文明太后統治之權力機能展現出全面性的影響，舉凡朝臣任用、〔註32〕議定制度、〔註33〕生殺賞罰、〔註34〕軍事作戰、〔註35〕廢立后妃等，〔註36〕皆有文明太后介入其中，〔註37〕據上可知，文明太后能操縱皇位繼承，不但在於

〔註24〕 《魏書》卷94〈閹官‧張祐傳〉，頁2020。
〔註25〕 《魏書》卷13〈皇后‧文成文明皇后馮氏傳〉，頁329。
〔註26〕 《魏書》卷83上〈外戚上‧馮熙傳〉，頁1818～1821。
〔註27〕 《魏書》卷13〈皇后‧文成文明皇后馮氏傳〉，頁329。
〔註28〕 《魏書》卷58〈楊播附椿傳〉，頁1290。
〔註29〕 參見《魏書》卷100〈高麗國傳〉，頁2215。
〔註30〕 參見《魏書》卷60〈程駿傳〉，頁1348～1349。
〔註31〕 參見《魏書》卷13〈皇后‧文成文明皇后馮氏傳〉，頁329。
〔註32〕 參見《魏書》卷44〈苟頹傳〉，頁994。
〔註33〕 參見《魏書》卷53〈李沖傳〉，頁1182。
〔註34〕 參見《魏書》卷19下〈景穆十二王下‧南安王楨傳〉，頁494。
〔註35〕 參見《魏書》卷54〈高閭傳〉，頁1198。
〔註36〕 參見《魏書》卷13〈皇后‧孝文昭皇后高氏傳〉，頁335。
〔註37〕 參見蔡幸娟，《北朝女主政治與內廷職官制度研究》，頁157～181。關於文明

她掌握政權，此外還擁有如皇帝般至高無上之權力。

　　至於靈太后，她同文明太后一樣掌握了政權，形成一政治集團，在拓跋宗室部分，以汝南王悅爲中書監、儀同三司；高陽王雍入居門下，參決尙書奏事；江陽王繼爲驃騎大將軍、儀同三司；任城王澄爲司徒、驃騎大將軍、儀同三司等。〔註38〕另外恩倖、宦官力量更是蓬勃發展，以恩倖而言，鄭儼「晝夜禁中，寵愛尤甚。」〔註39〕、徐紇「既處腹心，參斷機密，勢傾一時，遠近塡湊。」〔註40〕；宦官之輩如劉騰「除崇訓太僕，加中侍中。」〔註41〕；而侯剛之權勢竟到了坐掠殺試射羽林而僅解部分官職的地步。〔註42〕其他像外戚，靈太后之父胡國珍亦是在靈太后執政後才不次拔擢，胡氏家族至此飛黃騰達，《魏書・胡國珍傳》載：〔註43〕

　　胡國珍，……靈太后臨朝，加侍中，封安定郡公，給甲第，賜帛布綿穀奴婢車馬牛甚厚。……令入決萬機。……男女姊妹兄弟各有差，皆極豐瞻。國珍與太師、高陽王雍，……給步挽一乘，自披門至于宣光殿得以出入，并備几杖。

由上窺知，靈太后並未依恃其外家力量，外家勢力是在靈太后臨朝後發展起來，可見靈太后操控皇位繼承並非是其外家力量支持，此點與文明太后相同，由靈太后、文明太后和祁氏比較可知，外家力量介入拓跋氏政治情形，北魏時期已不復見。

　　靈太后亦用皇帝專用之「詔」〔註44〕、「敕」〔註45〕，且自稱曰朕，群臣上書曰陛下，她已具有如同皇帝權力之事實，具有「專權」與「長期」之統治特性，權力機能及於國政各個層面，靈太后極力做到「行天子事」的地步，如親祀太廟、后妃之選擇〔註46〕、親理訴訟〔註47〕、百官之考銓〔註48〕、宗

太后臨朝執政時，其權力機能的展現，蔡幸娟於此書有詳細研究與論述。

〔註38〕參見《魏書》卷9〈肅宗紀〉，頁225～229。

〔註39〕《魏書》卷93〈恩倖・鄭儼傳〉，頁2007。

〔註40〕《魏書》卷93〈恩倖・徐紇傳〉，頁2008。

〔註41〕《魏書》卷94〈閹官・劉騰傳〉，頁2027。

〔註42〕參見《魏書》卷93〈恩倖・侯剛傳〉，頁2005。

〔註43〕《魏書》卷83下〈外戚下・胡國珍傳〉，頁1833～1834。

〔註44〕參見《魏書》卷18〈道武七王・京兆王黎附元叉傳〉，頁403。

〔註45〕參見《魏書》卷13〈皇后・宣武靈皇后胡氏傳〉，頁338。

〔註46〕參見《魏書》卷13〈皇后・孝明皇后胡氏傳〉，頁340。

〔註47〕參見《魏書》卷9〈肅宗紀〉，頁243。

〔註48〕參見《魏書》卷19上〈景穆十二王上・廣平王匡傳〉，頁456。

室封繼之裁決〔註49〕等，可見她也擁有如至尊皇帝般獨一無二之權力，〔註50〕對皇位繼承自然能一手掌控，殺孝明帝、廢孝明帝之女、以元釗繼位，均在靈太后掌握之中。

文明太后和靈太后均掌握政權，擁有和皇帝相同權力，故能影響皇位繼承，但兩人對皇位繼承的認知仍有不同。文明太后帶領北魏向上提升、靈太后卻帶領北魏向下沈淪，皇位繼承方面亦是如此。文明太后與獻文帝鬥爭勝利最大原因，在於文明太后掌握了獻文帝後之皇位繼承者：太子宏，姑不論文明太后政治勢力反對獻文帝禪位京兆王子推，太子宏繼承皇位實乃天經地義之事，皇叔繼位不合體制，獻文帝先在名位禮制上已輸，更遑論面對滿朝文明太后之政治勢力，故文明太后親自撫養太子宏，先一步掌握皇位繼承人，此其得以勝出獻文帝之處。

至於靈太后，對孝明帝後之皇位繼承毫無掌握時，就猝然除去孝明帝，造成皇位繼承動盪，宗室離心。因孝明帝無子，靈太后無法仿效文明太后躬自撫養太子，而孝明帝正當青年，當有生育機會，靈太后又不能擇宗室之子立為太子，所以她根本無法掌握任何皇位繼承者。於此情形下，靈太后貿然除去孝明帝，自然造成皇位繼承不穩，演出以潘充華所生皇女繼位之鬧劇，拓跋宗室遂失去對靈太后之支持。掌握未來皇位繼承者與否，此乃文明太后成功、靈太后失敗之處，靈太后應該師法文明太后故智，在孝明帝未誕皇子且立為太子之前，仍需保留孝明帝，因皇帝至尊畢竟乃天下所繫，更是拓跋宗室、代人貴族等政治集團之向心，保有孝明帝才能獲得北魏最大政治勢力代人集團之支持，這也是靈太后能臨朝聽政最大原因。待孝明帝有子並立為太子後，皇位繼承名份已定，孝明帝若死，當有太子可即位，皇位繼承不會亂象叢生，宗室亦不致離心，可惜靈太后未明瞭皇位繼承者在政治中的關鍵地位，學習文明太后成功之例，遂造成其失敗之命運。

第二節　拓跋宗室

北魏既為拓跋氏所建，系出同源的拓跋宗室，理應成為捍衛皇權的最堅

〔註49〕參見《魏書》卷66〈崔亮附光伯傳〉，頁1484。
〔註50〕靈太后臨朝時之權力展現，可參見蔡幸娟，前揭書，頁181～215；陳冠穎，《靈太后與北魏政治》（台北：中國文化大學史學研究所碩士論文，2003年6月），頁48～55。

強支持者，在北魏多次皇位繼承的動亂中，的確看到宗室挺身而出，扶助皇太子繼位；另一方面，因皇室、宗室皆屬拓跋氏，北魏乃拓跋氏天下，除非改朝換代，否則宗室自然也有繼承皇位資格，故在皇位繼承紛亂時刻，具野心之宗室會投入競逐皇位行列，有時宗室不一定有挑戰皇位之慾望，但是在野心臣子的威逼下，常會身不由己。

一、宗室介入皇位繼承情形

從道武帝創建北魏起，至尒朱榮入洛陽止，歷代皇位繼承均可看到宗室勢力，不論是翼贊法定皇位繼承人；或是干預皇位繼承，都有宗室介入其中，如下表所示：

表十九：宗室介入皇位繼承分析表

君　王	介入之宗室	經過	出處：《魏書》
道武帝	拓跋寔君之子	道武帝堂兄弟拓跋寔君之子聚眾自立，威脅道武帝地位。	卷 25〈長孫嵩傳〉，頁 643。
	拓跋窟咄	拓跋窟咄與其侄道武帝爭位。	卷 15〈昭成子孫‧窟咄傳〉，頁 385。
明元帝	清河王紹	清河王紹弒其父道武帝自立。	卷 16〈道武七王‧清河王紹傳〉，頁 389～390。
	陰平王烈	陰平王烈暗中支持拓跋嗣平定清河王紹之亂並擁護其繼位。	卷 15〈昭成子孫‧陰平王烈傳〉，頁 374。
	元城侯屈	元城侯屈、拓跋磨渾父子協助拓跋嗣繼位。	卷 14〈神元平文諸帝子孫‧文安公屈傳〉，頁 364～365。
	拓跋磨渾		
文成帝	南安王余	宗愛弒太武帝立南安王余。	卷 94〈閹官‧宗愛傳〉，頁 2012。
獻文帝	殿中尚書拓跋郁	文成帝崩逝，乙渾不欲太子弘即位，殿中尚書宗室拓跋郁率禁軍欲殺乙渾，乙渾遂奉太子弘即位。	卷 14〈神元平文諸帝子孫‧順陽公郁傳〉，頁 347。
	任城王雲	任城王雲、東陽公丕反對獻文帝禪位其叔京兆王子推，但不反對禪位太子宏。	卷 19 中〈景穆十二王中‧任城王雲傳〉，頁 461～462。
	東陽公丕		
	京兆王子推		

孝文帝	東陽王丕	文明太后欲廢孝文帝另立咸陽王禧，東陽王丕上諫反對，使文明太后打消廢立之意。	卷 7 下〈高祖紀〉下，頁 186。
	東陽王丕	東陽王丕、安樂侯隆父子反對漢化遷洛，欲推太子恂為主，舉兵斷關，規據陘北。	卷 14〈神元平文諸帝子孫・東陽王丕傳〉，頁 361。
	安樂侯隆		
	陽平王頤	太子恂奔代失敗後，穆泰等保守派欲推陽平王頤為主，若其不從，則再推樂陵王思譽。	卷 27〈穆泰傳〉，頁 663。
	樂陵王思譽		卷 19 下〈景穆十二王下・樂陵王胡兒附子思譽傳〉，頁 516。
宣武帝	北海王詳	孝文帝病篤之際，任命六位輔政大臣，宗室即占四人：北海王詳、廣陽王嘉、咸陽王禧、任城王澄，輔助太子恪順利即位，確保拓跋氏統治。	卷 7 下〈高祖紀〉下，頁 185。
	廣陽王嘉		
	咸陽王禧		
	任城王澄		
	彭城王勰	孝文帝病重時，彭城王勰侍病禁中，處理表奏，更迎太子恪於魯陽（河南魯山縣）加以保護。	卷 21 下〈獻文六王下・彭城王勰傳〉，頁 576。
孝明帝	高陽王雍	宣武帝崩，高肇集團欲有所圖謀，高陽王雍、清河王懌、任城王澄等宗室挺身而出，支持太子詡繼位。	卷 83 下〈外戚下・高肇傳〉，頁 1831。
	清河王懌		
	任城王澄		
	領軍將軍元叉	元叉與宦官劉騰發動政變奪取政權，廢靈太后、幽孝明帝。	卷 9〈肅宗紀〉，頁 230。
	高陽王雍	與靈太后密謀剷除元叉，靈太后重新臨朝聽政。	卷 16〈道武七王・京兆王黎附叉傳〉，頁 406。

由上表可知，從道武帝至孝明帝，除太武帝繼位時，因其父明元帝實施「太子監國」制的成功，使繼位過程平和順利外，其餘每一朝皇位傳承時，均有大小不等的動亂發生，在這些動亂中，不管是協助皇太子繼位；或是成為打擊皇太子繼位的力量，都可看到宗室力量的積極介入。

二、宗室介入皇位繼承之類別

宗室介入皇位繼承的類別，依其力量與程度的不同，約可區分為三類：第一類是成為皇室之羽翼，協助法定皇位繼承人掃除繼承上的障礙；第二類是破

壞現有之皇位繼承秩序，或挑戰皇權，成為皇室之破壞者；第三類是身不由己，本身未必有竊奪皇位之心，卻遭臣下威逼，成為臣子奪取政權的棋子。

第一類忠於皇室的最多，如協助明元帝即位的陰平王烈、元城侯屈、拓跋磨渾等人；率禁軍欲殺乙渾擁獻文帝即位的拓跋郁；反對獻文帝禪位京兆王子推的任城王雲、東陽公丕；力阻文明太后擅廢孝文帝的東陽王丕；扶助宣武帝順利即位的北海王詳、廣陽王嘉、咸陽王禧、任城王澄、彭城王勰；對抗高肇集團支持太子詡繼位的高陽王雍、清河王懌、任城王澄；與靈太后、孝明帝密謀剷除元叉，助靈太后、孝明帝恢復自由之身的高陽王雍。一般而言，宗室對皇室忠心者居多，除了血緣關係有其宗法秩序外，篡奪皇位在封建時期會招致非議，故宗室往往成為皇室的護衛部隊，上述諸宗室皆是為了維護正統繼承秩序，對破壞秩序之力量，挺身而出。另外，這些宗室對皇位繼承的影響，不僅及於當代，有些還影響數代君王之繼承，甚至還有以父子、家族的影響方式出現，如元城侯屈與拓跋磨渾為父子；〔註 51〕任城王雲和任城王澄亦為父子，〔註 52〕對皇位繼承影響歷經三代帝王，在獻文帝禪位事件中，任城王雲堅決支持禪位對象應為太子宏，而其子任城王澄輔助宣武帝、孝明帝即位，居功厥偉。

第二類欲破壞皇位傳承，對皇室有負面之影響者，如與道武帝爭位的拓跋寔君之子、拓跋窟咄；清河王紹弒道武帝；欲推廢太子恂對抗孝文帝遷都漢化的東陽王丕、安樂侯隆父子；廢靈太后、幽孝明帝的元叉。

道武帝和拓跋寔君之子、拓跋窟咄的爭位，嚴格來說並非是對拓跋氏皇位繼承的破壞，因為昭成帝什翼犍的代國為前秦苻堅所滅後，道武帝重建代國，但其代王之位並非傳承至昭成帝什翼犍，因為在代國滅亡後，任何拓跋氏子孫皆可復興代國，如同中原王朝的東漢一樣，劉氏子孫在西漢滅亡後，均可復興漢朝，結果劉秀成其功，此情形和道武帝類似，拓跋氏的復興在道武帝手上完成，此處將拓跋窟咄、拓跋寔君之子列為破壞皇位繼承秩序者，乃相對於道武帝創建北魏，取得正統地位而言。然而不可否認的，道武帝為獻明帝寔之長子，乃昭成帝什翼犍嫡裔皇孫，又獲得賀蘭部全力支持，其繼承地位、實力、名望，均較拓跋窟咄、拓跋寔君之子為佳。

另外，明元帝和清河王紹的情況也頗類似，道武帝立「子貴母死」制殺

〔註 51〕《魏書》卷 14〈神元平文諸帝子孫・文安公屈傳〉，頁 364～365。
〔註 52〕《魏書》卷 19 中〈景穆十二王中・任城王雲傳〉，頁 461～462。

了明元帝生母劉夫人後，明元帝出逃在外，道武帝有意在其餘諸子中，擇立清河王紹爲皇位繼承人，不料卻因賜死其生母，〔註53〕引發清河王紹弑逆情形發生，事實上，明元帝此時已喪失繼承皇位資格，假設清河王紹默默接受道武帝安排，他即成爲皇太子，道武帝死後之皇位繼承人，明元帝出逃在外的結果將無法即皇帝位，只是清河王紹弑逆，給了明元帝回師靖亂的機會。不過，清河王紹弑殺道武帝，仍然是破壞現有之皇位秩序者。

因孝文帝遷都漢化引起漢化派與保守派傾軋，同樣引起皇位爭奪的紛爭，東陽王丕、安樂侯隆父子欲推廢太子恂對抗孝文帝，此事變中，東陽王丕在皇位繼承中的角色，前後乖異。在獻文帝禪位事件、文明太后欲廢孝文帝事件中，他都是扮演維護既定皇位繼承秩序者的角色，然而卻因反對孝文帝的漢化運動，成爲破壞現有皇位秩序者，故東陽王丕同時可列第一類和第二類，對皇位繼承態度前後迥異，北魏亦僅東陽王丕一人而已。如此也可充分證明，孝文帝的漢化運動，在保守派間引起極大反彈，部分宗室甚至改變立場，爲維護草原文化，不惜改朝換代，另推新君。至於元叉，則是純粹破壞皇位秩序者，他雖然未廢孝明帝，僅幽禁孝明帝，卻廢了靈太后，〔註54〕以當時靈太后臨朝聽政、大權獨攬而言，廢靈太后無異廢帝，且孝明帝掌握在元叉手中，若欲廢之，孝明帝亦無回天之力，故元叉亦可視爲破壞現有之皇位秩序者。

第三類乃遭臣子慫恿、脅迫者，本身未必對皇位有野心，如宗愛擁立南安王余；獻文帝欲禪位京兆王子推；穆泰等保守派欲推陽平王頤或樂陵王思譽爲主，對抗孝文帝。這類宗室通常是因緣際會，成爲他人介入皇位繼承的棋子，如南安王余雖由宗愛所立，亦死在宗愛之手，乃一任憑宗愛擺佈之棋子；而京兆王子推，原本就無法提至繼承秩序上，僅是獻文帝一廂情願，最終還是未能即位；至於陽平王頤、樂陵王思譽，穆泰等保守派欲進行武裝叛變，乃從宗室中選立具有號召力人物，先推陽平王頤爲主，若其不從，再推樂陵王思譽，兩人最終之結果大不相同，陽平王頤虛與委蛇，密報孝文帝，順利敉平這場叛亂；樂陵王思譽「知而不告，恕死，削封爲庶人。」〔註55〕

〔註53〕 李憑認爲拓跋嗣既出逃於外，道武帝就必須考慮下一個皇位繼承人，乃選定清河王紹，並殺死其生母，拓跋嗣即位後，當然要否定清河王紹在皇位繼承上的合法性，史家也就不得不迎合最高統治者的意願加以曲解了，詳見氏著《北魏平城時代》，頁72～73。

〔註54〕 《魏書》卷16〈道武七王・京兆王黎附叉傳〉，頁406。

〔註55〕 《魏書》卷19下〈景穆十二王下・樂陵王胡兒附子思譽傳〉，頁516。

可見若任憑他人擺佈，終究無好下場，如南安王余、樂陵王思譽，必須有堅定立場，無須隨他人起舞，才能明哲保身，如陽平王頤之例。

三、宗室介入皇位繼承力量之分析

宗室干預皇位繼承，其血緣與皇室親疏遠近是否有密切關係？並不盡然，例如助明元帝即位的拓跋磨渾，其祖上即為「國之疏族也。」〔註56〕率禁軍助獻文帝即位的拓跋郁，史載其為「桓帝（猗㐌）之後」，〔註57〕至獻文帝時和皇室關係已疏，和拓跋磨渾相同，也可稱為國之疏族；中斷靈太后臨朝的元叉，其族屬頗為特殊，他實際上為南平王霄之孫、南平王霄則為陽平王熙之孫、陽平王熙乃道武帝之子，故元叉和孝明帝的血緣已有一段距離；至於影響數位魏帝繼承的東陽王丕，其祖父拓跋烏真，乃烈帝翳槐之孫，族屬更疏，但他卻能數次介入皇位繼承，可見與皇室血緣親疏遠近並非必然之因素。

再以血統與皇室親近者而言，孝文帝顧命大臣中的四位宗室中，北海王詳、咸陽王禧乃孝文帝之弟，與孝文帝關係最親；廣陽王嘉為太武帝之孫；任城王澄為景穆帝晃之孫；另外親侍孝文帝湯藥的彭城王勰亦是孝文帝之弟，這五位宗室和孝文帝血緣並不遠。此外，扶立孝明帝即位和高肇集團對抗的清河王懌、高陽王雍、任城王澄等宗室，任城王澄已如前段上述；清河王懌則為宣武帝之弟、孝明帝之叔；高陽王雍乃孝文帝之弟、宣武帝之叔，高陽王雍之後還協助靈太后消滅元叉重新臨朝。

血緣親疏遠近並非宗室介入皇位繼承主要因素，那宗室是憑藉何種力量干預皇位繼承？首先，宗室因與皇室來自同姓血緣，是皇室最重要的皇親國戚，和君主之間的聯絡以及出入宮廷較一般朝臣來的方便，尤其是血緣愈近的宗室，如清河王紹出入宮廷弒道武帝、彭城王勰奉湯藥於病中的孝文帝，這就容易讓有野心之宗室干預皇位繼承，如清河王紹殺了道武帝。其次，宗室憑藉其尊貴身份地位，不事生產即能享受富貴及奢華生活，手下奴僕甚多，因財富對宗室而言不是問題，有些宗室便豢養武士，這些奴僕、武士便成為宗室的私人部隊，數目雖然不多，但這些人往往有死士性格，在關鍵時刻能發揮他們的作用，如清河王紹弒道武帝，「紹乃夜與帳下及宦者數人。」〔註58〕帳下即是指

〔註56〕《魏書》卷14〈神元平文諸帝子孫・文安公泥傳〉，頁364。
〔註57〕《魏書》卷14〈神元平文諸帝子孫・順陽公郁傳〉，頁347。
〔註58〕《魏書》卷16〈道武七王・清河王紹傳〉，頁390。

清河王紹府中之近從武士。

　　封建王朝乃一姓之天下，宗室與皇室系出同源，若有崇高之聲望與地位，此同姓血脈也易成爲他人利用之目標，如宗愛立南安王余爲帝、穆泰等人欲推陽平王頤或樂陵王思譽爲主對抗孝文帝。除非是改朝換代，否則仍是拓跋氏天下，故權臣雖掌控朝政，仍須從宗室中推戴一人爲帝，藉其姓氏來號召。另外，宗室間年高德劭者，往往比當今皇帝高上數輩，經常成爲宗室間的意見領袖，有一言定鼎的能力，君主有時也必須顧慮他們在宗室間潛在的影響力，對他們的言論也不得不尊重，最明顯之例乃東陽王丕，他與明元帝同輩，如下圖：〔註59〕

圖八：明元帝與東陽王丕族屬關係圖

（兄）昭成帝什翼犍 ——————（孫）道武帝 ——————（子）明元帝
　　（烈帝次子）

（弟）拓跋謂 ——————（孫）拓跋興都 ——————（子）東陽王丕
　　（烈帝四子）

因東陽王丕在宗室間輩份甚高，所以在獻文帝禪位事件；文明太后欲廢孝文帝事件；爲反對遷都舉太子恂對抗孝文帝等事件中，都可看到東陽王丕力量的介入。東陽王丕長獻文帝四輩、孝文帝五輩，因此連文明太后都頗敬重，「高祖（孝文帝）、文明太后重年敬舊，存問周渥，……帝后敬納焉。」〔註60〕其他像陰平王烈爲明元帝叔父；〔註61〕任城王雲爲獻文帝叔父；〔註62〕北海王詳、咸陽王禧、彭城王勰同爲宣武帝叔父；〔註63〕任城王澄爲宣武帝叔公輩；〔註64〕廣陽王嘉與文成帝同輩，高宣武帝三個輩份，〔註65〕這些宗室輩份均高於他們欲影響之君主，且宗室經常封王封爵，其子孫亦可襲爵，故在社會

〔註59〕 參見《魏書》卷14〈神元平文諸帝子孫・武謂將軍謂傳〉，頁357；卷1〈序紀〉，頁11。
〔註60〕 《魏書》卷14〈神元平文諸帝子孫・東陽王丕傳〉，頁358。
〔註61〕 參見《魏書》卷15〈昭成子孫・陰平王烈傳〉，頁374。
〔註62〕 參見《魏書》卷12中〈景穆十二王中・任城王雲傳〉，頁461。
〔註63〕 參見《魏書》卷21〈獻文六王〉，頁533、559、571。
〔註64〕 參見《魏書》卷12中〈景穆十二王中・任城王雲傳〉，頁461。
〔註65〕 參見《魏書》卷18〈太武五王・廣陽王嘉傳〉，頁428。

上、政治上，宗室間潛在勢力極大，君王若欲對付宗室，礙於其王、爵身分無法下手，因此宗室對君王而言壓力非常大，這也是為什麼獻文帝禪位京兆王子推失敗的原因。

　　宗室除了因與皇室血緣之親得以封王得爵之外，還常常出任重要職守，掌握政治權力，就皇室而言，宗室畢竟比外姓朝臣來得可靠，而這也是宗室能介入皇位繼承最大的力量來源。以東陽王丕為例，他在獻文帝時已是侍中、尚書令，故其反對獻文帝禪位京兆王子推的言論會受到重視。孝文帝時封東陽王，之後遷太尉、錄尚書事，〔註66〕因位高權重，文明太后才打消廢孝文帝念頭，也才有能力以軍事政變反對孝文帝的遷都漢化。至於其他宗室在皇位繼承時刻之官銜，如拓跋郁為殿中尚書、元乂為領軍將軍，二人均為禁軍將領，因為掌握禁軍，拓跋郁得以擁獻文帝即位；元乂才能廢靈太后和幽禁孝明帝。此外，在獻文帝禪位京兆王子推事件中，王公卿士，無人敢發言，還是任城王雲率先發言反對，這也是因任城王雲「拜都督中外諸軍事、中都坐大官。」〔註67〕掌握軍權之故。

　　受孝文帝遺命輔佐太子恪即位的北海王詳、廣陽王嘉、咸陽王禧、任城王澄、彭城王勰等宗室，他們當時官職均是高官重職，位高權重，咸陽王禧乃侍中、太尉，宰輔之首；〔註68〕北海王詳為侍中、尚書左僕射，並以司空輔政；〔註69〕彭城王勰則為司徒、太子太傅、侍中。孝文帝南討南齊陳顯達時，另詔彭城王勰使持節、都督中外諸軍事、總攝六師；〔註70〕孝文帝封元嘉廣陽王、拜徐州刺史，並以尚書左僕射輔政；〔註71〕至於任城王澄，頗得孝文帝重用，歷任不少官職，曾為侍中、尚書左右僕射、尚書令、中書令等。〔註72〕此外，在孝明帝即位的關鍵時刻，支持孝明帝的高陽王雍、清河王懌、任城王澄等宗室，高陽王雍為太尉、侍中；〔註73〕清河王懌為侍中、尚書僕射；〔註74〕任城王澄則為朝望所屬，出為尚書令、散騎常侍、驃騎大將軍、

〔註66〕參見《魏書》卷14〈神元平文諸帝子孫・東陽王丕傳〉，頁357～361。
〔註67〕《魏書》卷12中〈景穆十二王中・任城王雲傳〉，頁461。
〔註68〕參見《魏書》卷21上〈獻文六王上・咸陽王禧傳〉，頁537。
〔註69〕參見《魏書》卷21上〈獻文六王上・北海王詳傳〉，頁559～560。
〔註70〕參見《魏書》卷21下〈獻文六王下・彭城王勰傳〉，頁575～576。
〔註71〕參見《魏書》卷18〈太武五王・廣陽王嘉傳〉，頁428。
〔註72〕參見《魏書》卷19中〈景穆十二王中・任城王雲傳〉，頁463～470。
〔註73〕參見《魏書》卷21上〈獻文六王上・高陽王雍傳〉，頁552。
〔註74〕參見《魏書》卷22〈孝文五王・清河王懌傳〉，頁591。

司空、侍中等職，才能與高肇集團對抗；〔註75〕高陽王雍在元叉執政時，則為使持節、司州牧、侍中、太師、太保、錄尚書事，更進位丞相，〔註76〕因其掌握一定權勢，才能和靈太后合作剷除元叉。

宗室一般而言都是高官重臣，由上述諸多宗室出任的官職來看，他們囊括了魏廷大部政治權力，中央三省的中書令、尚書令、侍中、尚書僕射，多由這些宗室出任。至於國家榮銜的太尉、司空、司徒，雖未必有多大政治權力，但能出任者，多是具有名望與尊榮者，其潛在影響力甚大。另外像統領禁軍的殿中尚書、領軍將軍，擔任這些職務，等於掌握皇城軍事力量，故能介入皇位繼承。宗室因掌握政治權力、軍事力量，其想法對皇位繼承有正負兩面影響，很容易成為護佑法定皇位繼承人即位者，另一方面也很容易成為破壞皇位繼承秩序者。

宗室因血緣關係與皇室有其特殊性，事實上，每個朝代之宗室均為一特殊政治集團，不僅封王得爵，擁有財富與政治上地位，而宗室又有可能成為朝臣，且常任重職，容易獲得政治權力，換言之，宗室可以獲得外廷朝臣之政治權力與官職，但朝臣不可能得到宗室應有之權力，及與皇室親密之關係。因此朝臣在權力的掌握以及與皇帝的關係方面，常常不如宗室，故宗室介入皇位繼承的機會與力量均比朝臣大。更重要的是，宗室之爵位可世襲傳承，當爵位可由子孫承襲時，代表政治上的特權可一直延續下去，這點和權臣及宦官的得勢大不相同，權臣和宦官得勢，大部分是仰賴帝后的寵信，通常其權勢僅及於己身，一旦本人死亡，權勢立即灰飛煙滅。雖然，有些權臣、宦官亦封王得爵，可傳之子孫，但其政治基礎不穩，族群不夠，無法形成穩固政治集團，不似宗室之繁衍，以血緣宗親為基礎，編織成綿密之政治集團，故權臣、宦官形成之政治勢力多是單點式的，人亡政息，對皇位繼承的影響僅為一代，權臣如乙渾、高肇等；宦官如宗愛、趙黑、劉騰等，從《魏書》的記載來看，他們均只在掌權之當代，才能對皇位繼承有所影響，這和兩位臨朝聽政的文明太后、靈太后一樣，其政治影響力無法及於其身後。而宗室對皇位繼承影響常歷經數代，甚至有父子家族介入皇位繼承之情形出現，由此可見，宗室因權力的來源有其特殊性，故在皇位繼承部分，影響層面較朝臣、宦官，甚至皇太后都要來的廣且深。

〔註75〕《魏書》卷 19 中〈景穆十二王中·任城王澄傳〉，頁 473。
〔註76〕參見《魏書》卷 21 上〈獻文六王上·高陽王雍傳〉，頁 554～556。

第三節　代人貴族

一、代人貴族的定義

　　拓跋氏部落聯盟至昭成帝什翼犍時，遭前秦苻堅武力瓦解，苻堅為弱化拓跋氏力量，遂將部落聯盟領土與人民分為兩部，分別由獨孤部劉庫仁與鐵弗部劉衛辰統領，以黃河為界，劉庫仁居於山西北部，劉衛辰則居於陝北。拓跋部分裂的情況，一直到登國元年（西元 386 年）昭成帝什翼犍的嫡孫拓跋珪復興代國始結束，並開始一連串的對外征戰，於天興元年（西元 398 年）創建北魏王朝、定都平城，〔註77〕並將周圍約三萬平方公里的地區劃為「王畿」，「王畿」的範圍東起代郡（河北蔚縣），西至善無（山西右玉），北包參合（山西陽高），南抵陰館（山西代縣北），大致涵蓋了今天整個桑乾盆地，〔註78〕亦即拓跋氏當年部落聯盟活動領域的南區，歷史上習稱為「代」。

　　道武帝建北魏後，為了強化中央威權，削弱諸部酋首力量，往封建王朝前進，乃推行「離散諸部」措施，「離散諸部，分土定居，不聽遷徙，其君長大人皆同編戶。」〔註79〕解散後的部落，其下層人民雖然從事農牧業，但他們是北魏武力主要來源，其任務有二：一為駐守平城，捍衛京師；二為駐守各地，尤其是北魏統治基礎尚不穩之新佔領區。至於上層貴族，原部落酋首的君長大人，則進入魏廷官僚機構，任各級文武官員。

　　北魏境內並非所有部落全部離散，如《魏書‧尒朱榮傳》載：〔註80〕

> 尒朱榮，字天寶，北秀容人也。其先居於尒朱川，因為氏焉。常領
> 部落，世為酋帥。高祖羽健，登國初為領民酋長，率契胡武士千七
> 百人從駕平晉陽，定中山。

這些部落酋首隨從道武帝南征北討，立下汗馬功勞，道武帝遂以固定采邑安置，仍維持原有部落組織，並給予其部落領袖「領民酋長」的頭銜，「領民酋長」主要任務是將其治下的部落民，加以篩選訓練，成為北魏軍隊的主要來源。

　　道武帝及其後的明元帝、太武帝陸續採取「離散諸部，分土定居」的措施，使離散後部落的上層階級，大量進入魏廷，導致「代人貴族統治集團」

〔註77〕參見《魏書》卷 2〈太祖紀〉，頁 32～33。
〔註78〕參見唐長孺，〈拓跋國家的建立及其封建化〉，前揭書，頁 212～213。
〔註79〕《魏書》卷 83 上〈外戚上‧賀訥傳〉，頁 1812。
〔註80〕《魏書》卷 74〈尒朱榮傳〉，頁 1643。

的出現；另外領民酋長制的實施，使北魏境內散佈著許多大小不等的封建領主。這兩類政治菁英，擁有政治權力及掌握地方武力，構成所謂代人貴族，乃北魏除拓跋宗室外，最主要的統治階級。

二、代人貴族統治集團的形成

代人貴族統治集團的出現，對拓跋氏建立北魏封建王朝而言，是極具關鍵的一項大事。身為皇室的拓跋氏，在逐漸壯大的過程中，要統治人數具壓倒性多數的漢人，力量必定不足，為了擴大力量，在部落聯盟時期陸續加入拓跋氏政權的北系部落，就成為以皇室拓跋氏為中心的統治集團，漢人成為被統治者。代人貴族統治集團的出現，鞏固了拓跋氏力量，使其擁有強大軍事力，統一北方，讓拓跋氏免於和匈奴一樣，始終只是個游牧的部落聯盟，無法形成一個擁有固定領土及都城的國家；也使北魏免於成為另一個十六國中短命的朝代。

「代人」之身份在北魏有其特殊性，「代人貴族」更在北魏政治扮演重要角色。以《魏書》為例，除開〈本紀〉、〈皇后〉、〈宗室〉、〈外戚〉等標題性的傳記外，魏收將代人事蹟收入《魏書》各列傳者，據康樂先生的估算：

〔註81〕

> 明言為「代人」或其後裔的家族就占了總數的四分之一強，與其他的地域團體相較，比例算是最高的了，如果再加上列傳中的拓跋宗室子弟，他們當然都是「代人」，那比例更要提高許多。……細查列名《魏書》的這些代人，……幾乎原先皆為游牧部落，要等到拓跋珪於西元 398 年定都平城，解散部落後才定居於此地。

《魏書》中有傳的這些代人，當然只是整個代人貴族中的一小部份，能名列史傳，乃屬比較重要的一部份。然而需注意的是，「代人」這個稱呼並不能作為一個地域性的族類通稱，雖然他們大部分住在平城及王畿，即所謂的「雲代」地區，但是住在此地區的，還有拓跋氏征討各地時強迫移徙來的各族人民，甚至包括漢人，如果這些人都稱「代人」的話，範圍未免太廣，漢人不論士族與平民皆非代人，因為雲代地區並不是漢人唯一的家鄉，更重要的是，代人相對於漢人而言，乃屬異族，因漢人在北魏政權中淪為被統治者，

〔註81〕康樂，《從西郊到南郊——國家祭典與北魏政治》，頁 61。

漢人士族雖亦在中央或地方爲官，但其比率或重要性皆無法與代人相提並論，且完全被排除於軍事性職務之外，大多是備諮詢的角色，無法掌握實權與軍權。因此所謂代人，其籍貫就成爲明顯的標地，其祖上當爲北系游牧部落民，而「代人貴族」則是這批代人的上層統治者，而非下層被統治者。

領民酋長是否可列代人呢？領民酋長及其部落民也有不少是居住於雲代地區，然而他們與代人間仍有差異存在。首先，因領民酋長所轄乃部落型態，故他們皆爲部落酋首身分，需長期待在部落中，管理部落事務，故極少出任魏廷中央官職，僅偶爾擔任其部落所在地的地方長官，因此在政治上的權力與影響力並不大，對魏廷的政爭、皇位繼承等政治事件較少介入。其次，領民酋長與代人的差異也可從孝文帝的漢化政策中看出不同，因領民酋長長期維持部落型態，乃草原文化的忠實擁護者，對漢文化持抗拒態度，在北魏逐漸漢化的過程中，領民酋長及其部落民，幾乎是漢化潮流中的化外之民，在孝文帝遷都洛陽，將姓氏從拓跋改爲元氏後，〔註82〕絕大多數的代人貴族皆已改爲漢姓，但領民酋長幾乎仍維持原本的胡姓。

康樂曾對「代人」有一簡單界定：「代人形成於四世紀末的平城及其鄰近地區，至五世紀初仍陸續有所擴充，其成員絕大多數爲北亞游牧民族，不過，也包括其他少數民族，而且就算是以北亞游牧民族爲主體，這些游牧民族的成份亦很複雜，根據姚薇元的考訂，至少包含鮮卑、烏桓、高車、匈奴、柔然等族。然而不管他們原先來自那個民族、屬於那個部落，自道武帝定都平城後，他們即以代人之身分活躍於北魏政治舞台上。雲代地區是他們唯一的家鄉，放棄部落組織而成爲北魏治下的編戶，則是他們與仍保有部落組織的領民酋長之最大差異點。」〔註83〕當然，所謂「代人貴族」，就是其中的上層統治者，一般也只有「代人貴族」才能進入魏廷任官，進而掌握權力。

三、代人貴族對北魏皇位繼承的影響

「代人貴族」能在北魏政治舞台上扮演極重要的角色，是因他們握有政治權力，而政治權力中最重要者乃軍權，代人貴族不僅出任重要職位握有實權，更經常統帥軍隊，掌握兵權。吾人觀察《魏書》列傳中眾多代人的事蹟，在在突顯出他們在北魏重要的政治軍事地位，尤其是率軍出征，不管是北伐

〔註82〕參見《魏書》卷7下〈高祖紀下〉，頁179。
〔註83〕康樂，《從西郊到南郊——國家祭典與北魏政治》，頁64。

柔然、出兵南朝或剿滅各地亂事，將帥幾乎全由拓跋宗室或代人貴族出任，以武功最盛的北魏前期為例，曾任統帥領軍出征的代人，據《魏書》所載有長孫翰、〔註84〕長孫道生、〔註85〕娥清、〔註86〕奚斤、〔註87〕安原、〔註88〕叔孫建〔註89〕等，這些代人均為實際作戰的統兵官。至於領民酋長就只能扮演輔助性角色，一般是提供部落民補充魏軍兵士損耗，雖也有領兵協同作戰，但所領軍隊多為所轄部落民或小股軍隊，無法和前述統領大軍之代人貴族相比。

「代人貴族」在北魏政治上的地位舉足輕重，北魏歷代皇位繼承問題、乃至宮廷政變，都可看到代人貴族的影子，在關鍵時刻發揮實力與影響力，現將皇位更迭過程中，《魏書》中曾出現之代人貴族及其作為表列如下：

表二十：代人貴族對皇位繼承影響分析表

君王	內　容	代人貴族	出處：《魏書》
道武帝	賀蘭部為賀氏外家部落，不僅對拓跋珪善加保護，更全力支持其繼任代王位。	賀訥	卷 83 上〈外戚上·賀訥傳〉，頁 1812。
	長孫嵩等代人貴族投奔拓跋珪麾下。	長孫嵩	卷 25〈長孫嵩傳〉，頁 643。
	拓跋珪在諸部大人擁護下即代王位。	諸部大人	卷 2〈太祖紀〉，頁 20。
明元帝	叔孫俊、安同、長孫嵩、長孫翰等代人貴族均反對清河王紹，支持拓跋嗣繼位。	叔孫俊、安同、長孫嵩、長孫翰	卷 29〈叔孫俊傳〉，頁 705；卷 30〈安同傳〉，頁 712；卷 26〈長孫翰傳〉，頁 653。
	奚斤曾掌禁旅，運用影響力使禁軍支持拓跋嗣，而清河王紹最終為禁軍兵士所執。	奚斤	卷 29〈奚斤傳〉，頁 697。
太武帝	代人貴族領袖長孫嵩支持明元帝立長子拓跋燾為皇太子。	長孫嵩	卷 25〈長孫嵩傳〉，頁 644。

〔註84〕 參見《魏書》卷 4 上〈世祖紀〉上，頁 71。
〔註85〕 參見《魏書》卷 25〈長孫道生傳〉，頁 645。
〔註86〕 參見《魏書》卷 30〈娥清傳〉，頁 720。
〔註87〕 參見《魏書》卷 29〈奚斤傳〉，頁 698。
〔註88〕 參見《魏書》卷 30〈安同附子原傳〉，頁 714。
〔註89〕 參見《魏書》卷 29〈叔孫建傳〉，頁 702。

文成帝	禁軍將領羽林中郎劉尼、殿中尚書源賀與長孫渴侯支持拓跋濬繼位。	劉尼、源賀、長孫渴侯	卷29〈源賀傳〉，頁919；卷30〈劉尼傳〉，頁721；卷40〈陸俟附子麗傳〉，頁907。
	獲居權力核心之代人貴族支持，如南部尚書陸麗等人，他們均任中樞要職。	陸麗	卷40〈陸俟傳〉，頁901。
獻文帝	文成帝早已立長子拓跋弘為皇太子，故獲得拓跋宗室、代人貴族、魏廷朝臣支持。	代人貴族	卷5〈高宗紀〉，頁115。
	車騎大將軍乙渾趁獻文帝年幼即位，乘機掌握朝政，陸雋等人協助文明太后消滅乙渾。	乙渾 陸雋為陸俟族子	卷113〈官氏志〉，頁3011；卷40〈陸俟附族子雋傳〉，頁917。
孝文帝	太尉源賀、選部尚書陸馛反對禪位京兆王子推，贊成太子宏繼位。	源賀 陸馛為陸俟之子	卷29〈源賀傳〉，頁919；卷40〈陸俟附子馛傳〉，頁905。
	穆泰為代人貴族代表，勸諫文明太后不可任意廢孝文帝，另立新君。	穆泰	卷27〈穆泰傳〉，頁661～663。
	穆泰聯合陸叡等代人貴族反對遷都漢化，欲發動政變推太子恂繼位。	穆泰 陸叡，乃陸麗之子、陸俟之孫。	卷27〈穆泰傳〉，頁663；卷40〈陸俟附孫叡傳〉，頁911。
宣武帝	領軍將軍于烈掌握禁軍宿衛皇城，忠於孝文帝。	于烈	卷31〈于烈傳〉，頁739。
孝明帝	于忠為代人貴族，且因其為領軍將軍，乃代人貴族中最有實際力量者。	于忠	卷31〈于忠傳〉，頁742～743。

　　拓跋氏實施離散諸部措施，其目的在加強中央威權，將部落聯盟轉化為封建王朝，而離散諸部後的原各部落酋首，遂進入魏廷，並分據重要文武官職。至於上述表列影響皇位繼承的代人貴族，文官武職皆有，約可分為三類：

　　第一，屬領袖型者：如賀訥、長孫嵩等人，這類人物多半具有一定威望與實力，其一言一行均可影響代人貴族之意志，每在皇位繼承關鍵時刻，皆可看到他們力量之發揮。以賀訥而言，其為賀蘭部酋首，拓跋珪母賀氏外家部落，全力支持拓跋珪復興代國。賀蘭部實力在當時與獨孤部、鐵弗部相當，

賀訥對拓跋珪的支持，影響了其餘尚持懷疑態度之部落，拓跋珪也因為有賀蘭部為其後盾，才能擊敗慕容氏各勢力，開創北魏王朝。至於長孫嵩，在代人間具有崇高的威望與尊榮，代人貴族均以其為向背，而長孫嵩更對魏初三帝之皇位繼承有深刻之影響。拓跋珪與拓跋寔君之子爭位時，長孫嵩的向背足以影響兩人之勝敗，而長孫嵩決意投歸拓跋珪，象徵拓跋珪取得拓跋氏正統，此乃拓跋珪勝出之關鍵因素；之後清河王紹政變時，因情況不明，不知清河王紹握有多少兵力，長孫嵩只得暫表服從，減低百官傷亡，但仍暗地支持拓跋嗣平亂，擁戴拓跋嗣即位為明元帝；另外，在明元帝欲立皇太子時，徵詢長孫嵩意見，長孫嵩提出應以長子拓跋燾為皇太子，〔註90〕拓跋燾得立皇太子雖然是明元帝意志，不全是長孫嵩意見，但明元帝首先就問長孫嵩看法，可見長孫嵩在當時代人貴族間，具有一言定鼎的威望。

　　第二，屬文職者，陸麗、陸雋、陸馛、穆泰、陸叡等人，上述諸人對皇位繼承影響，分述如下：宗愛弒南安王余欲立新君時，陸麗擁皇孫拓跋濬即位，時陸麗為南部尚書；獻文帝即位初，乙渾專政，侍御長陸雋協助文明太后誅乙渾，陸雋為陸俟族子，文成帝時曾任侍中、給事；〔註91〕在孝文帝禪位其叔京兆王子推的風暴中，選部尚書陸馛持反對態度；文明太后欲廢孝文帝，幸穆泰切諫，文明太后始打消廢立之意，穆泰曾任散騎常侍、洛州刺史、右光祿大夫、尚書右僕射等職；〔註92〕反對孝文帝遷洛，密謀政變推太子恂為主的穆泰、陸叡，其中陸叡，乃陸麗之子、陸俟之孫，太和年間歷任散騎常侍、尚書左僕射、北部尚書、散騎常侍、定州刺史等職。〔註93〕

　　第三，掌握禁軍兵權者，奚斤、劉尼、源賀、長孫渴侯、于烈、于忠屬之，他們對皇位繼承之影響為：清河王紹弒逆時，奚斤雖未掌禁軍，但因其曾任禁軍統領，故運用影響力使禁軍不為清河王紹所用，清河王紹最終更遭禁軍所執；在擁立皇孫拓跋濬時，羽林中郎劉尼、殿中尚書源賀與長孫渴侯均為禁軍將領；〔註94〕宣武帝、孝明帝即位時刻，于烈、〔註95〕于忠〔註96〕

〔註90〕《魏書》卷25〈長孫嵩傳〉，頁644。

〔註91〕《魏書》卷40〈陸俟附族子雋傳〉，頁917。

〔註92〕《魏書》卷27〈穆泰傳〉，頁663。

〔註93〕參見《魏書》卷40〈陸俟附孫叡傳〉，頁911～913。

〔註94〕《魏書》卷40〈陸俟附子麗傳〉，頁907。

〔註95〕參見《魏書》卷31〈于烈傳〉，頁739。

〔註96〕參見《魏書》卷31〈于忠傳〉，頁742～743。

父子先後爲領軍將軍，掌握禁軍，發揮穩定皇位繼承之力量。

上述代人貴族中，乙渾在文成帝崩逝、獻文帝即位時掌握政權，隨後引起文明太后等人誅乙渾之政變，乙渾能夠趁機專權，在於他也是代人貴族，才能進入權力中樞，其乙氏爲乙弗氏〔註97〕所改，故乙渾專政時，必有一批代人貴族附於其下，只不過文明太后方面獲得較多拓跋宗室、代人貴族支持，名望、實力二方面皆勝乙渾，乙渾必敗無疑。

四、代人貴族對北魏的政治意涵

這群代人貴族不管是發動政變或掌握朝政，《魏書》列有史傳的這些代人，只是代人領導階層的少部份，代人貴族之所以能擁有如此優勢的地位，原因有二：首先是他們本身及其祖先，曾幫助拓跋氏在建立北魏的過程中立下汗馬功勞，而北魏王朝建立後，這批人獲得魏帝的封爵賞賜，其子孫多半襲爵或以功勳之後任職魏廷，容易掌握政治權力；其次，代人貴族的基層，亦即離散諸部前原先隸屬於他們的部落民，這些部落民在北魏「離散諸部」的政策下，部落解散，代人基層和上層代人貴族間的臍帶遭到切斷，不過彼此的關係並不能完全斷絕，因北魏軍隊均是以代人爲主，部落離散後的代人，部分留守平城、部分駐守各地軍事重鎮，仍爲拱衛北魏政權重要的軍事力量。

基層代人一直是北魏軍隊重要來源，孝文帝遷洛時亦然。事實上，基層代人不僅是北魏軍隊的來源，亦是北魏政權的基礎，同樣的，代人貴族能在魏廷中佔據重要地位並有極大之影響力，也是其基層代人之支持。換言之，拓跋宗室、代人貴族在北魏居於領導的優勢地位，完全是建構在基層代人的勢力上，他們的權力與地位都是這些基層代人支持的結果。

北魏王朝建立後，這些基層代人與當初部落貴族之間的聯繫，雖然不可能如部落聯盟時期那麼密切，不過，也不是從道武帝起，歷任魏帝持續推行「離散諸部」政策，就能將代人與他們貴族間的聯繫切的一乾二淨。當魏廷發生政變或動盪不安時，任職中央的代人貴族，爲了在亂局中保護自己或應付亂局，往往會召集部眾，這在北魏前期最爲明顯，如天賜六年（西元409年）十月，道武帝爲其子清河王紹所弒，魏廷大亂，值此變亂之際，賀訥之子賀泥就曾召

〔註97〕《魏書》卷113〈官氏志〉，頁3011。

集舊部：「（賀）泥出舉烽於安陽城北，賀蘭部人皆往赴之。」〔註98〕其實不止賀蘭部有此舉動，其他各部亦有相同行動：「其餘舊部亦率子弟招集族人，往往相聚。（清河王）紹聞人情不安，乃出布帛班賜王公以下。」〔註99〕清河王紹為避免引起動亂，只得頒贈賞賜安定人心。

　　召集舊部的情況在魏末有了改變，代人貴族在傳承幾代後，雖然也在魏廷任高官，但與原有部眾已逐漸脫離，已非其祖上和部落民休戚與共的緊密關係，加上北魏封建化、漢化、遷洛之後，原有之部落氣息逐漸消失，雖是如此，這些代人仍支撐北魏皇室與代人貴族的統治，如魏末尒朱榮掌握北魏政權並擁立孝莊帝，但孝莊帝無法忍受尒朱榮的跋扈，遂設計殺了尒朱榮。數日後尒朱榮從弟尒朱世隆率軍進攻洛陽，北魏因連年戰亂，中央軍早已耗盡，無兵力可禦敵，孝莊帝最後求援的對象，因北方已非北魏政令所及，只好下詔向洛陽附近代人求援：「諸舊代人赴華林園，（孝莊）帝將親簡敘。」〔註100〕定居洛陽及其近郊的代人，成為北魏皇室在最後關頭所能求援的對象。此時的代人已脫離部落藩籬，代人貴族和基層代人已無聯繫，魏帝遂成為所有代人之領袖，換言之，全體代人可視為一大部落，魏帝乃共同之酋首，此情況頗類似魏初時，中央有變，代人貴族往往召集部落民相聚，只不過此時換成魏帝召集所有代人了。

　　北魏的軍隊構成既然以代人為主體，整個帝國又是建立在軍事力量征服的基礎上，故在選擇將帥時，除了拓跋宗室外，代人貴族及其後裔，自然是北魏諸帝優先考慮的對象。而北魏乃以武力為主的王朝，代人貴族遂能長期據有中央至地方各軍政要職，在政治運作上，政權與軍權密不可分，代人貴族掌握了軍權，便能進而影響北魏政治。

　　道武帝「離散諸部，分土定居」的政策，在後續幾位君王持續的推動下逐漸收到效果，將原先以各部落為主、各自分離的血緣團體，成功地轉化為一個以代人為依歸、統一的地緣團體。在部落聯盟時期，部落以血緣宗親為其歸屬感，然而在進入北魏王朝後，因推行「離散諸部，分土定居」的政策，已逐漸為地域的認同感所取代，故以血緣宗親為識別的部落軍，既已打破界限融合成不分部落血緣的中央軍，領軍將領的背景只要出自代人貴族即可，

〔註98〕《魏書》卷83上〈外戚上・賀訥附泥傳〉，頁1813。
〔註99〕《魏書》卷16〈道武七王・清河王紹傳〉，頁390。
〔註100〕《魏書》卷10〈孝莊紀〉，頁266。

出自哪個部落也就不是很重要，這就給了北魏君主選擇將帥時一個彈性較大的空間。綜合言之，代人貴族在北魏的大半時期裡，始終掌有極大的軍事權力，相對的，軍事力是政治力最重要的一環，故代人貴族能擁有極高的政治力與政治地位，因此能在皇位繼承的關鍵時刻發揮影響力。

第四節　官僚系統

一、禁軍統領

　　歷代宮廷禁衛軍將領，對政治及皇位繼承影響很大，禁軍統領宿衛宮廷安全，兵權的掌控，必須牢牢掌握在皇帝手中，若禁軍兵權旁落，皇位自然不穩，皇位不穩則易生政變。而在皇位異動之際，手握禁軍兵權的將領，就容易左右皇位繼承人選。北魏宮廷宿衛軍，前期最高長官是殿中尚書，孝文帝遷洛後，兵權逐漸轉移到領軍將軍手中，尤其是北魏晚期，領軍將軍權勢很大。自宣武帝後，政治漸壞，執政者須抓兵權，皇帝握有兵權，才能安坐其位；若權臣掌控兵權，則容易操控朝政，進而干預皇位繼承。〔註101〕

（一）前期「殿中尚書」對皇位繼承的影響

　　北魏前期負責宿衛宮廷的禁軍將領為殿中尚書，其職權與領軍將軍類似。殿中尚書因執掌宮廷護衛，故宮廷政變中殿中尚書具舉足輕重之勢，在北魏前期幾次皇位繼承政爭中，殿中尚書常居關鍵之地位。

　　殿中尚書一職，晉武帝太康年間曾一度設置，但時間不長，並非定制，東晉南朝均無殿中尚書之職。〔註102〕北魏殿中尚書一職最早見於記載是在太武帝時，殿中尚書有可能是由殿中將軍發展而來，《魏書‧穆崇傳》載：〔註103〕

　　　　（穆崇）從世祖（太武帝）征赫連昌，勇冠一時，……選侍輦郎、
　　　　殿中將軍。……從征和龍，功超諸將，拜司衛監。……出為北鎮都
　　　　將，徵拜殿中尚書。

〔註101〕參見何茲全，〈府兵制前的北朝兵制〉，收於《讀史集》（上海：上海人民出版社，1982年4月），頁327。

〔註102〕參見《晉書》卷24〈職官志〉，頁723～750；《宋書》卷39〈百官志上〉、卷40〈百官志下〉，頁1217～1268；《南齊書》卷16〈百官志〉頁311～332。

〔註103〕《魏書》卷27〈穆崇傳〉，頁675～676。

從太武帝、文成帝、獻文帝、孝文帝等諸朝，均可見到「殿中尚書」的記載，《魏書・伊馥傳》：「（伊）馥性忠謹，世祖（太武帝）愛之，……。轉殿中尚書，常典宿衛。」〔註104〕《魏書・汝陰王天賜傳》：〔註105〕

> 高祖（孝文帝）初，殿中尚書胡莫寒簡西部敕勒豪富兼丁者爲殿中
>
> 武士，而大納財貨，簡選不平。

據上可知，北魏殿中尚書與魏、晉的領、護將軍職掌類似，殿中尚書爲北魏前期禁軍長官，也正因殿中尚書掌控禁軍兵權，故殿中尚書往往在皇位繼承的關鍵時刻，擁有對繼位人選的決定性影響，至於北魏任職殿中尚書者，詳見下表：

表二十一：北魏殿中尚書表

君　王	殿中尚書	出　處：《魏書》
太武帝	扶風公處眞	卷 14〈扶風公處眞傳〉，頁 364。
	尉長壽	卷 26〈尉古眞傳〉，頁 659。
	穆　顗	卷 27〈穆崇傳〉，頁 675。
	豆代田	卷 30〈豆代田傳〉，頁 727。
	長孫渴侯	卷 40〈陸俟傳〉，頁 907。
	源　賀	卷 41〈源賀傳〉，頁 920。
	伊　馥	卷 44〈伊馥傳〉，頁 989。
	竇　瑾	卷 46〈竇瑾傳〉，頁 1035。
	韓　茂	卷 51〈韓茂傳〉，頁 1128。
	李　蓋	卷 83〈李惠傳〉，頁 1824。
	段　霸	卷 94〈段霸傳〉，頁 2015。
	長孫眞	卷 4 下〈世祖紀下〉，頁 104。
文成帝	拓跋郁	卷 14〈順陽公郁傳〉，頁 347。
	劉　尼	卷 30〈劉尼傳〉，頁 722。
	于洛拔	卷 31〈于洛拔傳〉，頁 737。
	源思禮	卷 41〈源賀傳〉，頁 923。
	毛法仁	卷 43〈毛脩之附子法仁傳〉，頁 961。
	許宗之	卷 46〈許彥傳〉，頁 1036。

〔註104〕《魏書》卷 44〈伊馥傳〉，頁 990。
〔註105〕《魏書》卷 19 上〈景穆十二王上・汝陰王天賜傳〉，頁 450。

	拓跋郁	卷 14〈順陽公郁傳〉，頁 347。
獻文帝	穆安國	卷 27〈穆崇傳〉，頁 673。
	陸定國	卷 40〈陸俟傳〉，頁 908。
	呂羅漢	卷 51〈呂羅漢傳〉，頁 1138。
	拓跋石	卷 56〈鄭羲傳〉，頁 1237。
孝文帝	胡莫寒	卷 19 上〈汝陰王天賜傳〉，頁 450。
	張白澤	卷 24〈張白澤傳〉，頁 619。
	長孫觀	卷 25〈長孫道生傳〉，頁 646。
	穆　泰	卷 27〈穆泰傳〉，頁 663。
	穆　亮	卷 27〈穆亮傳〉，頁 667。
	樓　毅	卷 30〈樓毅傳〉，頁 718。
	源　懷	卷 41〈源懷傳〉，頁 923。
	羅　拔	卷 44〈羅結傳〉，頁 988。
	荀　頹	卷 44〈荀頹傳〉，頁 994。
	荀壽樂	卷 44〈荀頹傳〉，頁 995。
	尉　羽	卷 50〈尉羽傳〉，頁 1116。

從太武帝、文成帝、獻文帝幾次的皇位繼承，都可見到殿中尚書的介入，據《魏書》所載，長孫渴侯、源賀、拓跋郁等殿中尚書，和這幾次的宮廷政變有很密切的關係，茲分述如下：

太武帝遭閹宦宗愛所弒，宗愛隨即擁南安王余即位，宗愛大權獨攬，拓跋宗室、魏廷朝臣多人遭宗愛迫害，之後宗愛再弒南安王余，皇位繼承人選再度引發魏廷政變，而太武帝皇孫拓跋濬能夠推翻宗愛成功繼位，乃因獲得兩位殿中尚書長孫渴侯與源賀之支持，「殿中尚書長孫渴侯與尚書陸麗迎立皇孫，是爲高宗（文成帝）焉。」〔註106〕；「（源）賀部勒禁兵，靜遏外內，與南部尚書陸麗決議定策，翼戴高宗。」，〔註107〕殿中尚書手握禁軍宿衛宮廷安全，他們支持的意向，常是皇位繼承者得以繼承皇位之關鍵因素，這也是文成帝成功即位之因。

〔註106〕《魏書》卷 4 下〈世祖紀下〉，頁 106。
〔註107〕《魏書》卷 41〈源賀傳〉，頁 920。

　　文成帝崩逝後，乙渾隔絕內外，不欲太子弘繼位，顯然有所圖謀，幸賴殿中尚書拓跋郁支持太子弘，「（拓跋）郁率殿中衛士數百人從順德門入，欲誅渾。」〔註108〕乙渾驚恐之下，只得奉太子弘即位，若非拓跋郁殿中尚書身份以武力支持太子弘，太子弘恐將無法順利即位，魏廷會有政變發生之虞。從長孫渴侯、源賀、拓跋郁三位殿中尚書來看，他們支持的對象都能繼承皇位；反之，他們對手宗愛、乙渾，因未掌握禁軍，故敗於三位殿中尚書手中，可見掌握禁軍的殿中尚書在宮廷政變中之重要性。

　　嚴耕望認為：「殿中尚書職掌宮廷禁軍兵馬宿衛安全，權力極重，然至北魏後期，典宿衛領禁兵之職轉屬中領軍，兵馬別屬七兵，倉庫別屬度支，殿中尚書屬曹之可考者僅殿中、三公駕部，又主齋會事，職任選較前期為輕矣。」〔註109〕故殿中尚書職掌禁軍之責至中期逐漸由領軍將軍所取代。北魏前期任用漢人協助建創建各項制度，他們在參考魏晉及十六國諸政權制度基礎上，在中央設中領軍之職，負責典掌宮廷宿衛。但北魏初期各項制度仍未健全，中領軍職能並不明確，護衛宮廷安全之中領軍竟然能隨駕出征便反映了這種情形。太武帝時，北魏統一北方統治基礎穩固，遂開始建立各項制度，初期制度或存或改或廢，而隨著尚書省不斷膨脹，宮廷宿衛兵馬之權逐漸轉移到殿中尚書手中。到了孝文帝推行漢化，參酌魏晉南朝制度改造北魏官制，尚書省轉變為總管行政事務的宰相機關，宮廷宿衛禁軍不再由殿中尚書負責，轉由領軍將軍執掌。

（二）「領軍將軍」一職的演變

　　「領軍將軍」一職最早乃曹操所置，「魏武為丞相，相府自置領軍。」〔註110〕曹操任丞相是在漢獻帝建安十三年（西元208年），〔註111〕首任中領軍為史渙，《三國志・魏書・夏侯惇附韓浩傳》載：〔註112〕

> 太祖（曹操）初起，（史渙）以客從，行中軍校尉，從征伐，常監諸
> 軍，見親信，轉中領軍。（建安）十四（西元209年）年薨。……時
> 大議損益，浩以為當急田，太祖善之。遷護軍。太祖欲討柳城，……
> 遂從破柳城，改其官為中護軍。

〔註108〕《魏書》卷14〈神元平文諸帝子孫・順陽公郁傳〉，頁347。
〔註109〕參見嚴耕望，〈北魏尚書制度考〉，收於《中央研究院歷史語言研究所集刊》第18本，1948年9月。
〔註110〕《宋書》卷40〈百官志下〉，頁1247。
〔註111〕《三國志》卷1〈魏書・武帝紀〉，頁30。
〔註112〕《三國志》卷9〈魏書・夏侯惇附韓浩傳〉注引《魏書》，頁270。

曹操於建安十二年（西元 207 年）北征烏桓、破柳城，次年的建安十三年（西元 208 年）六月任丞相，並設丞相府，史渙爲中領軍、韓浩爲中護軍當在此時。曹操於丞相府中設置中領軍、中護軍之職，是想建立直屬自己的小朝廷，便於掌控漢獻帝及其東漢朝廷。依史渙任職來看，中領軍（或領軍將軍）是由領軍發展而來，領軍則由曹操軍府中的幕僚職中軍校尉發展而來。〔註 113〕

曹丕建曹魏後，中領軍（領軍將軍）領宿衛軍、中護軍（護軍將軍）典武官選舉，成爲曹魏最重要的武官。其中領軍乃重要的宿衛軍統帥，地位尤其重要。〔註 114〕司馬炎建西晉後，以中軍將軍代領軍之任，統左右二衛及前後左右四軍及驍騎等七軍營兵。永嘉年間，改稱中領軍，東晉初年一直到成帝時，一度改爲北軍中侯，不久又改回領軍將軍（中領軍）。此後直至南朝各代，領軍將軍統領宿衛禁軍的職責未曾更改，故領軍將軍不僅爲各朝最重要的武官，亦是皇帝最親信的將領。

五胡十六國時期，北方諸胡族政權旋建旋滅，這些胡族統治者都曾受魏晉統治一段很長時間，不免受到漢文化影響，因此在他們建國後，雖然採胡漢分治政策，但其政權結構大多繼承魏晉制度，領軍之制也爲胡族政權所繼承，如石勒「立子弘爲世子，領中領軍。」〔註 115〕因中領軍宿衛宮廷安全，故必須由親近之人擔任。另石虎臨終時，遺詔以丞相石斌、領軍將軍張豺輔政，〔註 116〕可見領軍將軍（中領軍）在後趙的重要性，乃僅次於君王的最高將領，故君王常以自己兒子出任，或受遺詔輔政護衛新主。

領軍手握重兵，在十六國政爭中，居舉足輕重之地位。後趙末年，石閔、石農當權，中領軍石成欲誅除石閔、石農二人，雖未成功，但也說明了此職權力之重，〔註 117〕可率兵誅殺當權者。此外，在其他政權中，前秦苻堅即皇帝位後，設領軍將軍一職，由外戚強汪擔任；〔註 118〕鮮卑慕容氏的諸燕政權、西南的成漢政權均設有領軍之職。

〔註 113〕關於領軍將軍一職的發展過程，張金龍有詳細論述，參見氏著，《魏晉南北朝禁衛武官制度研究》上冊（北京：中華書局，2004 年 11 月），第四章曹魏禁衛武官制度，頁 99～112。

〔註 114〕參見何茲全，〈魏晉的中軍〉，收於《中央研究院歷史語言研究所集刊》第 17 本，1948 年 4 月，頁 409～433。

〔註 115〕《晉書》卷 105〈石勒載紀下〉，頁 2739。

〔註 116〕參見《晉書》卷 107〈石季龍載紀下〉，頁 2786。

〔註 117〕參見《晉書》卷 107〈石季龍載紀下〉，頁 2791。

〔註 118〕參見《晉書》卷 113〈苻堅載紀上〉，頁 2884。

（三）「領軍將軍」對皇位繼承的影響

　　領軍將軍一職首見於北魏記載，是在道武帝皇始元年（西元 396 年），「（長孫肥）後從征中山，拜中領軍將軍。」〔註119〕道武帝討平後燕中山是在皇始元年（西元 396 年）八月至次年十月，當時長孫肥的中領軍將軍只是北魏中軍將領之一，未擔負宮廷宿衛之責，北魏當時因政權初建，道武帝又忙於對外作戰，各項制度尚未完備，因此中領軍之名只是沿襲前代舊稱而已。從長孫肥開始，北魏曾任領軍將軍一職者，參見下表所示：

表二十二：北魏領軍將軍表

君　王	領軍將軍（中領軍）	出　　處
道武帝	長孫肥	《二十五史補編》〈魏將相大臣年表〉頁 4489
	叔孫建	《二十五史補編》〈魏將相大臣年表〉頁 4489
太武帝	娥　清	《二十五史補編》〈魏將相大臣年表〉頁 4492
	屈　恆	《二十五史補編》〈魏將相大臣年表〉頁 4493
孝文帝	解律桓	《二十五史補編》〈魏將相大臣年表〉頁 4507
	元　繼	《二十五史補編》〈魏將相大臣年表〉頁 4508
	元　儼	《魏書》卷 113〈官氏志〉頁 3015。
	于　烈	《二十五史補編》〈魏將相大臣年表〉頁 4508
宣武帝	于　烈	《二十五史補編》〈魏將相大臣年表〉頁 4509
	于　勁	《二十五史補編》〈魏將相大臣年表〉頁 4510
	于　忠	《二十五史補編》〈魏將相大臣年表〉頁 4511
孝明帝	于　忠	《二十五史補編》〈魏將相大臣年表〉頁 4512
	元　繼	《二十五史補編》〈魏將相大臣年表〉頁 4512
	元　叉	《二十五史補編》〈魏將相大臣年表〉頁 4513
	侯　剛	《二十五史補編》〈魏將相大臣年表〉頁 4514
	皇甫度	《二十五史補編》〈魏將相大臣年表〉頁 4514
	元　淵	《二十五史補編》〈魏將相大臣年表〉頁 4515

　　北魏前期領軍將軍長孫肥、叔孫建、娥清、屈垣等人，經常領軍在外隨軍作戰，「太宗（明元帝）南巡幸鄴，以（娥）清為中領軍將軍，與宋兵將軍周幾

〔註119〕《魏書》卷 26〈長孫肥傳〉，頁 651～652。

等渡河略地。」〔註120〕此時中領軍將軍，只是北魏眾多領軍將軍名號之一，並無魏晉時中領軍肩負宿衛宮廷之責。至屈垣時，領軍職責開始有些變化，《魏書‧屈垣傳》載：〔註121〕

> 垣在官公正，內外稱其平當。世祖（太武帝）信任之，委以大政，車駕出征，常居中留鎮。

由此可知，屈垣頗得太武帝信任，因此屈垣此時的中領軍已具備了宿衛將領的某些職能，這與北魏對外戰爭即將結束，太武帝開始建立各項典章制度有關。

北魏前期一百年間（西元 386～496 年），中領軍將軍一職斷斷續續存在了十餘年時間，僅為一時權宜設置，並未如魏晉時期領軍將軍一職的制度化，也沒有像十六國時期的部分政權如後趙那樣般完備。另外因領軍將軍牽涉到率軍出征及兵權的掌握，漢人不可能擔任此職，因此北魏前期的軍事將領皆由拓跋宗室或代人貴族擔任，領軍將軍亦不例外，前期的四位領軍將軍均為代人，且都是貴姓，如長孫肥之長孫氏原為拓拔氏所改、叔孫建之叔孫氏本為乙旃氏所改，兩姓屬帝室十姓，〔註122〕在北魏初年地位很高；屈垣則是慕容鮮卑尸突氏，後改為屈氏。〔註123〕

孝文帝遷洛後大力推行漢化，官制也有大幅度改革，作為宿衛禁軍長官的領軍將軍職權有了重大變革，宿衛宮廷安全成為其主要職責。北魏從遷洛至滅亡前夕，領軍之制存在了四十年之久。

遷洛後首位領軍將軍是宗室江陽王繼，「（元繼）入為左衛將軍，兼侍中，又兼中領軍，留守洛京。」〔註124〕從「留守洛京」來看，領軍將軍已擔負起宿衛宮廷之主要職責。孝文帝遷洛後，大力推行漢化，各項禮儀制度已趨完備，故領軍將軍職守也受到魏晉時期領軍將軍制度影響，定型為專責宮廷安全。江陽王繼之後宗室元儼繼任領軍，「（孝文帝）令司空公穆亮、領軍將軍元儼、中護軍廣陽王嘉、尚書陸琇等詳定北人姓，務令平均。」孝文帝改定姓族在太和二十年（西元 496 年）春正月丁卯，〔註125〕故可斷定元儼任領軍將軍應在太和十九年（西元 495 年）底。元儼任領軍將軍時，發生了撼動孝

〔註120〕《魏書》卷 30〈娥清傳〉，頁 720。
〔註121〕《魏書》卷 33〈屈尊附孫垣傳〉，頁 777。
〔註122〕參見《魏書》卷 113〈官氏志〉，頁 3006。
〔註123〕《魏書》卷 113〈官氏志〉，頁 3010。
〔註124〕《魏書》卷 16〈道武七王‧江陽王繼傳〉，頁 401。
〔註125〕《魏書》卷 7 下〈高祖紀下〉，頁 179。

文帝皇位事件，即廢太子恂忠慕草原文化，不喜洛陽之漢化環境，竟輕騎奔代，還手刃高道悅於禁中，幸元儼處置得宜：〔註 126〕

> （廢太子恂）欲召牧馬輕騎奔代，手刃道悅於禁中。領軍元儼勒門防遏，夜得寧靜。

時孝文帝不在洛陽，魏廷正處廢太子恂謀叛的危機時刻，幸領軍將軍元儼「勒門防遏」穩定了局勢，這也是廢太子恂未有禁軍武力支持而失敗的明證，禁軍武力及其將領的職能於此有充分反應。

拓跋宗室江陽王繼、元儼之後，領軍將軍一職落入于氏家族手中，于氏亦爲代人貴族，其于氏爲勿忸于氏所改，雖非帝室十姓，但亦是神元皇帝時，餘部諸姓內入者。〔註 127〕于氏家族人物長期擔任北魏的領軍將軍，歷孝文帝、宣武帝、孝明帝三朝。最早是于烈，接替元儼任領軍將軍一職，而于烈在孝文帝崩逝的關鍵時刻，發揮了關鍵影響。太和二十三年（西元 499 年），因南齊主蕭寶卷遣太尉陳顯達入寇馬圈，孝文帝興師討伐，將洛陽留守重任交付于烈，孝文帝執于烈手曰：「都邑空虛，維捍宜重。可鎮衛二宮，以輯遠近之望。」〔註 128〕孝文帝在南伐途中突然病逝，但太子恪尚未即位，值此皇位眞空之際，彭城王勰將孝文帝駕崩之事告知領軍將軍于烈，藉由他統領禁軍之權安定京師，防止各方勢力蠢動，避免政變發生，太子恪因此得以順利即位，再一次突顯了領軍將軍在皇位繼承關鍵時刻的重要。

宣武帝景明二年（西元 501 年）八月于烈病故，〔註 129〕領軍將軍一職轉至其弟于勁手中，「（王仲興）後與領軍于勁共參機要。」〔註 130〕于勁任領軍將軍，萬斯同認爲是由景明三年至正始三年（西元 502～506 年）。〔註 131〕于勁之後，元珍繼爲領軍將軍，「永平中，（元珍）除車騎將軍、領軍將軍，始荷腹心之任，受六師之重。」〔註 132〕元珍黨於高肇，高肇專權多年，早已培

〔註 126〕《魏書》卷 22〈孝文五王・廢太子恂傳〉，頁 588。

〔註 127〕《魏書》卷 113〈官氏志〉，頁 3007。

〔註 128〕《魏書》卷 31〈于烈傳〉，頁 739。

〔註 129〕《魏書》卷 31〈于烈傳〉，頁 740。

〔註 130〕《魏書》卷 93〈恩倖・王仲興傳〉，頁 1996～1997。

〔註 131〕萬斯同的《魏將相大臣年表》，將北魏一朝領軍將軍做非常詳盡整理，參見氏著，《魏將相大臣年表》，收於《二十五史補編》（北京：中華書局，1991 年 3 月），第四冊，頁 4489～4519。

〔註 132〕洛陽市文物局編，《洛陽出土北魏墓誌選編》（北京：科學出版社，2001 年 6 月）〈元珍墓誌〉，頁 33。

養一批黨羽形成高肇集團，這一政治勢力頗爲龐大，宣武帝已感芒刺在背，欲削弱其實力，最重要者乃取回禁軍兵權，因領軍將軍職司宮廷安全，若此職掌握別人手中，宣武帝不啻遭人掐住咽喉，遂以于烈之子于忠出任領軍將軍，「延昌初，除都官尙書，加平南將軍，領左衛、中正如故。……。遷侍中、領軍將軍。」﹝註133﹞宣武帝這種作法有其用意，他意識到若將政權與軍權皆委於高肇一人之手，自己將有巨大危險，於是蓄意培養于忠，且孝文帝崩逝時，于烈安定洛陽，對宣武帝即位幫助甚大，宣武帝必然相信于烈、于忠父子之忠心。

宣武帝崩逝後，因皇位繼承問題引發政爭，高肇集團欲延遲太子詡登基，高肇當時正率軍伐蜀，雖有軍權，但離洛陽太遠，對朝廷局勢無法掌握。而于忠任領軍將軍掌控禁軍，加上身在宮廷，能夠隨時掌握朝廷動態，相較之下，于忠較佔上風，爲防止高肇集團的陰謀蠢動，于忠聯合侍中崔光、宦官劉騰等人，擁立太子詡繼位，並尊其母胡氏爲太后，于忠接著捕殺王顯，迅速穩定政局，﹝註134﹞一場高肇集團欲阻撓太子詡登基的陰謀遂粉碎於無形，高肇失敗之因，在於未能掌握禁軍兵權。

靈太后臨朝執政後，迅速將禁軍兵權控制在自己手中，先後以宗室江陽王繼、元叉父子任領軍將軍，﹝註135﹞其中元叉更是靈太后妹夫，靈太后原認爲元叉乃拓跋宗室兼姻親之雙重身分，應可信賴，不料元叉野心過大，經過一年經營，不僅發動政變奪取政權，還廢靈太后、幽禁孝明帝。事實上，元叉當時大權獨攬，儘可廢孝明帝，只是他並未如此，不過當時政權掌握在靈太后手中，元叉廢靈太后實與廢孝明帝無異。

靈太后於孝昌元年（西元 525 年）年返政，重新奪回北魏政權，靈太后鑒於元叉奪權的教訓，職司宮廷宿衛的領軍將軍不再授與一人，以免尾大不掉，故從靈太后二度掌權至尒朱榮入洛止，領軍將軍先後有侯剛、皇甫度、廣陽王淵等三人，不過侯剛僅是過渡，「靈太后以（元）叉腹心尙多，恐難卒制，故權以（侯）剛代之，示安其意。」﹝註136﹞靈太后爲緩和激烈的政爭，只得先以元叉黨羽侯剛任領軍將軍，待靈太后完全控制朝政後，便以其舅父

﹝註133﹞參見《魏書》卷 31〈于忠傳〉，頁 742。
﹝註134﹞《魏書》卷 31〈于忠傳〉，頁 742～743。
﹝註135﹞《魏書》卷 16〈道武七王・京兆王黎附江陽王繼傳〉，頁 403。
﹝註136﹞《魏書》卷 93〈恩倖・侯剛傳〉，頁 2006。

皇甫度爲領軍將軍，「孝昌元年（西元 525 年），（皇甫度）爲司空、領軍將軍。」〔註137〕皇甫度之後，靈太后以宗室廣陽王淵兼中領軍，「乃征（元）深（淵）〔註138〕爲吏部尚書、兼中領軍。」〔註139〕廣陽王淵此前率領大軍討伐北鎮、河北起義，不僅聲望高、權力亦大，此刻兼中領軍顯然是降級，權力縮小甚多，且魏廷爲了應付各地亂事，魏軍大量調出轉戰各地，京城防務空虛，中領軍所轄禁軍其實十分有限。這從尒朱榮揮軍進入洛陽，靈太后無多少禁軍可資對抗，只有束手就擒即可看出。故廣陽王淵此時的領軍將軍，早已失去了身爲禁軍長官能夠左右朝政的實際職掌。廣陽王淵之後出任儀同三司、大都督北討，而靈太后不久後也死於河陰之變，北魏政權落入尒朱榮手中。

北魏禁軍將領對皇位繼承之影響，如下表：

表二十三：北魏禁軍將領對皇位繼承影響分析表

姓　名	官　銜	經　過	出處：《魏書》
長孫渴侯	殿中尚書	宗愛連弒太武帝、南安王余二君，殿中尚書長孫渴侯、源賀擁皇孫拓跋濬即位。	卷 4 下〈世祖紀下〉，頁 106。
源　賀	殿中尚書		卷 41〈源賀傳〉，頁 920。
拓跋郁	殿中尚書	文成帝崩逝，乙渾不欲太子弘即位，拓跋郁率禁軍欲誅乙渾，太子弘遂得以即位。	卷 14〈順陽公郁傳〉，頁 347。
元　儼	領軍將軍	太子恂欲牧馬奔代，分裂北魏，幸元儼率禁軍制止，護持住孝文帝皇位。	卷 22〈孝文五王・廢太子恂傳〉，頁 588。
于　烈	領軍將軍	孝文帝崩逝，穩定洛陽局勢，使太子恪順利即位。	卷 31〈于烈傳〉，頁 739。
于　忠	領軍將軍	消滅高肇集團，擁太子詡順利即位。	卷 31〈于忠傳〉，頁 742。
元　叉	領軍將軍	發動政變，廢靈太后，幽禁孝明帝，已有實力可廢帝。	卷 16〈道武七王・京兆王黎附元叉傳〉，頁 404。

〔註137〕《北史》卷 80〈外戚・皇甫集附弟度傳〉，頁 2692。
〔註138〕《魏書》卷 18〈校勘記十八〉：按《魏書》紀傳都作「廣陽王淵」。此傳（《魏書・廣陽王淵傳》）以《北史》補，《北史》避唐諱，改「淵」作「深」，頁 438。
〔註139〕《魏書》卷 18〈太武五王・廣陽王淵傳〉，頁 431。

北魏如同其他封建王朝一樣，禁軍統領不論是前期的殿中尚書或後期的領軍將軍，均與皇權有密切的關係。從積極方面而言，禁軍統領宿衛宮廷安全，所率衛士皆爲精銳，可以維護和鞏固中央集權的君主專制，保護皇權不受侵犯。從消極方面看，禁軍統領可以憑藉其掌握的禁軍大權，廢黜皇帝或臨朝太后，干預皇位繼承，因此在皇位遞遭之際，禁軍統領的向背就相當重要，不論前期的長孫渴侯、源賀、拓跋郁等殿中尚書；後期的元儼、于烈、于忠、元叉等領軍將軍，皆須皇帝信賴之人爲之，如此才能保證皇權鞏固，以及皇帝崩逝後皇位繼承人能順利繼位。

二、侍　中

（一）「侍中」一職的起源與演變

侍中一職起源於秦漢時代，當時是在皇帝左右伺候雜事之人，性質屬宮內的近侍官。〔註140〕由於常在皇帝左右，接近權力核心，所以受到皇帝的倚重而權力日增。在封建專制時代，皇帝爲國家所有權力的來源，在國家權力集於一尊下，親近皇帝身邊者，不論其官職大小，只要皇帝寵信，便容易獲得權力，侍中便是一個明顯的例子。

侍中本非正式職官，也無定員，只是在其原來官職之外所加的官，所以漢代稱爲「加官」。〔註141〕侍中任職於禁中，故稱爲中朝官或內朝臣，其後因權力日增，職掌漸趨重要，終於成爲正式的職官，遂有官署機構，也由中朝官變爲外朝官，至晉代便成爲三省之一的門下省。〔註142〕侍中原爲服務於禁中之意，「入侍天子，故曰侍中。」〔註143〕自晉以來，固然門下省已經成立，但侍中仍不失爲「親近之職」。

魏晉以來，尚書、中書、門下三省組成了中央政府的核心，五胡十六國時的少數民族政權，也大多承襲此一政治制度。皇始元年（西元 396 年）拓跋珪稱帝，創立北魏，「初建台省，置百官。」〔註144〕其中包括設置了三省，

〔註140〕參見《宋書》卷 39〈百官志上〉，頁 1220。

〔註141〕參見《通典》（北京：中華書局，1992 年 6 月）卷 21〈職官三〉，「門下省」，頁 545～549。

〔註142〕參見《大唐六典》（台北：文海出版社，民國 63 年 6 月），卷 8，〈門下省〉，頁 168～170；《通典》卷 21〈職官〉三，〈門下省〉，頁 544～545。

〔註143〕《史記》卷 9〈呂后紀〉，頁 399。

〔註144〕《魏書》卷 2〈太祖紀〉，頁 27。

道武帝剛開始是任用漢族士人主持三省事務，建立君主專制政體，侍中遂出現於道武帝天興年間（西元 398～404 年），門下省置侍中、給事黃門侍郎，太尉穆崇、司徒長孫嵩加侍中，但他們都不主門下省事務。至明元帝時，除穆觀以左衛將軍縮門下中書外，還有拓跋屈「居門下，出納詔命。」〔註 145〕穆觀、拓跋屈雖俱典出納詔命，但職務都不明確，所謂縮門下、中書，可能出於後代史官的附會，北魏初期，漢化未深，且各項典章制度尚未建立，故中央台省徒存司名，而名實未符。

北魏三省至孝文帝時進一步獲得改善，各項制度趨於完備。從孝文帝太和十七年（西元 493 年）與二十三年（西元 499 年）兩次官制改革後，北魏的三省制無疑地納入魏晉三省制的發展軌道。不同的是，南朝中書重於門下，北魏門下重於中書，這也造成北魏門下侍中容易掌握權力，對政治有較深之影響力。

（二）「侍中」一職在北魏的權力與地位

北魏前期有重內侍官的傳統，內侍官在漢魏官制中即廣義的門下官。至孝文帝將台省組織建構完備後，前期所謂的門下官，在門下省制度化之後，因其親近皇帝，容易掌握權力。孝文帝在軍國大政的決策中，主要依靠門下省，故侍中權力極大，「（彭城王勰）復除侍中，長直禁內，參決軍國大政，萬機之事，無不預焉。」〔註 146〕由「長直禁內」來看，侍中可說是和君王最親近的外朝官，與君王的關係最密切，自然對軍國大政決策的影響最大。

宣武帝以後，中書事移門下，門下總攬尚書奏事與草詔出詔於一省，成了唯一的決策機構，侍中權力日漸提升，「詔侍中、太師、高陽王雍入居門下，參決尚書奏事。」〔註 147〕、「詔侍中、太尉、汝南王悅入居門下，與丞相、高陽王雍參決尚書奏事。」〔註 148〕侍中權力如此之大，因此任侍中者，易成為權臣；反之，權臣必兼侍中，或派心腹親信任侍中，權臣必掌握門下侍中之位，才能掌握皇帝詔令與國家政策。如孝明帝即位之初，于忠「既居門下，又總禁衛。遂秉朝政，權傾一時，」〔註 149〕而元乂亦是任侍中，才得以總典機要：〔註 150〕

〔註 145〕《魏書》卷 14〈神元平文諸帝子孫・文安公泥附子屈傳〉，頁 364。
〔註 146〕《魏書》卷 21 下〈獻文六王下・彭城王勰傳〉，頁 571、574。
〔註 147〕《魏書》卷 9〈肅宗紀〉，頁 226。
〔註 148〕《魏書》卷 9〈肅宗紀〉，頁 235。
〔註 149〕《魏書》卷 31〈于栗磾附忠傳〉，頁 743。
〔註 150〕《魏書》卷 16〈道武七王・江陽王繼附子乂傳〉，頁 404。

（元叉）尋遷侍中，餘官如故，加領軍將軍。既在門下、兼總禁
兵。……，自後專綜機要，巨細決之，威振於內外。

侍中權力如此之大，除了因親近皇帝容易獲得權力外，另一方面是制度使然。門
下負責平決尚書奏事，有駁奏之權，甚至可「寢而不奏」，如宣武帝時，尚書左
僕源懷奏革逃吏不赦的舊制，「門下以成式既班，駁奏不許。」〔註151〕；尚書裴
植表毀征南將軍田益宗，言其華夷異類，不應在百世衣冠之上，「侍中于忠、黃
門元昭覽之切齒，寢而不奏。」〔註152〕門下省將尚書奏事居中扣留，下情無法
上達，君主容易受蒙蔽，故門下的寢而不奏，無疑為侍中擅權舞弊大開方便之門。

門下平決尚書之奏事稱「門下處奏」，「處奏」經皇帝認可後就成為詔書，
可見門下之侍中，不僅與皇帝接近，其「處奏」後，皇帝大多認可，侍中竊
權逐由此生。皇帝正式詔書雖然與門下處奏有所差別，但是侍中掌握了「處
奏」之權，就容易左右皇帝想法，故有時遂行的並非皇帝之意，反而是侍中
之意，侍中當可假詔書之名，行利己之事，或迫害他人，侍中竊取權柄由此
生矣！所謂「詔旨之行，一出門下。」〔註153〕雖是高陽王雍用以斥責于忠擅
權時所說，但卻不是于忠擅權獨創，而是制度所決定的。

（三）「侍中」之權力易造就權臣

侍中一職雖自孝文帝時，中央台省才趨於制度化，但侍中之名北魏初年
即有，曾任職侍中之朝臣，如下表所列：

表二十四：北魏任職侍中官員表

君　王	任職侍中者	出　處
道武帝	常山王遵	《魏書》卷 15〈常山王遵傳〉頁 375
	長孫嵩	《魏書》卷 25〈長孫嵩傳〉頁 643
	穆　崇	《魏書》卷 27〈穆崇傳〉頁 661
明元帝	長孫嵩	《魏書》卷 25〈長孫嵩傳〉頁 643
	拓跋屈	《魏書》卷 14〈文安公泥附子屈傳〉頁 365
	王洛兒	《二十五史補編》〈魏將相大臣年表〉頁 4490
	車路頭	《二十五史補編》〈魏將相大臣年表〉頁 4490
	崔　宏	《二十五史補編》〈魏將相大臣年表〉頁 4490

〔註151〕《魏書》卷 41〈源賀附子懷傳〉，頁 924。
〔註152〕《魏書》卷 71〈裴叔業附植傳〉，頁 1570。
〔註153〕《魏書》卷 21 上〈獻文六王上‧高陽王雍傳〉，頁 555。

太武帝	東平王翰	《魏書》卷 18〈東平王翰傳〉頁 418
	臨淮王譚	《魏書》卷 18〈臨淮王譚傳〉頁 418
	長孫道生	《魏書》卷 25〈長孫道生傳〉頁 646
	尉 眷	《魏書》卷 26〈尉古眞附眷傳〉頁 657
	穆 壽	《魏書》卷 27〈穆崇附壽傳〉頁 665
	穆平國	《魏書》卷 27〈穆崇附平國傳〉頁 666
	古 弼	《魏書》卷 28〈古弼傳〉頁 690～691
	安 原	《魏書》卷 30〈安同附子原傳〉頁 714
	奚 眷	《魏書》卷 30〈奚眷傳〉頁 722
	屈 垣	《魏書》卷 33〈屈遵附孫垣傳〉頁 777
	屈道賜	《魏書》卷 33〈屈遵附道賜傳〉頁 778
	谷 渾	《魏書》卷 33〈谷渾傳〉頁 781
	薛 提	《魏書》卷 33〈薛提傳〉頁 795
	和 匹	《魏書》卷 33〈薛提傳〉頁 795
	張 黎	《魏書》卷 28〈張黎傳〉頁 693
	盧魯元	《魏書》卷 34〈盧魯元傳〉頁 801
	崔 浩	《魏書》卷 35〈崔浩傳〉頁 818
	司馬楚之	《魏書》卷 37〈司馬楚之傳〉頁 857
	刁 雍	《魏書》卷 38〈刁雍傳〉頁 866
	李 寶	《魏書》卷 39〈李寶傳〉頁 885
	羅 結	《魏書》卷 44〈羅結傳〉頁 987
	羅 斤	《魏書》卷 44〈羅結附子斤傳〉頁 988
	韓 茂	《魏書》卷 51〈韓茂傳〉頁 1128
	皮豹子	《魏書》卷 51〈皮豹子傳〉頁 1129
	李 蓋	《魏書》卷 83〈李惠傳〉頁 1824
	趙 黑	《魏書》卷 94〈趙黑傳〉頁 2016
文成帝	宜都王目辰	《魏書》卷 14〈宜都王目辰傳〉頁 348
	任城王雲	《魏書》卷 19〈任城王雲傳〉頁 461
	拓跋譚	《二十五史補編》〈魏將相大臣年表〉頁 4498
	尉 眷	《魏書》卷 26〈尉古眞附眷傳〉頁 657
	劉 尼	《魏書》卷 30〈劉尼傳〉頁 722

	陸　麗	《魏書》卷 40〈陸俟附子麗傳〉頁 908
	陸　雋	《魏書》卷 40〈陸俟附族子雋傳〉頁 917
	乙乾歸	《二十五史補編》〈魏將相大臣年表〉頁 4500
	源思禮	《魏書》卷 41〈源賀傳〉頁 923
	和其奴	《魏書》卷 44〈和其奴傳〉頁 993
	韓　茂	《魏書》卷 51〈韓茂傳〉頁 1128
	劉　昶	《魏書》卷 59〈劉昶傳〉頁 1307
	閭　毗	《魏書》卷 83〈閭毗傳〉頁 1816
	常　英	《魏書》卷 83〈常英傳〉頁 1817
	伊　馛	《二十五史補編》〈魏將相大臣年表〉頁 4498
	閭　紇	《二十五史補編》〈魏將相大臣年表〉頁 4499
	張　黎	《二十五史補編》〈魏將相大臣年表〉頁 4498
獻文帝	東陽王丕	《魏書》卷 14〈東陽王丕傳〉頁 357
	任城王雲	《魏書》卷 19〈任城王雲傳〉頁 462
	拓跋孔雀	《二十五史補編》〈魏將相大臣年表〉頁 4501
	穆　亮	《魏書》卷 27〈穆崇附亮傳〉頁 667
	司馬金龍	《魏書》卷 37〈司馬楚之附子金龍傳〉頁 857
	陸定國	《魏書》卷 40〈陸俟附孫定國傳〉頁 908
	陸　雋	《魏書》卷 40〈陸俟附族子雋傳〉頁 917
	陸　叡	《二十五史補編》〈魏將相大臣年表〉頁 4502
	乙乾歸	《二十五史補編》〈魏將相大臣年表〉頁 4500
	趙　黑	《魏書》卷 94〈趙黑傳〉頁 2017
	劉　昶	《二十五史補編》〈魏將相大臣年表〉頁 4501
孝文帝	東陽王丕	《魏書》卷 14〈東陽王丕傳〉頁 357
	元　忠	《魏書》卷 15〈常山王遵附孫忠傳〉頁 376
	淮南王他	《魏書》卷 16〈陽平王熙附子他傳〉頁 391
	江陽王繼	《魏書》卷 16〈京兆王黎附繼傳〉頁 401
	任城王澄	《魏書》卷 19 中〈任城王雲附子澄傳〉頁 463
	南安王楨	《魏書》卷 19 下〈南安王楨傳〉頁 493
	安定王休	《魏書》卷 19 下〈安定王休傳〉頁 517
	安豐王猛	《魏書》卷 20〈安豐王猛傳〉頁 529
	咸陽王禧	《魏書》卷 21 上〈咸陽王禧傳〉頁 533

孝文帝	趙郡王幹	《魏書》卷21上〈趙郡王幹傳〉頁541
	廣陵王羽	《魏書》卷21上〈廣陵王羽傳〉頁545
	高陽王雍	《魏書》卷21上〈高陽王雍傳〉頁552
	北海王詳	《魏書》卷21上〈北海王詳傳〉頁559
	彭城王勰	《魏書》卷21上〈彭城王勰傳〉頁571
	元　思	《二十五史補編》〈魏將相大臣年表〉頁4503
	長孫觀	《魏書》卷25〈長孫道生附孫觀傳〉頁646
	穆　眞	《魏書》卷27〈穆崇附孫眞傳〉頁662
	穆　羆	《魏書》卷27〈穆羆傳〉頁666
	穆　亮	《魏書》卷27〈穆亮傳〉頁667
	穆　紹	《魏書》卷27〈穆紹傳〉頁671
	樓　毅	《魏書》卷30〈樓毅傳〉頁718
	陳　建	《魏書》卷34〈陳建傳〉頁803
	陸定國	《魏書》卷40〈陸俟附孫定國傳〉頁909
	陸　叡	《魏書》卷40〈陸叡傳〉頁911
	陸　雋	《二十五史補編》〈魏將相大臣年表〉頁4502～4503
	苟　頹	《魏書》卷44〈苟頹傳〉頁994
	李　訢	《魏書》卷46〈李訢傳〉頁1042
	盧　淵	《魏書》卷47〈盧玄傳〉頁1047
	尉　元	《魏書》卷50〈尉元傳〉頁1113
	尉　羽	《魏書》卷50〈尉元附子羽傳〉頁1116
	皮　喜	《魏書》卷51〈皮喜傳〉頁1132
	源　懷	《二十五史補編》〈魏將相大臣年表〉頁4506
	李　沖	《魏書》卷53〈李沖傳〉頁1180
	崔　光	《魏書》卷55〈劉芳傳〉頁1220
	劉　芳	《魏書》卷55〈劉芳傳〉頁1220
	郭　祚	《魏書》卷64〈郭祚傳〉頁1421
	張　彝	《魏書》卷64〈張彝傳〉頁1428
	崔　光	《魏書》卷67〈崔光傳〉頁1487
	馮　熙	《魏書》卷83上〈馮熙傳〉頁1819
	馮　誕	《魏書》卷83上〈馮熙傳〉頁1821
	馮　脩	《魏書》卷83上〈馮誕附弟脩傳〉頁1821

	王　叡	《魏書》卷 93〈王叡傳〉頁 1988
	符承祖	《魏書》卷 94〈符承祖傳〉頁 2025
	王　琚	《魏書》卷 94〈王琚傳〉頁 2015
	張　祐	《魏書》卷 94〈張祐傳〉頁 2020
	趙　黑	《二十五史補編》〈魏將相大臣年表〉頁 4502
	抱　嶷	《二十五史補編》〈魏將相大臣年表〉頁 4506
	符承祖	《二十五史補編》〈魏將相大臣年表〉頁 4506
宣武帝	元　暉	《魏書》卷 15〈元暉傳〉頁 377
	元　弼	《魏書》卷 19 上〈濟陰王小新成附孫弼傳〉頁 447
	任城王澄	《魏書》卷 19 中〈任城王雲附子澄傳〉頁 473
	元　嵩	《魏書》卷 19 中〈任城王雲附子嵩傳〉頁 486
	元　詮	《魏書》卷 20〈安樂王長樂附子詮傳〉頁 526
	高陽王雍	《魏書》卷 21 上〈高陽王雍傳〉頁 552
	北海王詳	《魏書》卷 21 上〈北海王詳傳〉頁 560
	彭城王勰	《魏書》卷 21 下〈彭城王勰傳〉頁 577
	清河王懌	《魏書》卷 22〈清河王懌傳〉頁 591
	穆　紹	《魏書》卷 27〈穆紹傳〉頁 671
	于　忠	《魏書》卷 31〈于忠傳〉頁 742
	李　韶	《魏書》卷 39〈李韶傳〉頁 887
	源　懷	《魏書》卷 41〈源懷傳〉頁 926
	盧　昶	《魏書》卷 47〈盧昶傳〉頁 1055
	游　肇	《魏書》卷 55〈游肇傳〉頁 1216
	劉　芳	《魏書》卷 55〈劉芳傳〉頁 1221
	楊　播	《魏書》卷 58〈楊播傳〉頁 1280
	郭　祚	《魏書》卷 64〈郭祚傳〉頁 1422
	張　彝	《魏書》卷 64〈張彝傳〉頁 1428
	李　崇	《魏書》卷 66〈李崇傳〉頁 1467
	崔　光	《魏書》卷 67〈崔光傳〉頁 1488
	甄　琛	《魏書》卷 68〈甄琛傳〉頁 1512
	高　聰	《魏書》卷 68〈高聰傳〉頁 1521
	高　顯	《二十五史補編》〈魏將相大臣年表〉頁 4510

孝明帝	江陽王繼	《魏書》卷 16〈江陽王繼傳〉頁 402
	元　叉	《魏書》卷 16〈元叉傳〉頁 404
	廣陽王淵	《魏書》卷 18〈廣陽王淵傳〉頁 429
	高陽王雍	《魏書》卷 21〈高陽王雍傳〉頁 554
	元　徽	《魏書》卷 19 下〈元徽傳〉頁 511
	任城王澄	《魏書》卷 19 中〈任城王雲附子澄傳〉頁 478
	元　順	《魏書》卷 19 中〈元順傳〉頁 482
	東平王略	《魏書》卷 19 下〈東平王略傳〉頁 507
	元延明	《魏書》卷 20〈元延明傳〉頁 530
	元　顥	《魏書》卷 21〈元顥傳〉頁 564
	清河王懌	《魏書》卷 22〈清河王懌傳〉頁 591
	汝南王悅	《魏書》卷 22〈汝南王悅傳〉頁 593
	元　懷	《二十五史補編》〈魏將相大臣年表〉頁 4512
	元　彧	《二十五史補編》〈魏將相大臣年表〉頁 4513
	元　芝	《二十五史補編》〈魏將相大臣年表〉頁 4515
	元　宴	《二十五史補編》〈魏將相大臣年表〉頁 4515
	元　攸	《二十五史補編》〈魏將相大臣年表〉頁 4515
	于　忠	《魏書》卷 31〈于忠傳〉頁 743
	穆　紹	《二十五史補編》〈魏將相大臣年表〉頁 4512
	游　肇	《魏書》卷 55〈游肇傳〉頁 1217
	楊　椿	《魏書》卷 58〈楊椿傳〉頁 1287
	楊　昱	《魏書》卷 58〈楊昱傳〉頁 1293
	蕭寶夤	《魏書》卷 59〈蕭寶夤傳〉頁 1316
	李　崇	《魏書》卷 66〈李崇傳〉頁 1472
	崔　亮	《魏書》卷 66〈崔亮傳〉頁 1479
	崔　光	《魏書》卷 67〈崔光傳〉頁 1497
	甄　琛	《魏書》卷 68〈甄琛傳〉頁 1515
	裴延儁	《魏書》卷 69〈裴延儁傳〉頁 1530
	胡國珍	《魏書》卷 83 下〈胡國珍傳〉頁 1833
	侯　剛	《魏書》卷 93〈侯剛傳〉頁 2004
	王　溫	《魏書》卷 94〈王溫傳〉頁 2031
	劉　騰	《二十五史補編》〈魏將相大臣年表〉頁 4512
	成　軌	《二十五史補編》〈魏將相大臣年表〉頁 4514
	胡　祥	《二十五史補編》〈魏將相大臣年表〉頁 4514
	楊　範	《二十五史補編》〈魏將相大臣年表〉頁 4514
	封　津	《二十五史補編》〈魏將相大臣年表〉頁 4514

由於北魏門下擴大了權限，故侍中極易成為權勢顯赫之人。此外，侍中若兼宿衛將領、或宿衛將領兼侍中，更容易造就權臣的出現。北魏負責宿衛宮廷安全的將領為領軍將軍，統左、右衛將軍，北魏的幾位權臣，如宣武帝延昌中，于忠為侍中、領軍將軍；孝明帝時，元叉任侍中、領軍將軍，雖然任職侍中兼領軍將軍者，大多是皇帝信賴的拓跋宗室、或代人貴族，但「既在門下，兼總禁衛」，在手控強兵、口稱詔敕權力之下，稍有野心者就容易專權而成為權臣，于忠、元叉即是二例，不僅專權擅政，在皇位繼承時更具有關鍵影響力。

（四）侍中對皇位繼承的影響

侍中雖有極大權勢，然而並非每個侍中都可在皇位繼承時扮演關鍵角色，其前提乃是任職侍中期間，剛好遇到君主崩逝，或是發生政變之時。欲分析侍中對皇位繼承之影響，需先將皇位繼承時刻，任職侍中者抽離出來，如下表所示：

表二十五：任職侍中對皇位繼承影響分析表

侍中	對皇位繼承之影響	出處：《魏書》
長孫嵩	清河王紹弒逆，長孫嵩先曲意贊同清河王紹，實際上支持拓跋嗣繼位。	卷 25〈長孫嵩傳〉，頁 643。
東陽王丕	反對獻文帝禪位京兆王子推，應禪位太子宏。	卷 14〈東陽王丕傳〉，頁 357。
任城王雲		卷 19〈任城王雲傳〉，頁 462。
趙　黑	未明確反對獻文帝禪位京兆王子推，但支持太子宏繼位。	卷 94〈趙黑傳〉，頁 2017。
東陽王丕	文明太后欲廢孝文帝改立咸陽王禧，東陽王丕上諫阻止。	卷 14〈東陽王丕傳〉，頁 357。
東陽王丕	東陽王丕、陸叡反對孝文帝遷洛及漢化，欲發動政變推太子恂為主。	卷 14〈東陽王丕傳〉，頁 357。
陸　叡		卷 40〈陸叡傳〉，頁 911。
任城王澄	孝文帝崩逝之際，任命六位輔政大臣，協助太子恪繼位，其中任城王澄、咸陽王禧、北海王詳均為侍中之職。	卷 19 中〈任城王雲附子澄傳〉，頁 463。
咸陽王禧		卷 21 上〈咸陽王禧傳〉，頁 537。
北海王詳		卷 21 上〈北海王詳傳〉，頁 559。

彭城王勰	孝文帝不豫，彭城王勰親奉湯藥，並受孝文帝之託，輔太子恪即位。	卷21下〈彭城王勰傳〉，頁572。
高陽王雍		卷21上〈高陽王雍傳〉，頁552。
清河王懌	宣武帝崩逝，高肇集團欲延遲太子詡登基，擁護太子詡之反高肇集團，高陽王雍、清河王懌、任城王澄、于忠、崔光均為侍中。	卷22〈清河王懌傳〉，頁591。
任城王澄		卷19中〈任城王雲附子澄傳〉，頁463。
于忠		卷31〈于忠傳〉，頁742。
崔光		卷67〈崔光傳〉，頁1488。
元叉	發動政變，廢靈太后、幽禁孝明帝。	卷16〈道武七王・京兆王黎附叉傳〉，頁403～404。
劉騰		卷94〈劉騰傳〉，頁2027。

在上述表列中，明元帝、孝文帝、宣武帝、孝明帝之繼承皇位，均有侍中介入其中，而文明太后欲廢孝文帝；太子恂牧馬奔代；元叉與劉騰廢靈太后、幽孝明帝等事件，也有侍中干預的影子。這些侍中身分，約可分為四類：第一類為宗室，如東陽王丕、任城王雲、任城王澄、咸陽王禧、北海王詳、清河王懌、彭城王勰、高陽王雍；第二類為代人貴族，有長孫嵩、陸叡、于忠；第三類為閹宦，有趙黑、劉騰；第四類乃漢人，僅有崔光。這四類侍中身分，拓跋宗室和代人貴族表現出巨大政治能量，因其在拓跋氏政權下，本來即具有政治權力，故任侍中時，能發揮政治影響力，因此他們在皇位繼承時，往往是繼任者能夠繼位的關鍵力量，如東陽王丕、任城王雲力主獻文帝應禪位太子宏；于忠支持太子詡繼位等實例。至於閹宦的趙黑與劉騰，則又有不同，趙黑僅是獻文帝禪位事件中備諮詢的角色，無法主導皇位繼承對象；劉騰則不同，他因靈太后寵信而獲得權勢，再與元叉結合，控制內廷與外朝，北魏政權操於二人之手，故劉騰可完全操控皇位繼承，雖然未廢孝明帝，若要行廢立之事，亦是舉手之勞矣。第四類的漢人崔光，也僅是被動配合，漢人在北魏無政治實權、無兵權，因此在擁立孝明帝時，他僅能配合于忠，無法居於主導地位。

官僚體系中，禁軍將領與侍中乃對皇位繼承與宮廷政變影響最大之官職，北魏禁軍將領殿中尚書與領軍將軍，掌握禁軍宿衛宮廷安全，歷來即為政變成敗之關鍵；侍中為皇帝最親近之外朝官，門下省又為行政之樞紐，掌握侍中，等於掌握行政權，因此禁軍兵權、行政權之掌握與否，關係政爭雙

方之勝負，故禁軍將領與侍中通常為皇帝信任之人出任，唯有如此，皇帝才能安坐其位，也才能確保其後的皇位繼承順利。

第五節　宦　官

一、北魏宦官稱呼與來源

北魏雖是游牧民族鮮卑拓跋氏所建，卻仍然和中原王朝漢人一樣使用宦官，北魏宦官的稱呼有宦者、閹官、奄官、閹宦、閹人、佞閹、閹豎、中使、中官、內侍、中人等，其主要來源有囚犯、戰俘，《魏書》中未見有主動去勢而入宮邀寵者的記載，據《魏書‧刑罰志》載：「大逆不道腰斬，誅其同籍，年十四以下腐刑。」〔註154〕北魏因戰爭頻繁，故因戰爭被俘而為宦官者甚多，其中又以漢人居多，當然，其他少數民族亦有，因此，北魏宦官來源廣，人數眾多。北魏宦官如同中原王朝歷代宦官一樣，因其任事宮廷，遂容易受帝后寵信而擅權，「任事宮掖，親由褻狎，恩生趨走，便辟俯仰，當寵擅權。」〔註155〕宦官擅權的結果，常引起政治風暴，權勢甚大之宦官，對皇帝有廢立之權，甚至還掌握皇帝生殺大權，對北魏皇位繼承影響極深。

二、宦官權勢來源

北魏宦官權勢乃皇帝或皇太后所賦予，專制王朝唯一權力來源是皇帝，如果是太后臨朝執政，皇帝權力盡為太后所奪，此時權力來源是太后，但這非政治運作常態，因此只要宦官得到皇帝或太后寵信，就能獲得權力，此權力非同小可，經常是一人（皇帝或皇太后）之下、萬萬人之上，但這權力不穩且非正當，有可能因皇帝、皇太后更替或不再寵信等因素，喪失其權力，畢竟宦官雖得帝后寵信而掌握權力，但其權力終究非正常官僚體系下所賦予。

宦官因職務之便，得以隨意出入宮廷，較外朝大臣更容易親近帝后，故易得寵信而擅權干政，其權勢之大，甚至對朝臣任意貶抑誅殺。拓跋氏建立北魏後，運用宦官和中原歷朝君主殊無二致，因宦官引起的政治問題也一樣，甚至拓跋氏因係少數民族入主中原，在胡漢民族意識的對立下，還想利用宦

〔註154〕《魏書》卷111〈刑罰志〉，頁2874。
〔註155〕《魏書》卷94〈閹官傳〉，頁2011。

官集團牽制漢族士大夫，從中坐收漁人之利，更為北魏宦官橫行擅權創造了有利條件。北魏宦官參預朝政、殺害皇帝、廢立皇后、殺將戮相、封王得爵等種種政治亂象，對北魏歷史產生不良影響，可見宦官問題並未因民族不同而有所差異，不論是中原王朝或征服王朝，皆有宦官亂政問題發生。

若宦官一但封王封爵，其權力來源又不一樣，一般而言，封建王朝因勳戚貴胄才得以封王得爵，宦官不太可能有此殊榮，中原王朝對宦官封王封爵也是少數，並非常態。因宦官為刑餘之人，王爵乃國家名器，帝后就算寵信有加，也不會隨意賜與宦官，但是北魏有眾多宦官卻因帝后寵信得以封王賜爵，這或許是游牧民族對宦官的身分不會予以輕視，不似中原王朝對宦官的賤視。而宦官一但取得王位爵號後，其政治權力會合法化，納入整個官僚體系，與魏廷朝臣同樣處於政治運作常軌之中，為宦官遂行政治鬥爭擅權干政創造了機會。

北魏宦官封王得爵者甚多，如宗愛封馮翊王〔註 156〕、王琚封廣平王〔註157〕、趙黑封河內王〔註 158〕、張祐封新平王等〔註 159〕，而其餘宦官，也多被封為公、侯、伯、子、男等爵位，食祿豐厚。宦官封王得爵最大的害處，乃是其權力可以不斷的綿延下去，以往宦官獲得權力為惡朝廷，通常有其時限，僅止於己身，一旦本人死亡，權力自然終止，在宦官得以封王封爵後，其王位爵號在本人死後，可由兄弟子孫襲其封爵食邑，如抱嶷以其從弟老壽為後並襲爵。〔註 160〕通常宦官之兄弟子孫，受其父兄影響，良善者鮮少，故承襲王爵後，繼續為惡亂政者居多，對北魏政治有不良影響。再者，宦官封王封爵，已和朝臣一樣取得官僚體系合法權力，加上其出入宮廷方便，有利於趨勢帝后左右，承候顏色，容易得到帝后的寵幸，兼之宦官有族類自覺，不太可能與朝臣同一陣線，二者常是對立面，故宦官容易形成一特殊政治集團，與朝臣百官爭功邀寵。綜合言之，北魏宦官在政治上的合法化與優越感，一方面加劇了宦官對權力更貪得無厭的要求，另一方面也加劇了宗室、朝臣與宦官之間的矛盾，使北魏內部政治鬥爭更加嚴重。

北魏宦官在獲得政治權力後，開始巧取豪奪累積財富，宦官亂政不僅引

〔註 156〕《魏書》卷 94〈閹官‧宗愛傳〉，頁 2013。
〔註 157〕《魏書》卷 94〈閹官‧王琚傳〉，頁 2015。
〔註 158〕《魏書》卷 94〈閹官‧趙黑傳〉，頁 2016～2017。
〔註 159〕《魏書》卷 94〈閹官‧張祐傳〉，頁 2021。
〔註 160〕《魏書》卷 94〈閹官‧抱嶷傳〉，頁 2022。

發政治動盪，還造成財政負擔，甚至引起社會問題。如段霸在定州時，貪財昏憒，搜括民脂民膏；趙黑孫趙儁之輕薄無行，「猶以閹官餘資，賂遺權門，頻歷顯官。」〔註161〕；劉騰取財更是明目張膽，「公私屬請，唯在財貨。……剝削六鎮，交通互市，歲入利息以巨萬計。」〔註162〕劉騰所受賄賂，每歲所得均以萬計。而宦官不僅生前能獲得封賞，死後亦可獲得巨大賞賜，如趙黑、張祐、劉騰等，他們死後所受封賞，都是其子孫後人得利，宦官及其子孫有了王位爵號，更有了巨大財富，對政治權力的追求就更加渴望，追求政治權力不免與朝臣發生鬥爭，容易造成政治動盪不安。

三、宦官擅政

　　北魏宦官因帝后寵愛獲得政治權力及擁有雄厚經濟實力後，逐漸開啓宦官擅政之機，且北魏乃鮮卑少數民族所建，統治主體爲拓跋氏，政治權力歸於拓跋宗室及代人貴族。北魏統治者在狹隘胡漢民族觀念下，不可能重用漢族士大夫，但是漢文化之廣闊，使拓跋氏無法自外於漢文化洪流中，因此在北魏逐步漢化的過程中，漢人士族逐漸進入北魏政壇。北魏歷代君王都毫無例外對漢人士大夫猜忌與防範，他們深知漢人士大夫對政治之熟稔與運作較出身草原文化之拓跋氏高明許多，一旦漢人士大夫握有政治權力與軍權，很容易推翻拓跋氏統治，但拓跋氏又無法抵禦先進漢文化的影響，此時他們找到漢人士大夫之替代者，啓用服侍帝后朝夕相處的宦官，宦官多爲漢人，雖然行刑，但仍然有知識淵博、膽識過人之輩，這種客觀歷史條件，開啓宦官擅政之契機。

　　北魏君主因係少數民族入主中原，文化條件不足，政治成熟度亦頗欠缺，故政治鬥爭激烈，在政治不穩定時期，正是宦官擅權干政的最佳時機，尤其在兩次太后臨朝期間，更是宦官勢力猖獗氣焰最盛的時候。北魏君主在胡漢意識前提下，不讓漢人士大夫享有政治權力，於是宦官成了聯繫草原文化和漢文化的紐帶，起著漢人士族無法達到的作用，在這種情形下，宦官的政治、經濟地位，要比中原王朝其他各朝代高出許多，他們不僅在政治上享有與拓跋宗室、代人貴族幾乎同樣的權利，不但可封王封爵，還可高居宰相之位，位極人臣；在經濟上也有巨大資產；在軍事上也可掛帥領軍出征，政治、經

〔註161〕《魏書》卷94〈閹官・趙黑傳〉，頁2017。
〔註162〕《魏書》卷94〈閹官・劉騰傳〉，頁2028。

濟、軍事等各方面力量與地位均高於漢人士大夫，與拓跋宗室、代人貴族不遑多讓，故宦官欲擅權干政，實為輕而易舉之事。

北魏皇帝面對宦官勢力的逐漸膨脹，也深知宦官政治的可怕，宦官政治、經濟實力過大，甚至掌握軍隊，隨時有可能發動政變攫取政權，故歷代君王也對宦官不時予以打擊，避免其權勢過大。如文成帝即位後，因宗愛殺太武帝、南安王余，被「具五刑，夷三族。」〔註163〕宦官囂張氣焰頓時一挫，但是到了文明太后臨朝聽政時，宦官勢力再度得到發展，以後各代君主也多令宦官協助處理政務。至孝明帝時，宦官氣焰已無法壓制，以致發生劉騰幽禁靈太后、殺清河王懌，盡奪朝政大權之事變，魏廷上下對宦官為禍至感恐懼，以致靈太后二次臨朝後，雖劉騰已死，靈太后為了報復，對宦官勢力仍加以打擊：〔註164〕

> 靈太后反政，追奪爵位，發其冢，散露骸骨，沒入財產。後（劉）騰所養一子叛入蕭衍，太后大怒，因徙騰餘養於北裔，尋遣密使追殺之於汲郡。

文成帝、靈太后對宦官勢力打擊，多少達到一定效果，但無法根本解決宦官亂政問題，宦官亂政乃封建王朝普遍問題，在封建王朝皇帝為唯一最高權力結構下，只要帝后賦予宦官權力，就容易開啟宦官亂政契機，故打擊宦官勢力，僅能收效一時，無法永遠防止宦官亂政的出現。

四、宦官干預皇位繼承

北魏宦官能擅政，多是帝后賜與其政治權力，而這政治權力能擅政的關鍵，即是官爵的加授，若是一般宦官之官位，實無擅政之可能，唯有宦官擁有外廷朝臣之官銜，始能合法地擅政。如宗愛曾為大司馬、大將軍、太師、都督中外諸軍事、領中秘書、封馮翊王；〔註165〕符承祖為吏部尚書；〔註166〕王琚任禮部尚書；〔註167〕趙黑為尚書左僕射等。〔註168〕宦官既有外朝官銜得以擅政，加上其能較朝臣更自由出入宮禁，故在皇位傳承時刻，宦官往往有一定之影響力，甚至皇帝有時也必須重視他們對皇位繼承者的意見。在皇位

〔註163〕《魏書》卷94〈閹官・宗愛傳〉，頁2013。
〔註164〕《魏書》卷94〈閹官・劉騰傳〉，頁2028。
〔註165〕《魏書》卷94〈閹官・宗愛傳〉，頁2012～2013。
〔註166〕參見《魏書》卷94〈閹官・符承祖傳〉，頁2025。
〔註167〕參見《魏書》卷94〈閹官・王琚傳〉，頁2015。
〔註168〕參見《魏書》卷94〈閹官・趙黑傳〉，頁2017。

繼承過程中，發生多次宦官干預皇位繼承的現象，如宗愛、趙黑、劉騰等宦官，他們干預皇位繼承的方式與力量均有強弱程度的不同，表列如下：

表二十六：宦官干預皇位繼承分析表

宦官	受干預之君主	經　　過	強弱度	出處：《魏書》
宗愛	太武帝	弒太武帝，以南安王余入繼大統。	強	卷 94〈閹官・宗愛傳〉，頁 2012。
	南安王余	殺南安王余。	強	卷 4 下〈世祖紀下〉，頁 106。
趙黑	孝文帝	獻文帝欲禪位京兆王子推，趙黑反對，主張禪位太子宏。	弱	卷 94〈閹官・趙黑傳〉，頁 2016。
劉騰	孝明帝	廢靈太后、幽禁孝明帝。	強	卷 94〈閹官・劉騰傳〉，頁 2027。

太武帝時宦官宗愛，性情殘暴多行不法，弒太武帝後，皇位懸空，尚書左僕射蘭延、侍中和疋因太武帝之皇孫拓跋濬年幼，欲立長君迎東平王翰即位。不料，宗愛殺東平王翰、蘭延等人，以南安王余即位。宗愛大權獨攬，見所立之南安王余欲削弱自己權力，宗愛十分憤怒，遂再弒南安王余。宗愛僅為一宦者，卻連殺二位君王，決定皇位繼承人選，對北魏而言，他完全掌控皇位繼承，故對皇位繼承干涉程度最強。

獻文帝因受文明太后壓迫，欲禪位其叔京兆王子推，因京兆王子推與文明太后同輩，文明太后勢必無法以太后之名繼續干政，獻文帝徵詢朝臣意見，百官均反對禪位京兆王子推，應由太子宏繼位。獻文帝面對朝臣的普遍反對，便欲尋求宦官趙黑支持，不料，趙黑卻支持太子宏，「臣黑以死奉戴皇太子，不知其他。」〔註169〕雖然趙黑「得幸兩宮」，〔註170〕但他的權勢並未達到如宗愛之地步，故他對皇位繼承影響較弱，且獻文帝徵詢時，是在朝臣皆反對後，轉而尋求宦官力量支持，可見趙黑的排序在眾朝臣之下，若朝臣同意獻文帝禪位京兆王子推，趙黑是無法提到獻文帝徵詢意見的對象裡，故趙黑對皇位繼承的影響較弱，僅是備諮詢顧問的角色。

元又與宦官劉騰在靈太后執政時發動政變奪得政權，雖未廢孝明帝，不

〔註169〕《魏書》卷 94〈閹官・趙黑傳〉，頁 2016。
〔註170〕《魏書》卷 94〈閹官・趙黑傳〉，頁 2016。

過卻廢了靈太后,「廢靈太后於宣光殿。」〔註171〕當時政權掌握在靈太后手中,孝明帝無任何實權,故劉騰廢靈太后。劉騰與元叉內外勾結,專權擅政有四年之久,孝明帝僅爲一傀儡,劉騰連靈太后都能廢之,孝明帝又何足道哉!劉騰欲廢孝明帝,應如反掌折枝易,未廢之,可能與其年紀輕容易控制有關,故劉騰對皇位繼承的干預程度亦是最強。

　　北魏宦官與中原王朝歷代宦官一樣,因長期生活在深宮內院,與外界甚少接觸,加上其族類自覺,很容易形成一宦官集團。他們比一般的官僚集團更加腐朽,甚至因爲無士大夫官僚集團具有的文化知識、治國法則,故常在掌權後,行事更加殘暴、貪婪。北魏宦官會有如此嚴重的專權現象,都是由於上位者之寵信,賦予太大的權力,但宦官受寵另有一重要因素,乃北魏是由少數民族鮮卑拓跋氏所建,其統治基礎甚爲薄弱,不敢重用漢族士大夫,又想加強統治,如此一來,因宦官多爲漢人,遂憑藉著皇帝家奴和代表漢族文化的雙重身份,取得信任,逐漸獲得權力,進而專權擅政,甚且弒君,廢立皇帝、太后等,嚴重干預了皇位繼承。

〔註171〕《魏書》卷94〈閹官‧劉騰傳〉,頁2027。

結　論

　　北魏皇位繼承自道武帝建國起，即陷入拓跋舊制和中原王朝長子制之糾葛，使北魏皇位繼承自始至終紛亂、政變頻傳，能平和繼承皇位之北魏皇帝甚少。皇位繼承牽涉到統治者本身權力的問題，北亞游牧民族的統治方式，原是採宗室貴族的分權，權力並非集中在統治者本身，但當他們進入中原與漢族接觸後，想採用中原王朝的專制統治方式，將所有權力集中於領袖一人手中，而領袖繼承人的選定，也採中原王朝的長子繼承制，如此一來，就會剝奪了各部落酋首們推選繼承人之權力。

　　拓跋氏創建北魏後，在其部落舊習影響下，加上繼承方式又未明訂採中原王朝嫡長子繼承制，故在皇位繼承之際，各種政治勢力介入，造成皇位繼承不穩。孝文帝推行漢化遷都洛陽後，北魏皇位由長子繼承，已成北魏皇位繼承之準則與規範，可惜北魏不久即分裂，權臣專擅朝政，皇位繼承遂由權臣掌控。若北魏在遷都洛陽後之國祚能綿長數代君王，其皇位繼承當會以中原王朝之嫡長子制而成為定制，各種政治力量影響皇位繼承之事，應會降低不少。至於北魏各時期影響皇位繼承的力量，隨各時期內外政治環境不同，事實上是有所分別的。

　　根據《魏書・序紀》所載，拓跋氏從成帝毛到獻帝鄰之間的君主繼承，都只記某帝崩、某帝立的短短數語，並未說明其世系傳承，無法探究兩帝之間的上下繼承關係，此時之君主繼承應該是採用推選的方式。拓跋氏在部落聯盟時期的君主繼承，雖然自獻帝鄰傳位給聖武帝詰汾開始，出現了父子相傳的情形，但事實上，如同東漢末之檀石槐與三國時之軻比能兩位部落聯盟君長一樣，君位雖有父子相承的情形，卻不甚穩固。

部落聯盟時期之君位繼承並無一定之規則脈絡,有父子相承;亦有兄弟相傳;也有叔姪相傳;還有叔姪三分天下的局面,正因無一定之繼承規則,容易招致各方勢力介入,造成君位繼承不穩。由沙漠汗被殺事件,可知部落聯盟君長並無如中原王朝皇帝般之權威,各部落酋首相對地握有一定權力來決定聯盟君長繼承者。除此之外,母系或妻系外家部落勢力也介入,外家部落爲其利益著想,常會以力量支持特定繼承人,如煬帝紇那和烈帝翳槐之爭,就可看到外家部落賀蘭部涉入頗深。

外家部落干預皇位繼承,等於以力量影響部落聯盟政治,造成部落聯盟君長母親以其外家部落爲後援,擅權攬政,若聯盟君長死亡,其母更積極扶立有利於自己專權之部落聯盟君長,造成所謂太后干政現象,如拓跋普根、惠帝賀傉、煬帝紇那之母祁氏,她不僅操縱廢立,更獨攬大權,當時之部落聯盟君長形同傀儡,其影響力實與諸部大人相當,更甚者,往往有等同部落聯盟君長之權力。

北亞游牧民族婦女社會地位崇高,貴女、妻黨舅權受到尊重、婦女多剛毅勇健等北族習俗,加上「專以婦持門戶」之傳統,又有其外家部落勢力支持,容易形成太后專權,意欲掌控君位繼承,而母系外家部落的干預君位繼承,使部落聯盟君位繼承更不穩定。

雖然拓跋氏君位之爭非常慘烈,但可以看到的任何一位繼承者,均是拓跋氏的男系子孫,易言之,部落聯盟從獻帝隣到昭成帝什翼犍,其君位繼承已經從各部落大人都有被選舉權的推選制,轉換到只有部落聯盟的核心部落,拓跋氏的男系子孫才有被選舉資格,亦即從推選制轉型到長子繼承制的不穩定期。在這段混亂期,君位繼承不穩且毫無規則可循,實際上是有力者居之,誰的實力強,就能榮登大位,完全是北亞游牧民族弱肉強食的寫照。

道武帝建立北魏政權,拓跋氏進入封建王朝,在皇位繼承方面,受到中原王朝繼承制影響,遂朝向長子繼承制規劃。首先,道武帝鑑於部落聯盟時期外家部落勢力之干預政事,乃訂立「子貴母死」制度,以防止母后擅權對帝權之妨礙,接著,更欲仿漢制立拓跋嗣爲儲君,不料,其子清河王紹發動政變,襲殺道武帝,拓跋嗣平亂後繼承皇位。清河王紹雖殺道武帝奪得皇位,但並未獲得宗室貴族之認同,北魏創建未久,部落聯盟舊制仍有影響,且各部落勢力仍大,君王需得到各部落之支持,事實上,拓跋嗣能夠成功平亂即位,在於拓跋宗室、代人貴族並未認同清河王紹的篡奪皇位。另一方面,清河王紹的弒逆是

猝然發起，其本身並未具一定實力，平時亦未累積政治實力，否則，按照部落聯盟君位繼承之實力原則，若清河王紹有雄厚之政治實力、兵權等，相信宗室貴族最後還是會認同清河王紹之即位，拓跋嗣也無法平亂即位了。

明元帝、太武帝兩朝推行「太子監國」制，明元帝成功的將帝位傳給其子太武帝，但是太武帝卻與太子晃權力衝突，由於太武帝的猜忌，導致太子晃憂死，太武帝有意以皇孫拓跋濬為太子，但未果行即遭宦官宗愛所弒，閹宦勢力介入皇位繼承，其實是所有封建王朝普遍之問題。宦官常伴君王左右，出入宮廷自由，容易掌握權力，對有野心之閹宦，不僅想擅權干政，更想掌控皇位繼承。宗愛弒太武帝另立南安王余，因是非次所立，無法獲得拓跋宗室、代人貴族普遍支持，加上宗愛再弒南安王余，使拓跋宗室、代人貴族等代人集團大為恐慌，乃擁立皇孫拓跋濬即位，是為文成帝。由此可見，宗愛雖竊取一時權力操控皇位繼承，但南安王余得位不正，仍無法獲拓跋宗室與代人貴族之認同，皇孫拓跋濬能即帝位，很大原因是獲代人集團支持，可見所謂的代人集團對皇位繼承影響甚巨。

北魏自創建以來，其皇位繼承一直處在風雨飄搖之中，但是自道武帝之後的皇位繼承，屬於長子繼承制，則是毫無疑問。只是在皇位繼承的過程當中，拓跋宗室、代人貴族、閹宦等勢力的介入，造成繼承不穩，隨時會有政變發生，然而，顯而易見地，拓跋宗室、代人貴族等代人集團似乎握有較大權力，其因乃源自於部落聯盟時期各部落有分權之舊習，故各部落均有較大權力，進入北魏後，這些部落酋首出任魏廷重臣、掌握兵權，成為具政治實力之代人集團，對皇位繼承有絕對之影響。

北魏在道武帝時訂「子貴母死」制，其後在歷代諸帝的嚴格執行下，確實收到防止婦人干政和外家為亂之效果，只是，物有一體二面，在執行疏漏下，竟也造就了北魏太后干政現象，進而影響皇位繼承。文明太后為文成帝皇后，文成帝崩後，太子弘即位雖有波折，但與前任諸帝比較，尚稱平和，但是權臣乙渾專擅朝政，文明太后乃聯合拓跋宗室、代人貴族誅殺乙渾後臨朝聽政。隨著獻文帝年齡漸長，為收回皇權，遂造成與文明太后間之衝突，最後獻文帝暴崩。文明太后之獲勝，在於掌握皇位繼承人：太子宏，獻文帝雖欲禪位其叔京兆王子推，但文明太后勢力龐大，從拓跋宗室、代人貴族、閹宦乃至漢族士大夫，一面倒反對禪位京兆王子推。文明太后希望禪位太子宏，乃因其為幼帝即位，文明太后容易掌權。

　　獻文帝之即位，是靠文明太后誅除乙渾，始得坐穩皇位，而獻文帝禪位太子宏，亦是文明太后一手主導，可見文明太后在獻文、孝文二朝完全掌控皇位繼承，廢立、生殺均由其意，她爲求鞏固權力，不僅殺害獻文帝，甚至，對其甚爲恭順的孝文帝，文明太后亦曾有廢黜之念頭，而文明太后能完全操控北魏皇位繼承，在於其兩次臨朝聽政，已完全擁有皇帝之權力，代行天子事，故在獻文帝、孝文帝時，影響皇位繼承最大之因素與力量乃文明太后及其政治集團。

　　孝文帝身後之皇位繼承原應相當穩定，因其早在平城時已立長子拓跋恂爲太子。孝文帝遷都洛陽後，積極推動漢化，不料，卻因漢化派與保守派之衝突，造成太子恂被廢，最後更被孝文帝賜死。孝文帝在廢太子恂死後對皇位繼承人的考慮，若依太武帝在太子晃死後，有意以皇孫爲皇位繼承人之慣例，孝文帝爲使皇位繼承穩定，應立廢太子恂之子爲太子，可惜廢太子恂無子，孝文帝乃順次立次子元恪爲太子，元恪成爲北魏洛陽時期第一位皇太子。

　　孝文帝崩逝，太子恪繼位是爲宣武帝，並未遭受太多波折，宣武帝能繼承皇位乃孝文帝漢化過程中之變異。北魏在封建化、漢化的過程中，至孝文帝時，實已達遷都洛陽成熟之境，故孝文帝遷都乃歷史不可阻擋之勢，可惜廢太子恂未受漢文化之薰陶，無法跟隨其父腳步。若廢太子恂是一位傾慕漢文化之太子，當能繼承皇位；相反地，若孝文帝未推行漢化、未遷都，廢太子恂定然在平城即皇帝位，因遷都漢化帶來的皇位繼承變異，是在探討北魏皇位繼承不穩定中最特殊的因素。

　　宣武帝於延昌元年（西元 512 年）立皇子元詡爲皇太子，但其生母胡充華並未因「子貴母死」制遭宣武帝賜死，爲防太子生母干政，道武帝所立之「子貴母死」制，至宣武帝時乃告一段落，此後終北魏之世未再執行此一殘忍制度。事實上，離散諸部後，因部落勢力消失，后妃不可能藉外家部落勢力干政，再執行「子貴母死」制也就沒有任何意義。

　　宣武帝猝崩，太子詡繼位過程遭到高肇集團強力反抗，當時高肇雖率軍伐蜀不在洛陽，幸拓跋宗室、代人貴族、魏廷朝臣等均支持太子詡，太子詡得以繼位，是爲孝明帝。在孝明帝皇位繼承的政治鬥爭中，其生母胡充華被推上了政治舞台，也開啓了她干政之契機，使靈太后成爲北魏第二位臨朝聽政的皇太后。

　　在文明太后與靈太后二人的臨朝統治中，皇帝的角色頗值得探討。事實上，縱使是親生母子，在面對統治權力，仍有互相猜疑與競爭的時候，容易

造成太后和皇帝間的權力衝突，這是所有封建王朝的共同特色。文明太后與孝文帝間的嫌隙，乃仰賴楊椿兄弟居間和解與協調。而靈太后與孝明帝之間的勃谿，並無他人可居中調解，故僅能依靠靈太后個人之手腕與能力化解，不過，權力慾極重的靈太后，終究無法化解其母子間之嫌隙，導致母子相殘，靈太后殺死親生兒子孝明帝的人倫悲劇。靈太后爲能繼續臨朝執政，不斷創造出一連串以年幼皇子即位之政治戲碼，可見此時造成皇位繼承不穩定之最大因素，乃是靈太后爲求臨朝執政而一手操控皇位繼承。

爾朱榮入洛陽後殺害靈太后及文武百官，北魏政權自此落入權臣之手，魏廷中央已無任何實力，魏帝僅剩其皇帝尊號。從爾朱氏、高歡、宇文泰三個家族接連掌握北魏政權，皇位繼承亦由其一手操控，故影響皇位繼承之因素全憑權臣一己之意，而高歡、宇文泰二位權臣爲了互爭魏室正統，各自立所喜之皇帝，造成北魏分裂成東魏、西魏二個政權。

拓跋氏在部落聯盟時期，是分權傾向的游牧民族推選制，因此各部落勢力會介入部落聯盟君位繼承，尤以母族、妻族外家勢力爲甚。在進入北魏王朝後，皇位繼承也朝嫡長子繼承方向規劃，但代人貴族們因游牧民族舊風氣影響，在部落分權制時掌握不少權力，此刻部落雖然解散，但此階層的權力獲得轉換保留，他們及其後裔身居魏廷各要職，多爲重臣、將領，權力昌盛，因此除拓跋宗室外，代人貴族成爲握有政治權力的另一階層，若他們任執掌行政權之侍中、或任禁軍將領，權勢更大，在皇位繼承時刻往往發揮關鍵力量。至於閹宦，本不應有任何權力，但因上位者寵信，賦予其權力，甚至封王且任侍中、領軍將軍之職，如是之故，其權勢與拓跋宗室、代人貴族無異，容易啓其政治野心，進而干預皇位繼承。

北亞游牧民族婦女地位較高，在「專以婦持門戶」的風俗影響下，造成女性在政治上的活躍，如部落聯盟時期的祁氏、北魏時期的文明太后與靈太后，她們臨朝時，均有等同至尊皇帝之權力，故在太后臨朝執政時，皇位繼承自然是由太后所操控。

影響北魏皇位繼承因素：從特殊階層的拓跋宗室、代人貴族；到執掌行政權的侍中、掌禁軍的殿中尚書與領軍將軍之官職；又有太后臨朝對皇位的操控；加上封建王朝普遍皆有的宦官亂政行廢立之事，北魏在此諸多因素交互激盪下，在皇位繼承時刻，每每伴隨政變的發生，造成政治上的不安，也使皇位繼承危機一直持續下去，及至北魏崩解爲止。

附錄：拓跋氏大事年表（神元帝力微立至西魏亡）〔註1〕

西 元	紀　年〔註2〕	大　事
220	魏文帝黃初元年	神元帝力微立，依沒鹿回部大人竇賓。
248	魏廢帝正始九年	竇賓卒。神元帝力微計殺竇賓之子速侯及回題，併吞沒鹿回部。
258	魏高貴鄉公甘露三年	1. 遷於盛樂，建立以拓跋氏為核心的部落聯盟。 2. 和曹魏展開和親政策。
261	魏元帝景元二年	1. 神元帝力微赴曹魏朝覲。 2. 沙漠汗被派往洛陽當質子。
267	晉武帝泰始三年	沙漠汗歸國。
275	晉武帝咸寧元年	沙漠汗出使西晉。
277	晉武帝咸寧三年	1. 沙漠汗再度歸國，在歸國途中為諸部大人所殺。 2. 拓跋部落聯盟受到西晉征北將軍衛瓘離間，部落聯盟瓦解，神元帝力微過世。章帝悉鹿繼承部落聯盟君位。
286	晉武帝太康七年	平帝綽繼承君位。
293	晉惠帝元康三年	1. 沙漠汗少子思帝弗繼位，在位僅一年即崩。部落聯盟君位由神元帝力微之子昭帝祿官繼承。 2. 部落聯盟分為三部：昭帝祿官、桓帝猗 、穆帝猗盧。
305	晉惠帝永興二年	桓帝猗㐌崩，其子拓跋普根繼位。
307	晉懷帝永嘉元年	昭帝祿官崩，穆帝猗盧總攝三部，統一部落聯盟。
309	晉懷帝永嘉三年	穆帝猗盧助晉將劉琨對抗匈奴劉淵。
310	晉懷帝永嘉四年	穆帝猗盧對抗劉淵有功，晉廷封為代公，拓跋勢力逐漸南進。

〔註1〕 拓跋氏之繼承自神元帝力微起，始有清楚之記載，且本書第二章討論部落聯盟之君位繼承，乃從神元帝力微開始，故大事表編列起自神元帝力微。另，孝明帝崩、尒朱榮入洛陽後，北魏已名存實亡，皇位繼承非本書討論之範圍，但為求完整性與連貫性，拓跋氏大事表仍編列至西魏亡，拓跋氏退出歷史舞台名實俱亡止。

〔註2〕 北魏道武帝建國前，以中原正統王朝皇帝年號紀年；北魏建立後以北魏皇帝年號紀年；北魏亡後以東、西魏皇帝年號紀年。

315	晉愍帝建興三年	晉廷再進封穆帝猗盧為代王，於內蒙和晉北一帶擁有強大實力。
316	晉愍帝建興四年	穆帝猗盧為其長子拓跋六脩所殺。
317	晉元帝建武元年	思帝弗之子平文帝鬱律繼位。
318	晉元帝建武二年	平文帝鬱律西兼烏孫故地，東吞勿吉以西。
321	晉元帝大興四年	桓帝后祁氏發動政變殺平文帝鬱律，以其子惠帝賀傉繼承君位。
324	晉明帝太寧二年	惠帝賀傉始臨朝，以諸部人情未悉款順，乃築城於東木根山，欲遷都至此。
325	晉明帝太寧三年	惠帝賀傉崩逝，其弟煬帝紇那繼位。
327	晉成帝咸和二年	部落聯盟受到石趙的攻擊，退居大寧。
329	晉成帝咸和四年	1. 賀蘭部與諸部大人共立烈帝翳槐。煬帝紇那出奔宇文部。 2. 烈帝翳槐欲結好後趙石勒，以其弟拓跋什翼犍為質於襄國。
335	晉成帝咸康元年	烈帝翳槐殺害其舅賀蘭藹頭，造成國人離貳，烈帝翳槐奔鄴。
337	晉成帝咸康三年	1. 烈帝翳槐依後趙石虎之力攻回大寧，煬帝紇那逃往慕容部。 2. 烈帝翳槐在故盛樂城東南十里築新盛樂城。
338	晉成帝咸康四年	昭成帝什翼犍即位，時年十九，稱建國元年。
339	晉成帝咸康五年	1. 昭成帝什翼犍置百官，分掌眾職。 2. 諸部大人集會參合陂，商議遷都之事，欲定都灅源川，連日未決，後從太后王氏（平文帝鬱律之后）之計乃止。
351	晉穆帝永和七年	中原石趙政權動盪不安，昭成帝什翼犍欲親率六軍，廓定四海，但因諸部大人的反對而作罷。
355	晉穆帝永和十一年	太后王氏崩。
370	晉廢帝太和五年	征高車，大破之。
371	晉廢帝太和六年 晉簡文帝咸安元年	1. 長孫斤謀反，拔刀欲殺昭成帝什翼犍，太子拓跋寔救之，遭長孫斤砍傷，不久薨逝。 2. 拓跋珪生。
376	晉孝武帝太元元年	前秦苻堅討伐代國，昭成帝什翼犍兵敗，乃率國人逃往陰山之北，因其子拓跋寔君作亂，不久即崩，代國亡。

383	晉孝武帝太元八年	淝水之戰苻堅大敗，拓跋氏脫離前秦控制。
386	北魏道武帝登國元年	拓跋部落聯盟君長拓跋珪，大會諸部落酋首於牛川（綏遠歸綏東），復興代國稱代王，尋改稱魏王，史稱北魏。
387	登國二年	道武帝擊敗獨孤部劉顯，劉顯南奔慕容永。
388	登國三年	北魏大破庫莫奚於弱落水南。
389	登國四年	討伐叱突隣部並和舅氏賀蘭部的賀染干決裂。
390	登國五年	1. 北魏與其北方鄰國柔然，連年相互攻戰，互有勝負。 2. 討平賀蘭、紇突隣、紇奚等三部。
391	登國六年	1. 道武帝遣弟拓跋觚，赴後燕朝覲進貢，後燕為索良馬扣留拓跋觚，北魏與後燕絕交。 2. 北魏擊匈奴部落酋長劉衛辰，劉衛辰出奔，之後遭部下所殺。
392	登國七年	皇子拓跋嗣生。
393	登國八年	道武帝西征侯呂隣部，大破之。
394	登國九年	令衛王儀屯田於河北五原，至棝楊塞外。
395	登國十年	後燕太子慕容寶率軍攻北魏，道武帝佯敗誘敵深入，後燕軍追至黃河，懷疑有詐不敢渡河，遂燒船夜遁。魏軍尾隨其後至參合陂（山西大同東南），縱兵擊之，後燕軍大敗，逃歸者僅數千人，慕容寶僅以單騎免。北魏經此一役，奠定其經營華北之基礎。
396	登國十一年 皇始元年	1. 後燕主慕容垂率軍親征北魏，軍至參合陂，見屍骸堆積如山，軍士皆慟哭，慕容垂未久即卒，子慕容寶嗣位。 2. 道武帝乘後燕喪，大舉進攻，後燕南境除中山（河北定縣）、鄴城（河南臨漳）、信都（河北冀縣）三城外，悉入於北魏。 3. 進兵中原，取并州。
397	皇始二年	北魏陷信都，圍中山，將後燕的勢力驅離中原。慕容寶棄中山奔薊城（北平），再奔龍城（熱河朝陽）。
398	皇始三年 天興元年	拓跋珪稱帝，是為道武帝，議定國號為魏，遷都平城（山西大同），建宗廟立社稷，北魏進入帝國時期。
399	天興二年	1. 初祠上帝于南郊，以始祖神元皇帝配。 2. 北魏太廟成，遷神元帝、平文帝、昭成帝、獻明帝神主於太廟。

400	天興三年	1. 立皇后慕容氏。 2. 高車別帥敕力犍，率九百餘部落內屬。
401	天興四年	北涼沮渠蒙遜、西涼李暠遣使朝貢。
402	天興五年	柔然犯塞，詔常山王遵率軍出擊，不及而還。
403	天興六年	封皇子拓跋嗣為齊王，加車騎大將軍，位相國。道武帝已有立齊王嗣為儲君之意。
404	天興七年 天賜元年	道武帝親臨昭陽殿，分置眾職，簡擇文武大臣，量才敘用。並分爵位為四等，乃「王、公、侯、子」，去除伯、男之號。
405	天賜二年	南燕主慕容德卒，其兄慕容納之子慕容超繼立。
406	天賜三年	1. 徵八部五百里內男丁築灅南宮。 2. 太尉穆崇薨。
407	天賜四年	後秦與北魏通和，後秦安北將軍赫連勃勃時鎮朔方（綏遠東勝），因其父劉衛辰為北魏所殺，聞之大怒，起兵叛，稱大夏天王。
408	天賜五年	皇孫拓跋燾生。
409	天賜六年 明元帝永興元年	清河王紹發動宮廷政變，弒道武帝奪位。齊王嗣起兵諸除清河王紹後即位，是為明元帝。
410	永興二年	1. 長孫嵩率軍北伐柔然，遭柔然包圍於牛川，明元帝率軍救援，柔然聞而遁走。 2. 葬道武帝於盛樂金陵。
411	永興三年	柔然斛律率宗黨百餘人內屬。
412	永興四年	以山陽侯奚斤、元城侯屈行左右丞相。
413	永興五年	1. 奚斤破越勤倍泥部，將其部落民遷徙至大寧，給農器，計口授田。 2. 後秦姚興遣使朝貢。
414	神瑞元年	1. 正月，大赦，改元神瑞。 2. 柔然犯塞，明元帝率軍北征柔然。
415	神瑞二年	京師平城民飢，聽出山東就食。
416	神瑞三年 泰常元年	1. 四月，大赦，改元泰常。 2. 後秦姚興卒，子姚泓繼位。
417	泰常二年	東晉劉裕北伐，明元帝以司徒長孫嵩率軍邀擊，雙方戰於畔城，互有勝負。

418	泰常三年	遣征東將軍長孫道生率二萬騎伐北燕，攻至龍城，徙北燕民萬餘家而還。
419	泰常四年	東晉建威將軍、河西太守、馮翊羌酋黨道子遣使內屬。
420	泰常五年	1. 陰平王烈薨。 2. 劉裕篡晉自立，國號宋。
421	泰常六年	北涼沮渠蒙遜滅西涼。
422	泰常七年	1. 明元帝立皇子拓跋燾為太平王，拜相國、加大將軍。 2. 北魏進軍南朝劉宋，陷滑台（河南滑縣）、泰山（山東泰安）、高平（山東鄒縣），進逼虎牢（河南汜水境）。
423	泰常八年	明元帝崩，太子燾繼位，是為太武帝。
424	太武帝始光元年	平陽王長孫翰北伐柔然，殺數千人，柔然北遁，大勝而還。
425	始光二年	尊保母竇氏為保太后。
426	始光三年	太武帝攻大夏都城統萬（陝西橫山），不克而還。
427	始光四年	太武帝再攻大夏，陷統萬城。大夏主赫連昌奔上邽（甘肅天水）。
428	始光五年 神䴥元年	北魏攻上邽，擒赫連昌，其弟赫連定於平涼（甘肅平涼）嗣位。
429	神䴥二年	北魏出擊柔然，大破柔然於栗水（綏遠西北火燒山下），俘斬無算。
430	神䴥三年	太武帝率軍親攻平涼，城陷，赫連定奔上邽。
431	神䴥四年	1. 北魏封北涼沮渠蒙遜為涼王。 2. 吐谷渾王慕瞶擒赫連定，大夏亡。
432	延和元年	1. 太武帝立年僅5歲的皇子拓跋晃為皇太子。 2. 吐谷渾送赫連定於北魏，北魏斬之。
433	延和二年	北魏遣使於劉宋，且為太子求婚。
434	延和三年	北燕向北魏乞和，北魏拒絕，既而許之，徵北燕太子入朝為質，北燕主馮弘不遣，北魏再攻北燕。
435	延和四年 太延元年	1. 大赦，改元太延。 2. 尚書左僕射安原謀反伏誅。

436	太延二年	北魏大舉進攻北燕，北燕主馮弘逃入高麗，北燕亡。
437	太延三年	太武帝欲圖北涼，乃以其妹武威公主嫁北涼哀王沮渠茂虔。
438	太延四年	鄯善王遣弟素延耆來朝。
439	太延五年	1. 太武帝西征涼州，以十二歲的太子晃監國。 2. 太武帝遠征北涼，陷姑臧城（甘肅武威），沮渠茂虔出降，北涼亡，北魏統一北方，與南朝對峙。
440	太延六年 太平眞君元年	太武帝之孫、太子晃之子拓跋濬生。 惠太后竇氏崩。
441	太平眞君二年	北魏涼州牧沮渠無諱據酒泉叛，鎮南將軍奚眷擊之。
442	太平眞君三年	道武帝親至道壇，受符籙、備法駕。
443	太平眞君四年	北魏四道出軍攻柔然，勝之，柔然遠遁。
444	太平眞君五年	1. 太子晃總百揆，開始學習治國之道，培養政治實力。 2. 禁王公庶民私養沙門巫覡。詔王公卿士子弟入太學，工商子弟傳世業，不得私立學校。
445	太平眞君六年	盧水胡蓋吳起兵反，西掠長安，勢力漸盛。
446	太平眞君七年	1. 蓋吳勢盛，太武帝親征蓋吳，於長安佛寺見有兵器，懷疑其與蓋吳通，下令全國盡誅沙門、焚燒寺廟。 2. 蓋吳據杏城（陝西黃陵），爲其叔所殺。
447	太平眞君八年	北魏殺北涼降王沮渠茂虔。
448	太平眞君九年	北魏成周公萬度歸遠征焉耆，大破之。又攻龜茲（新疆庫車），西域再入中國版圖。
449	太平眞君十年	太武帝親征柔然，出塞數千里，柔然遁走。
450	太平眞君十一年	1. 崔浩因國史之獄遭太武帝所殺，並屠三族，漢人世族遭受重大打擊。 2. 太武帝率軍南侵，連陷懸瓠（河南汝南）、項城（河南項城），圍壽陽（安徽壽縣），直抵長江北岸，於瓜步（江蘇六合）建行宮。
451	太平眞君十二年 正平元年	1. 太武帝猛政盱眙（安徽盱眙），劉宋太子左衛率臧質固守，城終不能陷。會北魏軍疾疫，始退。 2. 北魏宮廷政變，太子晃憂懼而亡，太武帝政變後封太子晃子拓跋濬爲高陽王。

452	太武帝正平二年 南安王余承平元年 文成帝興安元年	1. 宦官宗愛弒太武帝，以其子南安王余繼承皇位，大權落入宗愛之手。不久宗愛又殺南安王余，殿中尚書源賀、羽林郎中劉尼等發動政變殺宗愛，扶皇孫拓跋濬即位，是爲文成帝。 2. 尊保母常氏爲保太后。
453	興安二年	1. 尊保太后常氏爲皇太后。 2. 太皇太后赫連氏崩。
454	興安三年 興光元年	1. 明元帝至道壇，登受圖籙。 2. 皇子拓跋弘生。
455	太安元年	奉太武帝、景穆帝神主於太廟。
456	太安二年	1. 立皇后馮氏，文成帝皇后馮氏，即爲日後之文明太后。 2. 立皇子拓跋弘爲皇太子。
457	太安三年	粟特、于闐、扶餘等五十餘國，遣使朝貢。
458	太安四年	文成帝親征柔然，柔然處羅可汗遠遁。
459	太安五年	1. 侍中、司空、河南公伊馛薨。 2. 封皇弟拓跋子推爲京兆王。
460	和平元年	1. 大赦，改元和平。 2. 昭太后常氏崩，葬於廣寧鳴雞山。
461	和平二年	1. 文成帝問民疾苦，乃定八十歲以上之民，可有一子不需服役。 2. 波斯國遣使朝獻。
462	和平三年	以車騎大將軍、東郡公乙渾爲太原王。
463	和平四年	文成帝定婚姻尊卑，規定皇族、師傅、王公侯伯、士民之家等，不得與百工、伎巧、卑姓爲婚。
464	和平五年	1. 封皇弟拓跋雲爲任城王。 2. 北鎮游軍大破柔然。
465	和平六年	文成帝崩，太子弘順利繼位，是爲獻文帝。
466	獻文帝天安元年	1. 乙渾在文明太后和東陽公丕等的密謀下被誅，文明太后遂臨朝聽政。 2. 劉宋徐州刺史薛安都據彭城（江蘇銅山）降北魏。
467	天安二年 皇興元年	1. 皇子拓跋宏生，獻文帝大赦，改元皇興。 2. 文明太后歸政獻文帝。 3. 北魏取劉宋淮河以北四州，及豫州、青州一部。

468	皇興二年	1. 以昌黎王馮熙（文明太后兄）為太傅。 2. 北魏攻劉宋，陷兖州（山東滋陽）、東徐州（山東沂水）、歷城（山東濟南）。
469	皇興三年	1. 獻文帝立未足三歲的皇子拓跋宏為太子，並賜死其生母李夫人。 2. 北魏陷東陽（山東恩縣）。
470	皇興四年	1. 獻文帝誣濟南王慕容白曜謀反，殺之。 2. 文明太后與獻文帝鬥爭愈烈，獻文帝殺李敷、李弈兄弟。
471	皇興五年 孝文帝延興元年	獻文帝禪位太子宏，是為孝文帝。獻文帝自居太上皇帝。
472	延興二年	柔然犯塞，及於五原，太上皇帝（獻文帝）領軍親討，度漠追擊，柔然聞北魏軍至，大懼，退走數千里。
473	延興三年	高麗、契丹、庫莫奚、奚萬斤等遣使朝獻。
474	延興四年	1. 太上皇帝南巡。 2. 侍中、太尉、隴西王源賀因病辭位。 3. 柔然寇敦煌，鎮將尉多侯大破之。
475	延興五年	1. 太上皇帝大閱於北郊。 2. 柔然遣使朝獻。
476	延興六年 承明元年	文明太后恨獻文帝殺其內寵李弈，遂毒死獻文帝，因孝文帝年幼，文明太后再度臨朝聽政。
477	太和元年	1. 改元太和。 2. 京兆王子推薨。
478	太和二年	封昌黎王馮熙第二子馮始興為北平王。
479	太和三年	1. 隴西王源賀薨。 2. 柔然十餘萬騎南侵，至塞而還。
480	太和四年	1. 北魏攻南齊壽春（安徽壽縣），不克。 2. 南齊汝南太守常元真以城降北魏。
481	太和五年	1. 沙門法秀謀反，失敗伏誅。 2. 封昌黎王馮熙世子馮誕為南平王。
482	太和六年	南齊高帝蕭道成崩，其子蕭賾繼位，是為南齊武帝。
483	太和七年	開林慮山禁，與民共之。

484	太和八年	北魏百官始班俸祿。
485	太和九年	1. 文明太后、孝文帝大饗群臣於太華殿，並班賜《皇誥》。 2. 柔然犯塞，任城王澄領軍征討。
486	太和十年	1. 孝文帝開始聽政。 2. 推行三長制，立黨、鄰、里三長，定民戶籍，北魏統治力始達基層。
487	太和十一年	1. 高允卒，年九十八。 2. 北魏攻百濟（朝鮮半島），失利而還。 3. 柔然犯塞，大議北伐。
488	太和十二年	南齊陳顯達領軍寇邊，北魏豫州刺史元斤率軍抵禦。
489	太和十三年	柔然別帥叱呂勤率眾內附。
490	太和十四年	文明太后崩，葬於永固陵，孝文帝始得親政。
491	太和十五年	1. 南齊武帝遣使弔喪（文明太后）。 2. 北魏遣員外散騎常侍李彪，赴南齊修好。 3. 經始明堂，改營太廟，以道武帝爲太祖。
492	太和十六年	陽平王頤、左僕射陸叡等十二將，率七萬騎大舉北討柔然。
493	太和十七年	1. 孝文帝立長子拓跋恂爲太子。 2. 孝文帝欲遷都洛陽，乃營洛陽宮室，以南伐爲名率軍南下。
494	太和十八年	孝文帝抵洛陽，定都，遂停南伐。
495	太和十九年	1. 司徒馮誕、太師馮熙薨。 2. 遷文明太后神主於太和廟。 3. 簡選天下武勇之士十五萬人爲羽林、虎賁，以充宿衛。
496	太和二十年	1. 太子恂被廢爲庶人。 2. 孝文帝下詔改漢姓，皇姓拓跋改爲元。 3. 以代遷之士皆爲羽林、虎賁。
497	太和二十一年	孝文帝賜死廢太子恂，改立次子元恪爲太子。
498	太和二十二年	北魏陷南齊南陽（河南南陽）、鄧城（河南鄧縣）。
499	太和二十三年	孝文帝崩，葬長陵，太子恪嗣位，是爲宣武帝。
500	宣武帝景明元年	南齊豫州刺史裴叔業降北魏。

501	景明二年	咸陽王禧謀叛，賜死。
502	景明三年	1. 南齊建安王蕭寶夤降北魏。 2. 蕭衍篡南齊自立，國號梁，史稱南梁，是爲南梁武帝。
503	景明四年	1. 以彭城王勰爲太師。 2. 以吏部尚書元英假鎮南將軍，率軍攻南梁義陽（河南汝南）。
504	景明五年 正始元年	魏軍大破梁軍，陷義陽（河南汝南）。
505	正始二年	鎮西將軍邢巒攻南梁，陷漢中（陝西南鄭），魏軍入劍閣，悉取梁州十四郡地。
506	正始三年	1. 中山王英、平東將軍楊大眼圍鍾離（安徽鳳台）。 2. 建武將軍傅豎眼攻陷仇池（甘肅成縣西），置武興鎮，尋改東益州，仇池亡。
507	正始四年	南梁豫州刺史韋叡救鍾離，大敗魏軍，元英、楊大眼敗退。
508	正始五年 永平元年	宣武帝誣其叔彭城王勰謀反，殺之。
509	永平二年	以廣陽王嘉爲司徒。
510	永平三年	皇子元詡生，大赦天下，宣武帝爲其擇良家宜子者扶養，高皇后及生母胡充華莫得撫視。
511	永平四年	1. 司徒、廣陽王嘉薨。 2. 薛和大破山胡。
512	永平五年 延昌元年	宣武帝立皇子元詡爲太子，未殺其母胡充華，北魏「子貴母死」制，遂自宣武帝起終北魏之世未再執行。
513	延昌二年	高陽王雍進位太保。
514	延昌三年	詔司徒高肇爲大將軍、平蜀大都督，率步騎十萬伐蜀。
515	延昌四年	1. 正月，宣武帝崩逝，葬景陵。太子詡於三天後繼位，是爲孝明帝。 2. 高皇后欲害胡充華，賴劉騰、侯剛、于忠、崔光之力得以保全。 3. 孝明帝尊胡充華爲皇太妃，後尊爲皇太后（靈太后）。 4. 靈太后剷除高肇勢力，殺高肇，臨朝稱制。

516	孝明帝熙平元年	1. 大赦，改元熙平。 2. 群臣決議靈太后車制宜同孝明帝。 3. 柔然伏跋可汗破高車，其勢復強。
517	熙平二年	1. 太保、領司徒，廣平王懷卒。 2. 靈太后以其父胡國珍為司徒。 3. 高陽王雍入居門下，參決尚書奏事。
518	熙平三年 神龜元年	1. 大赦，改元神龜。 2. 靈太后父胡國珍薨，號秦太上公，張普惠與群臣辯論「太上」之號。 3. 靈太后厭天變，殺害高太后。
519	神龜二年	1. 靈太后「稱詔宇內」，並自為喪主，改葬文昭皇太后高氏。 2. 羽林軍因張彝子張仲瑀，排斥武人，使不得入清流，遂焚其宅，張仲瑀重傷逃免。 3. 任城王澄薨。
520	神龜三年 正光元年	1. 侍中元叉和宦官劉騰發動政變殺清河王懌，幽靈太后於北宮宣光殿，內外隔絕，元叉、劉騰控制政權，但並未有篡弒之舉。 2. 靈太后姪兒胡僧敬與備身左右張車渠等數十人謀殺元叉失敗，胡僧敬徙邊，張車渠等人被殺。 3. 柔然內亂，阿那瓌可汗奔北魏，北魏封為柔然王。 4. 中山王熙於鄴城（河南臨漳）起兵討元叉，兵敗被殺，弟元略奔南梁。
521	正光二年	1. 北魏派兵護送阿那瓌可汗返柔然。 2. 奚康生於禁中殺元叉，事敗，為元叉所害。 3. 以劉騰為司空。
522	正光三年	頒行正光曆。
523	正光四年	阿那瓌可汗引兵南掠，北魏遣尚書令李崇擊之，阿那瓌可汗北遁。劉騰卒。
524	正光五年	1. 沃野鎮民破落汗拔陵殺鎮將起兵反，爆發六鎮之亂。 2. 高平酋長胡琛反。 3. 秦州人莫折太提反，尋卒，子莫折念生繼立。
525	正光六年 孝昌元年	靈太后與孝明帝、高陽王雍定圖元叉之計。靈太后免元叉領軍，再度臨朝聽政，賜元叉死。

526	孝昌二年	1. 五原降戶鮮于脩禮叛。 2. 靈太后與孝明帝至大夏門，親覽冤訟。 3. 賊帥元洪業斬鮮于脩禮請降，又為葛榮所殺。
527	孝昌三年	1. 秦州城民杜粲殺莫折念生。 2. 西討大都督蕭寶寅據長安叛，稱帝，國號齊。
528	孝昌四年 武泰元年 孝莊帝建義元年 永安元年	1. 靈太后和鄭儼、徐紇合謀，殺孝明帝，以潘充華所生之女，詐稱皇子即位，後再立臨洮王寶暉世子元釗為皇帝。 2. 尒朱榮聞孝明帝死，乃立元子攸為帝，是為孝莊帝。並揮軍洛陽，沉靈太后和元釗於黃河，殺王公大臣二千餘人。史稱「河陰之變」。 3. 尒朱榮於鄴城（河南臨漳）擒葛榮，隨後於洛陽斬之。 4. 南梁武帝乘北魏大亂，立降王元顥為魏王，遣東宮直閣將軍陳慶之，率軍護送回國。
529	永安二年	1. 陳慶之陷北魏睢陽（河南睢陽），元顥入洛陽，遂稱魏帝。孝莊帝渡黃河奔河內郡。 2. 尒朱榮反攻，元顥被殺，陳慶之還南梁，梁軍全軍覆沒。
530	永安三年 元曄建明元年	1. 尒朱天光擒万俟醜奴、蕭寶寅，送洛陽置街市，俱殺之。 2. 九月，尒朱榮專制朝政，孝莊帝乘其入宮，殺之。 3. 十月，尒朱世隆立長廣王曄為帝。 4. 十二月，尒朱兆入洛陽，殺孝莊帝。
531	建明二年 前廢帝普泰元年 後廢帝中興元年	1. 二月，尒朱世隆廢長廣王曄，另立廣陵王恭為帝，史稱前廢帝。 2. 六月，高歡起兵討尒朱氏。 3. 十月，高歡立勃海太守元朗為帝，史稱後廢帝。
532	前廢帝普泰二年 後廢帝中興二年 孝武帝太昌元年 永興元年 永熙元年	高歡進兵洛陽，囚前廢帝，復以元朗皇族血統疏遠，廢之，立平陽王脩為帝，是為孝武帝。
533	永熙二年	大都督竇泰攻秀容（山西忻縣），尒朱兆遁逃入山，自殺，高歡盡滅尒朱氏。

534	永熙三年 東魏孝靜帝天平元年	1. 二月，賀拔岳爲侯莫陳悅所殺，賀拔岳部擁宇文泰爲帥。 2. 七月，孝武帝西奔長安宇文泰，授宇文泰大將軍。 3. 十月，高歡立清河王亶世子元善見爲帝，是爲東魏孝靜帝，遷都鄴，北魏一分爲二。 4. 閏十二月，宇文泰弒孝武帝。
535	東魏孝靜帝天平二年 西魏文帝大統元年	1. 宇文泰立京兆王愉之子元寶炬爲帝，是爲西魏文帝。 2. 西魏文帝立妃乙弗氏爲皇后，皇子元欽爲皇太子。
536	東魏天平三年 西魏大統二年	高歡襲西魏，陷夏州（山西橫山）。
537	東魏天平四年 西魏大統三年	1. 正月，東魏大都督竇泰攻潼關，宇文泰擊斬之。 2. 十月，高歡率軍親攻西魏，宇文泰迎擊，雙方大戰於沙苑（陝西大荔南），高歡大敗。
538	東魏元象元年 西魏大統四年	1. 柔然患邊，宇文泰言於西魏文帝，請廢乙弗后，納頭兵之女。 2. 東、西魏爆發邙山之戰（洛陽北），西魏初敗後勝，東魏軍大潰。 3. 關中東魏降將趙青雀等，初聞西魏敗，起兵叛，陷長安子城，宇文泰急回軍，次第敉平。
539	東魏元象二年 興和元年 西魏大統五年	東魏孝靜帝立丞相高歡女爲皇后。
540	東魏興和二年 西魏大統六年	1. 東魏遣散騎常侍崔長謙出使南梁。 2. 西魏至此年禮樂始備。
541	東魏興和三年 西魏大統七年	夏州刺史劉平謀反，西魏遣大都督于謹討平。
542	東魏興和四年 西魏大統八年	1. 高歡攻西魏玉壁（山西稷山），不克。 2. 宇文泰初置六軍。
543	東魏武定元年 西魏大統九年	東魏御史中丞高仲密據虎牢（河南汜水西）降西魏，宇文泰進軍接應，與高歡戰於邙山（洛陽北），西魏大敗，虎牢仍屬東魏。
544	東魏武定二年 西魏大統十年	1. 東魏授高歡子高澄爲大將軍。 2. 西魏太師賀拔勝薨。
545	東魏武定三年 西魏大統十一年	突厥興起西北，西魏遣使與其通。

546	東魏武定四年 西魏大統十二年	1. 以司徒侯景爲河南大行臺，肩負對南梁國防之重責大任。 2. 移洛陽漢魏石經於鄴都。
547	東魏武定五年 西魏大統十三年	1. 東魏丞相高歡卒，子高澄繼爲大將軍，高氏續掌東魏政權。 2. 東魏河南行臺侯景與高澄有隙，據潁川（河南許昌）叛，以所轄河南十三州降西魏，尋又降南梁。
548	東魏武定六年 西魏大統十四年	東魏慕容紹宗攻侯景，侯景軍敗，南奔，襲據壽陽（安徽壽縣）。
549	東魏武定七年 西魏大統十五年	東魏大將軍高澄爲其僕蘭京所殺，其弟高洋繼位。
550	東魏武定八年 北齊天保元年 西魏大統十六年	高洋篡東魏建北齊，是爲北齊文宣帝，東魏亡。
551	北齊天保二年 西魏大統十七年	西魏文帝崩，葬於永陵，太子欽繼位。
552	北齊天保三年 西魏廢帝元欽元年	南梁湘東王蕭繹討平侯景，遣使來告。
553	北齊天保四年 西魏廢帝元欽二年	宇文泰殺尙書元烈。
554	北齊天保五年 西魏廢帝元欽三年 西魏恭帝元年	西魏廢帝欲誅太師宇文泰，不料事洩，遭宇文泰所殺，乃以其弟齊王廓繼位，是爲西魏恭帝。
555	北齊天保六年 西魏恭帝二年	南梁廣州刺史王琳興軍寇邊，西魏遣大將軍豆盧寧率軍抗禦。
556	北齊天保七年 西魏恭帝三年	1. 宇文泰卒，子宇文覺雖嗣位，因年僅十五歲，由其族兄宇文護輔政，大權遂入宇文護手。 2. 西魏恭帝禪位宇文覺，宇文氏建北周。西魏亡，北魏自道武帝登國元年（西元 386 年）起，拓跋國祚共一百七十一年。

資料來源：《三國志》、《晉書》、《魏書》、《北史》、《南史》、《北齊書》、《周書》、《宋書》、《南齊書》、《梁書》、《資治通鑑》。

參考文獻

一、基本史料

1. 〔西漢〕司馬遷,《史記》,中華書局點校本。
2. 〔東漢〕班固,《漢書》,中華書局點校本。
3. 〔南朝宋〕范曄,《後漢書》,中華書局點校本。
4. 〔晉〕陳壽,《三國志》,中華書局點校本。
5. 〔唐〕房玄齡,《晉書》,中華書局點校本。
6. 〔北齊〕魏收,《魏書》,中華書局點校本。
7. 〔北齊〕魏收,《魏書》,百衲本。
8. 〔唐〕李百藥,《北齊書》,中華書局點校本。
9. 〔唐〕令狐德棻,《周書》,中華書局點校本。
10. 〔南朝梁〕沈約,《宋書》,中華書局點校本。
11. 〔南朝梁〕蕭子顯,《南齊書》,中華書局點校本。
12. 〔唐〕姚思廉,《梁書》,中華書局點校本。
13. 〔唐〕李延壽,《北史》,中華書局點校本。
14. 〔唐〕李延壽,《南史》,中華書局點校本。
15. 〔宋〕歐陽修、宋祁,《新唐書》,中華書局點校本。
16. 〔清〕王夫之,《讀通鑑論》,臺北:漢京文化事業公司,1984 年 7 月。
17. 〔清〕王鳴盛,《十七史商榷》,臺北:大化書局,1984 年 5 月。
18. 〔東周〕左丘明著、楊伯峻編著,《春秋左傳注》,臺北:中華書局,1993 年 5 月。
19. 〔北宋〕司馬光,《資治通鑑》,中華書局點校本。

20. 〔北宋〕司馬光,《資治通鑑考異》,欽定《四庫全書》本。

21. 〔唐〕杜佑,《通典》(點校版),北京:中華書局,1992 年 6 月。

22. 〔唐〕林寶,《元和姓纂》,臺北:臺灣商務印書館,四庫全書珍本別輯。

23. 〔唐〕唐玄宗撰、李林甫等奉敕注,《大唐六典》,臺北:文海出版社,1968 年 9 月。

24. 〔宋〕徐夢莘,《三朝北盟會編》,臺北:文海出版社,1962 年 9 月。

25. 〔西漢〕劉向集錄,《戰國策》,臺北:里仁出版社,1982 年 1 月。

26. 〔清〕錢大昕,《廿二史考異》,臺北:鼎文書局,1979 年 9 月。

27. 〔清〕趙翼,《陔餘叢考》,臺北:新文豐出版公司,1975 年 11 月。

28. 〔清〕趙翼,《廿二史箚記及補編》,臺北:鼎文書局,1975 年 3 月。

29. 〔清〕萬斯同,《魏將相大臣年表》,收於《二十五史補編》,第四冊,北京:中華書局,1991 年 3 月。

30. 〔南宋〕鄭樵,《通志》,臺北:新興書局,1959 年 7 月。

31. 〔北齊〕顏之推著、王利器集解,《顏氏家訓集解》,臺北:明文書局,1999 年 3 月。

二、近人論著

(一) 專書

1. 毛漢光,《中國中古政治史論》,臺北:聯經出版事業有限公司,1991 年 4 月。

2. 王國維,《觀堂集林》,石家莊:河北教育出版社,2002 年 1 月。

3. 王仲犖,《魏晉南北朝史》,臺北:漢京文化事業有限公司,1992 年 9 月。

4. 王廷洽,《中華姓氏譜——胡姓卷》,北京:現代出版社,2000 年 9 月。

5. 元史研究會編,《元史論叢》第 3 輯,北京:中華書局,1986 年 1 月。

6. 白鋼主編、孟祥才著,《中國政治制度通史》第三卷秦漢,北京:人民出版社,1996 年 12 月。

7. 白翠琴,《魏晉南北朝民族史》,四川:四川民族出版社,1996 年 8 月。

8. 北京圖書館金石組編,《北京圖書館藏中國歷代石刻拓本彙編》,鄭州:中州古籍出版社,1997 年 8 月。

9. 田餘慶,《拓跋史探》,北京:三聯書店,2003 年 3 月。

10. 札奇斯欽,《北亞游牧民族與中原農業民族間的和平戰爭與貿易之關係》,台北:正中書局,1973 年 1 月。

11. 米文平,《鮮卑石室尋訪記》,濟南:山東書報出版社,1997 年 12 月。

12. 牟潤孫，《注史齋叢稿》，臺北：台灣商務印書館，1990 年 6 月。

13. 朱大渭，《六朝史論》，北京：中華書局，1998 年 8 月。

14. 朱子彥，《後宮制度研究》，上海：華東師範大學，1998 年 1 月。

15. 杜建民編著，《中國歷代帝王世系表》，濟南：齊魯書社，2003 年 4 月。

16. 沈任遠，《歷代政治制度要略》，臺北：洪範書店有限公司，1988 年 3 月。

17. 何茲全，《讀史集》，上海：上海人民出版社，1982 年 4 月。

18. 呂一飛，《北朝鮮卑文化之歷史作用》，合肥：黃山書社，1992 年。

19. 呂一飛，《胡族習俗與隋唐風雲 —— 魏晉北朝北方少數民族社會風俗及其對隋唐的影響》，北京：書目文獻出版社，1994 年 10 月。

20. 呂光天、古清堯，《貝加爾湖地區和黑龍江流域各族與中原的關係史》，哈爾濱：黑龍江教育出版社，1998 年 12 月。

21. 呂思勉，《讀史札記》，臺北：木鐸出版社，1983 年 9 月。

22. 呂思勉，《兩晉南北朝史》，香港：太平書局，1962 年 10 月，共二冊。

23. 岑仲勉，《元和姓纂四校記》，臺北：中央研究院歷史語言研究所專刊 29，1991 年 12 月。

24. 李小樹，《秦漢魏晉南北朝監察史綱》，北京：社會科學文獻出版社，2000 年 5 月。

25. 李卿，《秦漢魏晉南北朝時期家族、宗族關係研究》，上海：上海人民出版社，2005 年 2 月。

26. 李憑，《北魏平城時代》，北京：社會科學文獻出版社，2000 年 1 月。

27. 杜士鐸主編，《北魏史》，太原：山西高校聯合出版社，1992 年 8 月。

28. 余華青，《中國宦官制度史》，上海：上海人民出版社，1995 年。

29. 汪征魯，《魏晉南北朝選官體制研究》，福州：福建人民出版社，1995 年 1 月。

30. 周一良，《周一良集》，第二卷，瀋陽：遼寧教育出版社，1998 年 8 月。

31. 周一良，《魏晉南北朝史論集》，北京：北京大學出版社，2000 年 10 月。

32. 周思源，《文明太后》，海口：南海出版公司，2004 年 2 月。

33. 周良霄、顧菊英著，《元史》，上海：上海人民出版社，2003 年 4 月。

34. 柳春藩主編，《臨朝太后大傳》，第一卷，黑龍江：黑龍江人民出版社，1995 年，12 月。

35. 林旅芝，《鮮卑史》，香港：波文書局，1973 年 6 月。

36. 林幹，《東胡史》，呼和浩特：內蒙古人民出版社，1990 年 11 月。

37. 林幹，《匈奴通史》，北京：人民出版社，1986 年 8 月。

38. 林幹、再思，《東胡烏桓鮮卑研究與附論》，呼和浩特：內蒙古大學出版社，

1995 年 8 月。

39. 林瑞翰，《魏晉南北朝史》，臺北：五南出版公司，1990 年 5 月。

40. 洛陽市文物局編，《洛陽出土北魏墓誌選編》，北京：科學出版社，2001 年 6 月。

41. 姚大中，《古代北西中國》，臺北：三民書局，1981 年 5 月。

42. 姚薇元，《北朝胡姓考》，臺北：華世出版社，1977 年 6 月。

43. 姚從吾，《東北史論叢》上冊，臺北：正中書局，1970 年 5 月。

44. 韋慶遠，《明清史辨析》，北京：中國社會科學出版社，1989 年 7 月。

45. 唐長孺，《山居存稿》，北京：中華書局，1989 年 7 月。

46. 唐長孺，《魏晉南北朝隋唐史三論》，武昌：武漢大學出版社，1992 年 12 月。

47. 唐長孺，《魏晉南北朝史論拾遺》，北京：中華書局，1983 年 5 月。

48. 唐長孺，《魏晉南北朝史論叢》，石家莊：河北教育出版社，2002 年 1 月。

49. 浦薛鳳，《政治文集》，臺北：台灣商務印書館，1981 年 8 月。

50. 孫同勛，《拓拔氏的漢化》，臺北：國立臺灣大學文史叢刊之一，1962 年 12 月。

51. 孫同勛，《拓拔氏的漢化及其他——北魏史論文集》，臺北：稻鄉出版社，2005 年 3 月。

52. 祝總斌，《兩漢魏晉南北朝宰相制度研究》，北京：中國社會科學出版社，1998 年 4 月。

53. 高敏，《秦漢魏晉南北朝史論考》，北京：中國社會科學出版社，2004 年 7 月。

54. 高敏，《魏晉南北朝兵制研究》，鄭州：大象出版社，2000 年 3 月。

55. 馬長壽，《烏桓與鮮卑》，上海：上海人民出版社，1962 年 11 月。

56. 康樂，《從西郊到南郊——國家祭典與北魏政治》，臺北：稻禾出版社，1995 年 1 月。

57. 陶晉生，《女眞史論》，臺北：稻鄉出版社，2003 年 11 月。

58. 陶新華，《北魏孝文帝以後北朝官僚管理制度研究》，成都：巴蜀書社，2004 年 6 月。

59. 景有泉編，《馮太后傳》，吉林：吉林人民出版社，1995 年。

60. 張金龍，《魏晉南北朝禁衛武官制度研究》下冊，北京：中華書局，2004 年 11 月）。

61. 張金龍，《北魏政治史研究》，蘭州：甘肅教育出版社，1996 年 12 月。

62. 張金龍，《北魏政治史》一～十冊，蘭州：甘肅教育出版社，2008 年 9 月。

63. 張博泉，《金史論稿》，長春：吉林文史出版社，1986 年 7 月。

64. 張蔭麟，《中國上古史綱》，臺北：里仁書局，1982 年 9 月。

65. 張儐生，《魏晉南北朝政治史》，臺北：中國文化大學出版部，1983 年 2 月。

66. 張繼昊，《從拓跋到北魏——北魏王朝創建歷史的考察》，臺北：稻鄉出版社，2003 年 12 月。

67. 曾金聲，《中國秦漢政治制度史》，臺北：啓業書局，1969 年 3 月。

68. 勞榦，《魏晉南北朝史》，臺北：中國文化大學出版部，1991 年 6 月。

69. 程維榮，《拓跋宏評傳》，南京：南京大學出版社，2002 年 4 月。

70. 黃啓昌，《胡姓史話》，南昌：江西人民出版社，2000 年 8 月。

71. 黃烈，《中國古代民族史研究》，北京：人民出版社，1987 年 7 月。

72. 楊聯陞，《國史探微》，臺北：聯經出版社，1997 年 5 月。

73. 劉淑芬，《六朝的城市與社會》，臺北：臺灣學生書局，1992 年 10 月。

74. 劉學銚，《鮮卑史論》，臺北：南天書局，1994 年 8 月。

75. 劉學銚，《北亞游牧民族雙軌政治》，臺北：南天書局，1999 年 11 月。

76. 劉學銚，《匈奴史論》，臺北：南天書局，1987 年 10 月。

77. 劉精誠，《魏孝文帝傳》，天津：天津人民出版社，1993 年 12 月。

78. 萬繩楠整理，《陳寅恪魏晉南北朝史講演錄》，臺北：雲龍出版社，2002 年 3 月。

79. 萬繩楠，《魏晉南北朝史論稿》，臺北：昭明出版社，1999 年 12 月。

80. 逯耀東，《從平城到洛陽》，臺北：東大圖書公司，2001 年 1 月。

81. 黎虎，《魏晉南北朝史論》，北京：學苑出版社，1999 年 7 月。

82. 錢穆，《國史大綱》上、下冊，台北：國立編譯館，1983 年 11 月。

83. 陳炳應、盧冬，《古代民族》，蘭州：敦煌文藝出版社，2004 年 12 月。

84. 陳連慶，《中國古代少數民族姓氏研究——魏晉南北朝民族姓氏研究》，長春：吉林文史出版社，1993 年 6 月。

85. 陳寅恪著、陳美延編，《金明館叢稿初編》，北京：三聯書店，2001 年 6 月。

86. 陳寅恪著、陳美延編，《金明館叢稿二編》，北京：三聯書店，2001 年 7 月。

87. 陳寅恪，《隋唐制度淵源略論稿》，臺北：臺灣商務印書館，1998 年 7 月。

88. 陳爽，《世家大族與北朝政治》，北京：中國社會科學出版社，1998 年 12 月。

89. 陳琳國，《魏晉南北朝政治制度研究》，臺北：文津出版社，1994 年 3 月。

90. 趙超，《漢魏南北朝墓誌彙編》，天津：天津古籍出版社，1992 年 6 月。

91. 趙萬里，《漢魏南北朝墓誌集釋》，臺北：鼎文書局，1972 年 9 月。

92. 韓國磐，《魏晉南北朝史綱》，北京：人民出版社，1983 年 4 月。

93. 韓國磐，《北朝經濟試探》，上海：上海人民出版社，1958 年 5 月。

94. 鄭欽仁，《北魏官僚機構研究續篇》，臺北：稻禾出版社，1995 年 4 月。

95. 鄭欽仁、李明仁編譯，《征服王朝論文集》，臺北：稻鄉出版社，2002 年 8 月。

96. 蕭啟慶，《蒙元史新研》，臺北：允晨文化實業有限公司，1994 年 9 月。

97. 譚其驤，《中國歷史地圖集》第三冊（三國至隋唐五代時期），上海：中國地圖出版社，1989 年 10 月。

98. 嚴耀中，《北魏前期政治制度》，吉林：教育出版社，1990 年 7 月。

99. （日）白鳥庫吉著、方壯猷譯，《東胡民族考》，上海：商務印書館，1934 年 9 月。

100. （日）谷川道雄著、李濟滄譯，《隋唐帝國形成史論》，上海：上海古籍出版社，2004 年 10 月。

101. （日）谷川道雄著、耿立群譯，《世界帝國的形成》，臺北：稻鄉出版社，1998 年 9 月。

102. （日）竺沙雅章著、吳密察譯，《征服王朝的時代》，臺北：稻鄉出版社，1998 年 9 月。

（二）期刊論文

1. 大同市博物館山西省文物工作委員會，〈大同方山北魏永固陵〉，《文物》，1978 年 7 月。

2. 山西省考古博物館，〈大同南郊北魏墓群發掘簡報〉，《文物》，1992 年 8 月。

3. 中國社會科學院考古研究所，〈北魏宣武帝景陵發掘報告〉，《考古》，第 9 期，1994 年 9 月。

4. 方壯猷，〈匈奴王號考〉，《燕京學報》第 8 期，1930 年 12 月。

5. 王化昆，〈尒朱榮與北魏後期的政治〉，《北朝研究》，1993 年第 1 期。

6. 王吉林，〈元魏建國前的拓跋氏〉，《史學彙刊》，第 8 期，1977 年 8 月。

7. 王吉林，〈北魏建國時期與塞外游牧民族之關係〉，《史學彙刊》，第 9 期，1978 年 10 月。

8. 王吉林，〈統一期間北魏與塞外游牧民族之關係〉，《史學彙刊》，第 10 期，1980 年 6 月。

9. 王吉林，〈北魏繼承制度與宮闈鬥爭之綜合研究〉，《華岡文科學報》，第 11

期，1978 年 1 月。

10. 王伊同，〈五胡通考〉，《中國文化研究彙刊》，第 3 期，1936 年 9 月。

11. 王德棟、曹金華，〈北魏乳母干政的歷史考察〉，《揚州師院學報》（社會科學版），第 4 期，1995 年 4 月。

12. 王曾才，〈北魏時期的胡漢問題〉，《幼獅學報》，第 3 卷第 2 期，1961 年 4 月。

13. 王儥生，〈關於拓跋氏繼統制的幾個問題〉，《晉陽學刊》，第 3 期，1991 年。

14. 王曉衛，〈北朝鮮卑婚俗考〉，《中國史研究》，1988 年第 3 期。

15. 王曉衛，〈論文明太后的族屬及所受教育〉，《歷史教學》，1998 年第 1 期。

16. 孔毅，〈北魏外戚述論〉，《西南師範大學學報》（哲學社會科學版），第 4 期，1994 年 10 月。

17. 朴漢濟，〈北魏王權與胡漢體制〉，收於《中國史研究的成果與展望》，北京：中國社會出版社，1991 年。

18. 米文平，〈鮮卑石室的發現與初步研究〉，《文物》，1981 年 2 月。

19. 米文平，〈鮮卑石室所關諸地理問題〉，《民族研究》，1982 年第 4 期，1982 年 4 月。

20. 米文平，〈鮮卑源流及其族名初探〉，《社會科學戰線》，1982 年 3 月。

21. 朱大渭，〈代北豪強酋帥崛起述論〉，《文史》，第 31 輯，1988 年 11 月。

22. 佟柱臣，〈嘎仙洞拓跋燾祝文石刻考〉，《歷史研究》，1981 年 12 月。

23. 何德章，〈鮮卑代國成長與拓跋鮮卑初期漢化〉，《北朝研究》，1993 年第 2 期。

24. 何德章，〈北魏太武朝政治史二題〉，《魏晉南北朝隋唐史資料》，第 17 輯，2000 年 4 月。

25. 河南省文化局文物工作隊、郭建邦執筆，〈洛陽北魏長陵遺址調查〉，收於《考古》，1966 年第 3 期。

26. 吳少珉，〈北魏鮮卑族政治家元澄〉，《史學月刊》，1986 年第 1 期。

27. 吳少珉，〈試論北魏「河陰之變」〉，《史學月刊》，1983 年第 1 期。

28. 李永康，〈試論北魏後期的吏治腐敗與社會腐敗〉，《北朝研究》，1997 年第 2 期。

29. 李明仁，〈拓跋氏早期的婚姻政策〉，《嘉義技術學院學報》，第 53 期，1997 年 8 月。

30. 李貞德，〈漢魏六朝的乳母〉，《中央研究院歷史語言研究所集刊》第 70 本，1999 年 6 月。

31. 車傳鼎，〈元魏權貴官僚之聚斂貲財〉，《國立中央大學文史學報》，第 22
期，1992 年 3 月。

32. 段塔麗，〈北魏至隋唐時期女性參政的地域分佈及其特徵〉，《中國歷史地
理論叢》，2001 年第 1 輯。

33. 周兆望，〈魏晉南北朝婦女的尚武從戎風氣〉，《北朝研究》，1998 年第 1
期。

34. 施光明，〈北朝民族通婚研究〉，《民族研究》，1993 年第 4 期。

35. 馬志強，〈北朝宦官散論〉，《北朝研究》，1993 年第 1 期。

36. 曹文柱，〈北魏明元、太武兩朝太子監國〉，《北京師範大學學報》，1991
年第 4 期。

37. 曹永年，〈早期拓跋鮮卑的社會狀況和國家的建立〉，《歷史研究》，1987
年第 5 期。

38. 莊華峰，〈北朝時代鮮卑婦女的生活風氣〉，《民族研究》，第 6 期，1994
年 11 月。

39. 莊華峰，〈北朝時代鮮卑婦女的精神風貌〉，《安徽師範大學學報》（人文社
會科學版），第 29 卷第 2 期，2001 年 5 月。

40. 郭素新，〈內蒙古呼和浩特北魏墓〉，《歷史研究》，1981 年 6 月。

41. 宿白，〈東北內蒙古的鮮卑遺跡——鮮卑遺跡輯錄之一〉，《文物》，1977
年 5 月。

42. 宿白，〈盛樂、平城一帶的拓跋鮮卑——鮮卑遺跡輯錄之二〉，《文物》，
1977 年 11 月。

43. 宿白，〈北魏洛陽城和北邙墳墓——鮮卑遺跡輯錄之三〉，《文物》，1978
年 7 月。

44. 張柏忠，〈哲里木盟發現的鮮卑遺存〉，《文物》，1981 年 2 月。

45. 張明善，〈嘎仙詞祝文刻石與嵩山高靈廟碑〉，《文物》，1981 年 2 月。

46. 張郁，〈大青山後東漢北魏古城調查記〉，《考古通訊》，1958 年第 3 期。

47. 張金龍，〈拓跋珪「元從二十一人」考〉，《北朝研究》，1995 年第 1 期。

48. 張承宗，〈一代雄主拓跋燾及其晚年悲劇〉，《北朝研究》，1997 年第 4 期。

49. 張承宗，〈兼資文武的北魏明元帝拓跋嗣〉，《北朝研究》，1996 年第 3 期。

50. 張承宗、陳群，〈拓跋珪發展戰略探析〉，《北朝研究》，1995 年第 1 期。

51. 張繼昊，〈從數件史事論北魏世祖太武帝拓跋燾的君權〉，《空大人文學
報》，第 11 期，2002 年 12 月。

52. 張繼昊，〈漢武帝將立其子而殺其母說法的檢討——兼論漢武帝的皇位繼
承問題〉，《空大人文學報》，第 12 期，2003 年 12 月。

53. 張繼昊，〈北魏子貴母死問題的再探討〉，《空大人文學報》，第 12 期，2003

年 12 月。

54. 勞榦，〈論魏孝文帝之遷都與華化〉，《中央研究院歷史語言研究所集刊》，第 8 本，1939 年 12 月。

55. 勞榦，〈論漢代的內朝與外朝〉，《中央研究院歷史語言研究所集刊》，第 13 本，1971 年 1 月再版。

56. 勞榦，〈北魏後期的重要都邑與北魏政治的關係〉，《慶祝董作賓先生六十五歲論文集——中央研究院歷史語言研究所集刊》外篇第四種，1960 年 7 月。

57. 楊志玖，〈阿保機即位考辨〉，《中央研究院歷史語言研究所集刊》，第 17 本，1948 年 4 月。

58. 熊德基，〈鮮卑漢化與北朝三姓的興亡〉，收於氏著《六朝史考實》，北京：中華書局，2000 年 7 月。

59. 趙文潤，〈論北魏的滅亡和孝武帝西遷的幾個問題〉，《北朝研究》，1995 年第 3 期。

60. 趙振績，〈渤海族系與契丹之關係〉，《中國歷史學會史學集刊》，第 11 期，1979 年 5 月。

61. 謝劍，〈匈奴政治制度的研究〉，《中央研究院歷史語言研究所集刊》，第 41 本，1969 年 6 月。

62. 劉心長，〈試論北朝的社會機制〉，《鄴城暨北朝史研究》，1991 年 4 月。

63. 劉南彪，〈北魏鎮兵制淺談〉，《北朝研究》，1996 年第 1 期。

64. 劉淑芬，〈中古的宦官與佛教〉，鄭欽仁教授榮退紀念論文集編輯委員會編，《鄭欽仁教授榮退紀念論文集》，臺北：稻鄉出版社，1999 年 12 月。

65. 陳述，〈論契丹之選汗大會與帝位繼承〉，《史學集刊》，第 5 期，1947 年 12 月。

66. 陳琳國，〈北魏女改革家——文明太后馮氏〉，《文物》，1986 年第 3 期。

67. 陳連開，〈鮮卑史研究的一座豐碑〉，《民族研究》，1982 年第 6 期。

68. 雷家驥，〈慕容燕的漢化適應與統治〉，《東吳歷史學報》，第 1 期，1995 年 4 月。

69. 蔡幸娟，〈北朝宦官制度研究〉，鄭欽仁教授榮退紀念論文集編輯委員會編，《鄭欽仁教授榮退紀念論文集》，臺北：稻鄉出版社，1999 年 12 月。

70. 蔡幸娟，〈北魏立后立嗣故事與制度研究〉，《國立成功大學歷史學報》，第 16 號，1990 年 3 月。

71. 蔡幸娟，〈北朝后妃選擇與入宮方式研究〉，《國立成功大學歷史學報》，第 22 號，1996 年 12 月。

72. 蔡幸娟，〈史傳中之女主臨朝「稱制」「攝政」與「聽政」〉，《國立成功大

學歷史學報》，第 23 號，1997 年 12 月。

73. 蔡幸娟，〈北魏內宮制度研究〉，《國立成功大學歷史學報》，第 23 號，1997 年 12 月。

74. 蔡幸娟，〈北朝女官制度研究〉，《國立成功大學歷史學報》，第 24 號，1998 年 12 月。

75. 蔡幸娟，〈時論與北朝女主政治 —— 兼論漢魏時代女主政治時論之濫觴〉，《國立成功大學歷史學報》，第 25 號，1999 年 12 月。

76. 蔡幸娟，〈北魏保皇太后政治研究〉，《國立成功大學歷史學報》，第 25 號，1999 年 12 月。

77. 鄭昌淦，〈世襲制的起源、演變及其影響〉，《文史知識》，第 8 期，1984 年 8 月。

78. 檀新林，〈馮太后對北魏封建化的歷史作用〉，《歷史教學》，1997 年第 7 期。

79. 蕭啓慶，〈北亞游牧民族南侵各種原因檢討〉，《食貨》復刊，第 1 卷，1972 年 3 月。

80. 蕭功秦，〈論元代皇位繼承問題 —— 對一種舊傳統在新的歷史條件下的蛻變的考察〉，《元史及北方民族史研究集刊》，第 7 期，1983 年 4 月。

81. 嚴耕望，〈北魏尚書制度考〉，《中央研究院歷史語言研究所集刊》，第 18 本，1971 年 1 月。

82. （日）西嶋定生，〈中國古代統一國家的特質 —— 皇帝統治之出現〉，收於杜正勝編，《中國上古史論文選集》下冊，台北：華世出版社，1979 年 11 月。

83. （日）谷川道雄，〈北魏末的內亂與城民〉，收於《日本學者研究中國論著選譯》，第四卷，〈六朝隋唐〉，北京：中華書局，1993 年 8 月。

（三）學位論文

1. 王怡辰，《東魏北齊的統治集團》，私立中國文化大學史學研究所博士論文，1994 年 6 月。

2. 李明仁，《北朝、隋及唐朝前期繼承制之研究》，國立臺灣大學歷史學研究所博士論文，2000 年 6 月。

3. 金榮煥，《拓跋鮮卑早期歷史研究 —— 以《魏書》〈序紀〉之分析爲中心》，國立臺灣大學歷史學研究所博士論文，1996 年 6 月。

4. 張繼昊，《北魏變亂問題初探（西元 396～534 年）》，國立台灣大學歷史學研究所碩士論文，1984 年 6 月。

5. 張繼昊，《北系部落民與北魏政權研究》，國立台灣大學歷史學研究所博士論文，2002 年 12 月。

6. 袤友任,《突厥汗國政治組織之社會基礎研究》,國立政治大學邊政研究所碩士論文,1982 年 6 月。

7. 蔡幸娟,《北朝女主政治與内廷職官制度研究》,國立台灣大學歷史學研究所博士論文,1998 年 6 月。

8. 陳冠穎,《靈太后與北魏政治》,私立中國文化大學史學研究所碩士論文,2003 年 6 月。

三、日　文

（一）專　書

1. 内田吟風,《北アヅア史研究 —— 鮮卑・柔然・突厥篇》,京都:同朋社,1975 年。

2. 白鳥庫吉,《白鳥庫吉全集》第 8 卷,東京:岩波書店,1970 年 10 月。

3. 田村實造,《中國史上の民族移動期》,東京:創文社,1985 年 3 月。

4. 佐藤長,《中國古代史論考》,京都:朋友書店,2000 年 6 月。

5. 前田正名,《平城の歷史地理學的研究》,東京:風間書局,1979 年。

6. 船木勝馬,《古代游牧騎馬民の國 —— 草原から中原へ》,東京:誠文堂新光社,1989 年 2 月。

7. 越智重明,《中國古代の政治と社會》,福岡:中國書店,2000 年 3 月。

8. 福島繁次郎,《中國南北朝史研究》,東京:名著出版社,1979 年增訂版。

9. 窪添慶文,《魏晉南北朝官僚制研究》,東京:汲古書院,2003 年 9 月。

（二）期刊論文

1. 大澤陽典,〈馮氏與其時代 —— 北魏政治史之一齣〉,《立命館文學》,192號,1961 年 6 月。

2. 川本芳昭,〈胡族國家〉,收於《魏晉南北朝隋唐時代史の基本問題》,東京:汲古書院,1997 年 6 月。

3. 古賀昭岑,〈關於北魏的部落解散〉,《東方學》,第 59 期,1980 年。

4. 佐藤智水,〈北朝造像銘考〉,《史學雜誌》,第 88 編第 10 卷,1979 年 10月。

5. 谷川道雄,〈初期拓跋國家における王權〉,《史林》,第 46 卷 6 號,1963年。

6. 志田不動麿,〈代王世系批判〉,《史學雜誌》,第 48 期 2、3 卷。

7. 河地重造,〈北魏王朝の成立とその性格について〉,《東洋史研究》,第 12 卷第 5 號,1953 年。

四、英　文

1. Eisenberg Andrew. "Retired Emperorship Medieval China: The Northern Wei". *T'oung Pao* .77. 1991.

2. Holmgren Jennifer. "Empress Dowager Ling of the Northern Wei and the T'o-Pa Sinicization Question". *Papers on Far Eastern History*. No. 18. Sep.1978.

3. Holmgren Jennifer. "Women and Political Power in the Traditional T'o-Pa Elite：A Preliminary Study of the Biographies of Empresses in the Wei-Shu". *Monumenta Serica*. Vol35. 1981.

4. Ho, Ping-Ti（何炳隸）."Lo-Yang, A.D. 495-534 : A Study of the Physical and Social-economic Planning of a Metropolitan Area". *Harvard Journal of Asiatic Studies*. Vol.26. 1966.